长大公路隧道
沥青路面铺装技术

陈辉强　刘明龙　著

西南大学出版社

国家一级出版社 全国百佳图书出版单位

内 容 简 介

本书为重庆交通大学、中铁建重庆投资集团有限公司及重庆铁发建新高速公路有限公司的研究成果。全书共分为七章,分别阐述了基于表面改性的复合阻燃抑烟剂的制备、温拌阻燃沥青及其混合料的性能与阻燃抑烟机理以及长大隧道单层铺装结构的可行性等试验研究与应用等内容。

本书适用于从事沥青改性及隧道铺装的试验人员与科研人员,也可供道路设计、施工及养护人员参考。

图书在版编目(CIP)数据

长大公路隧道沥青路面铺装技术 / 陈辉强 , 刘明龙
著 . -- 重庆 : 西南大学出版社 , 2022.6
　ISBN 978-7-5697-1491-3

　Ⅰ.①长… Ⅱ.①陈… ②刘… Ⅲ.①长大隧道—公
路隧道—沥青路面—路面铺装 Ⅳ.①U459.2

中国版本图书馆CIP数据核字(2022)第081503号

长大公路隧道沥青路面铺装技术
CHANG-DA GONGLU SUIDAO LIQING LUMIAN PUZHUANG JISHU

陈辉强　刘明龙　著

责任编辑: 刘欣鑫

责任校对: 张　丽

装帧设计: 殳十堂_未　氓

排　　版: 瞿　勤

出版发行: 西南大学出版社(原西南师范大学出版社)

印　　刷: 重庆长虹印务有限公司

幅面尺寸: 170 mm×240 mm

印　　张: 14.75

字　　数: 249千字

版　　次: 2022年6月第1版

印　　次: 2022年6月第1次印刷

书　　号: ISBN 978-7-5697-1491-3

定　　价: 58.00元

前　言

近年来，以高速公路为代表的基础设施建设技术快速地发展。并且随着高速公路建设的推进和深入，在建和拟建的高速公路不可避免地要穿越诸多深山峡谷，不仅桥隧比的纪录不断被刷新，而且隧道的数量和规模也不断被超越。同时，相较于水泥混凝土路面，沥青路面具有抗滑性好、噪声低、灰尘小以及舒适性好等优点，近年来得到了越来越多青睐和认可，并已经成为当今隧道路面的首选。

时下流行的特长隧道采用双层热拌沥青混凝土和温拌沥青混凝土铺装。首先从材料和工艺方面来看，热拌沥青混凝土铺装存在以下技术难题与安全隐患：热拌沥青混凝土在摊铺和碾压的过程中会释放出大量的沥青烟，本身属于易燃易爆有毒物质；高温热拌沥青混凝土在施工过程中释放的沥青烟在特长隧道这样的半封闭系统中很容易累积到较高浓度，不仅会严重危害施工人员的身心健康，还会干扰施工人员的视线，进而影响特长隧道沥青路面的施工质量，而这一点恰恰在以往隧道沥青路面铺装中经常被忽略。其次从隧道运营的安全性来看，隧道在运营过程中一旦有交通事故发生，隧道沥青路面在汽油或柴油的诱发下可能着火燃烧并产生浓烟，同时释放出大量的有害物质，不仅直接威胁着人们的生命财产安全，而且严重影响人们的逃生和救援工作。因此增加隧道沥青阻燃抑烟性是非常必要的，温拌沥青混凝土尽管通过添加温拌剂降低了拌和温度30℃，较显著降低了沥青烟的释放量，但又带来两个新问题：一是性能良好的温拌剂全部依赖进口，如美国的美德韦氏伟克公司和荷兰的阿克苏-诺贝尔公司生产的温拌剂，价格昂贵，每吨价格都在10万元以上，这就令建设业主和施工单位望而却步；二是温拌沥青混凝土只能够解决施工时隧道内烟雾浓度高的问题，而对于隧道运营期间的其他安全性问题却无能为力。最后从隧道铺装结构方面看,也存在铺装成本高、隧道净空影响明显等现实问题。目前隧道铺装大多数采用双层沥青混凝土铺装结构,6cm下面层+4cm改性沥青上面层(也称"磨耗层"或"功能层"),这种传统的铺装方案主要是基于以下两点考虑:a.隧道路面铺装属于复合式路面形式,相关研究表明,这种复合式路面在行车荷载作用下最大剪应力往往发生在路表以下4cm左右的深度处,如果采用单层铺装,沥青砼与隧道水泥混凝土基层相连接的界面处可能会因较大的界面剪应力发生推移、脱层等早期破损。而目前还未有效解决刚性基层和柔性功能层之间的粘结问题,因此仍然一直采用双层沥青混凝土铺装结构。b.隧道铺装的两层沥青混凝土结构与主线路基保持一致,施工方便。

　　基于此,本文首先分析长大公路隧道沥青路面铺装亟待解决的技术问题,提出相应的材料技术指标要求,再运用表面改性理论、相似相容理论和阻燃理论,制备基于表面改性的复合阻燃改性抑烟剂和温拌阻燃沥青,最后建立长大隧道施工过程中沥青烟浓度与施工质量的影响、运营过程中在交通事故的诱导下沥青烟浓度与人民生命财产之间的关联性。在此基础上,集多年来的公路隧道铺装研究成果与工程经验,从以人为本、环保低碳、使用耐久等方面着手,针对本项目研究对象的特殊性,开发研究温拌阻燃沥青,并系统研究其路用性能,提出其制备工艺;确定综合性能优良的沥青混合料的级配,并系统研究其性能,提出其生产及施工工艺。最后针对隧道铺装传统的双层沥青混凝土结构,通过研发高强度、高渗透性的层间防水粘结材料,对隧道既有双层铺装结构进行优化,实现单层沥青混凝土铺装,最终形成适合长大公路隧道铺装的成套技术。具有较强的实用价值。

目 录

1.1 国内外现状概述

1.1.1 沥青温拌技术研究应用

高速公路建设需要穿过深山峡谷,因此桥隧比的纪录不断被刷新。截至 2019 年,我国公路隧道数量为 19067 座,同比增长 7.5%[1-4]。沥青路面具有抗滑性好、噪音低、灰尘小以及舒适性好等优点已经成为当今隧道路面的首选。温拌沥青混合料(WMA)不仅自身的拌和温度低于热拌沥青混合料(HMA),能够达到有效节约能源、减少有害气体排放的效果,在实际工程使用时,其性能还能够接近甚至达到热拌沥青混合料的性能。国内外研究表明,与热拌沥青混合料相比,温拌沥青混合料具有高性能、低排放、低能耗的特点[5-6]。

关于常用的 Sasobit 温拌降黏剂的相关研究,Amy Hearon、Stacey Diefenderfer (2008 年)[7]等人研究表明添加 Sasobit 后,温拌与热拌沥青混合料在不同温度下成型体积参数没有明显不同,且经试验研究发现温拌沥青混合料低温弯曲试验性能略微高于热拌沥青混合料。黄志勇(2011 年)[8]、汪海年科研团队(2018 年)[9]、中国石油大学时敬涛课题组团队(2020 年)[10]研究了 Sasobit 对沥青使用性能的影响,发现 Sasobit 能够改善沥青的高温稳定性;同时也进行了 Sasobit 对生物沥青以及高黏沥青的路用性能影响规律的研究,得出随着 Sasobit 掺量的增加,高黏沥青高温抗车辙性能能够得到改善的结论;此外,得出一定掺量温拌剂的加入能够减少沥青混合料中的粘性部分,提高其抗车辙性能。

此外,大量学者还对不同类型的温拌剂进行了对比研究,Graham C.Hurley 和 Brian D.Prowell[11-12]科研团队、长安大学郝培文教授科研团队(2020 年)[13]及重庆交通大学梁乃兴教授科研团队(2021 年)[14-15]对不同类型温拌剂对沥青混合料性能的影响进行了研究,分别通过添加有机降黏剂 Sasobit、人工合成沸石 Aspha-min、表面活性剂 DWMA-1/DAT 来实现混合料温拌化,最终得出掺入温拌剂后混合料的抗车辙和抗疲劳性能均能达到热拌的技术效果;此外,黄刚等针对高温、紫外光及雨水等环境因素对 Sasobit 和 DAT 两种温拌剂所改性得到的温拌沥青的性能影响,最终得出 Sasobit 温拌沥青受热、光耦合作用影响较大,DAT 温拌沥青的高温性能受热、光耦合老化作用亦较大的结论。

关于温拌剂的掺加对改性沥青性能的影响方面,Akisetty(2008年)[16]研究表明添加 Sasobit 和 Aspha-min 后橡胶沥青高温性能得到改善,且掺加两种温拌剂后,温拌混合料得到更高的车辙因子 $G^*/\sin\delta$。吴新锋(2017年)[17]通过 DSR 和 BBR 试验研究了原样沥青和经短期老化、长期老化后沥青的流变性能。长安大学郑南翔教授科研团队(2019年)[18]发现了 Evotherm3G 和 EC120 对沥青的高温流变特性的影响具有明显的差别,Evotherm3G 温拌剂使沥青的相位角 δ 升高,降低了复数模量 G^* 和车辙因子 $G^*/\sin\delta$,而 EC120 对沥青高温流变的特性恰好与之相反。

王贤良(2018年)[19]、吴金荣(2019年)[20]、武汉大学刘素梅教授科研团队(2019年)[21]等验证了温拌剂的掺加是否会对混合料性能产生影响,试验证明加入温拌剂对混合料油石比几乎没有影响,但能够提高试件的马歇尔稳定度,同时证明了 EC130 温拌剂的高掺量能够有效提高温拌沥青混合料的部分路用性能。内蒙古工业大学宋云连教授团队(2018年)[22]通过对沥青混合料微观结构的探究,研究了温拌剂对沥青及混合料路用性能的影响规律,结果证明 RH 和 Evotherm 温拌剂的掺加对基质沥青和改性沥青混合料的稳定度影响不同。

综上所述,表面活性和有机降黏等不同类型温拌剂的温拌技术研究,一方面证明了该技术确实可以有效降低拌和和压实温度,且可以提高混合料的部分路用性能;另一方面对温拌剂与其他添加剂的复配使用进行温拌技术研究,从而探究添加改性剂后混合料的路用性能。但目前对温拌剂自身的性能研究还不够全面,与某一改性剂的复配使用是否会影响改性剂的性能,是否会降低温拌剂自身的降温降黏性能等研究还较少。因此,本书开展温拌沥青技术中温拌剂与阻燃剂复配的研究是非常有必要的。

1.1.2 沥青阻燃技术研究应用

目前,国内外环保型无机阻燃剂的用量占有较大比例,其中美国、日本、西欧部分国家的无机阻燃剂消耗量比例已经达到总消耗量的一半,主要品种有氢氧化铝、氢氧化镁和三氧化二锑等。红磷同样是一种阻燃性能优良的阻燃剂,具有高效、抑烟、低毒的阻燃效果,但普通红磷易潮湿,与高分子材料相容性差,易引起自燃,因此使用前景不大;锑系阻燃剂也是重要的无机阻燃剂之一,与卤系阻燃剂复配可大幅度提高其阻燃效果,其主要品种是三氧化二锑,它几乎是所有卤系阻燃剂不可或缺的协效剂;硼酸锌(ZB)作为一种无毒、无味、价廉的阻燃增效剂,具有阻燃、抑烟、成炭、抑阴燃和防止熔滴生成等多种功能,常与其他阻燃剂并用形成阻燃增效体系,其阻燃效果和抑烟功能更加突出,并能降低阻燃剂的用量而被广泛使用;此外,无机氢氧化物阻燃剂作为如今典型的环保型阻燃剂,氢氧化铝、氢氧化镁两种阻燃剂还可以充当高聚物复合材料,兼具阻燃和填充功能,氢氧化镁与其他无机阻燃剂相比,具有更好的抑烟效果,其无毒、无腐蚀、稳定性高的特点深受众多工程研究人员的欢迎。

相比国内而言,国外学者对阻燃沥青技术的研究工作开展较早,早在 1982年,美国学者 Babrauskas 发明了锥形量热计,该发明被认为是近年来聚合物燃烧测试方面的重大突破。1986 年,日本某公司公布了一种性能较强的阻燃沥青生产技术,这一技术的阻燃性能确实具有较好的效果,但由于其各组成部分繁多,所需成本资金较高,并没有进一步投入使用。

对于不同阻燃材料的使用,Slusher(1996-2001 年)申请了以使用膨胀阻燃剂为改性剂的阻燃沥青专利。而 Joseph Graham(2001 年)[23-24]同样紧跟着发布了以卤素阻燃剂为主的阻燃技术和阻燃沥青专利技术,并表明其中溴系阻燃剂是卤素阻燃剂中效果最优的。

为了更好地研究阻燃材料在阻燃过程中改性沥青的燃烧行为,意大利学者 Alice Bonati(2012-2013 年)等人[25-27]根据 TG 试验,发现饱和烃的分解是导致第一阶段质量损失的主要原因,该组分的热分解在此阶段较低温度环境下释放出大量热能。

对于国内而言,当时在重庆交通科研设计院的陈辉强、陈仕周(2003 年)[28]便开始提出了适合隧道铺装的沥青阻燃改性技术,首次将高分子阻燃技术应用于沥青改性,基于这一技术进而研究了沥青阻燃机理。后来陈辉强(2013 年)[29]再次利用钛酸酯偶联剂对阻燃剂进行表面改性,并与硼酸锌(ZB)复掺制备出新型阻燃剂,进而研究改性沥青的燃烧性能,最终证明所制得的阻燃沥青具有吸热阻燃和凝聚相阻燃机理。此外,长安大学盛燕萍教授团队(2018 年)[30]同样利用偶联剂进行表面改性,最终制得沥青自身与内部阻燃剂相容良好的阻燃沥青。

国内对于阻燃材料的研究,最早要追溯到武汉理工大学余剑英教授团队(2006 年)[31]推出的一种新型阻燃沥青技术,研究人员通过磷、氮系阻燃剂进行阻燃研究,进而对其性能进行了测试与分析;此外,哈尔滨工业大学谭忆秋、蓝碧武科研团队(2010 年)[32]对阻燃剂进行筛选组成锑–硼阻燃体系,并通过一系列的阻燃试验对阻燃剂的性能进行评价。

关于对阻燃改性沥青及其混合料的性能研究方面,同济大学邹小龙(2011 年)[33]利用混合料试件燃烧试验所释放的沥青烟雾来进行阻燃性能分析,首次设计了以燃烧试验中沥青释放烟雾的面积来进行阻燃抑烟效果分析的试验手段,并提出了燃烧时烟雾面积的计算方法;长沙理工大学魏建国教授(2013 年)[34]对不同种类阻燃剂和掺量对沥青性能的影响进行了研究,通过一系列阻燃试验和流变试验对其性能进行分析,结果表明,不同阻燃剂的掺加均提高了改性沥青的车辙因子 $G^*/\sin\delta$,对沥青的抗老化性能产生了一定的影响;长安大学王朝辉教授(2014 年)[35]制备了两种由金属氧化物和氢氧化物组成的复合阻燃剂,并深入探究了两种阻燃沥青的性能及黏度特性,结果表明复合阻燃剂具有优良的阻燃性能,能够一定程度上改善沥青的高温稳定性能,同时提高其低温性能。

对于阻燃剂的添加对改性沥青的影响方面,吴羿(2014 年)[36]研究了阻燃剂对 SBS 改性沥青性能的影响,结果表明阻燃剂的掺加有效改善了其阻燃性能,但对部分路用性能产生了不利影响;刘俊华(2016 年)[37]对阻燃沥青能否提高隧道沥青路面的阻燃系数进行了研究,证明了阻燃剂的掺加可以一定程度上减少沥青混合料的燃烧时间,但是混合料的低温稳定性能有所下降;长安大学蒋玮教授团队(2018 年)[38]对阻燃沥青混合料的部分路用性能进行了研究,重点分析了隧道中常见的水损害问题,得出阻燃剂的添加能够减少混合料的燃烧时间和烟气,但长期水稳定性和抗疲劳性能有一定程度的降低。

从以上研究现状可看出,一方面,绿色环保的阻燃材料已经成为隧道沥青路面选材时的要求之一,环保且无害阻燃沥青的研究已成为当今研发趋势;另一方面,目前对阻燃机理的研究和应用仍处于起步阶段,其中通过协同效应来增加阻燃性能的途径更能够起到良好的阻燃效果。因此,开展对阻燃抑烟性能及机理的研究,从而研制出最佳阻燃效果的阻燃剂是非常有必要的。

1.1.3 沥青温拌阻燃技术研究现状

沥青的温拌阻燃技术是阻燃技术和温拌技术叠加在同一沥青中相互融合共同发挥作用,进而实现既能够提高沥青的阻燃效果又能降低混合料的拌和温度的改性技术,此种改性技术对隧道路面铺装起着关键的作用。因此,温拌阻燃技术在改性机理研究方面以及技术应用研究方面引起了众多学者的重视。

关于隧道沥青的温拌与阻燃复合改性,已有诸多学者开展了相关研究并取得了较显著的成果。东南大学李昶科研团队(2010年)[39]结合隧道工程实践,选用自主研发的阻燃剂与温拌改性剂复配得到温拌阻燃沥青,并对这种复合改性得到的改性沥青及其混合料的路用性能进行了一系列试验研究。长安大学郝培文教授(2012年)[40]研究了温拌剂的添加对温拌阻燃沥青混合料性能的影响,运用自主研发的沥青制备方法,向SBS基质沥青和阻燃沥青中添加温拌剂进而制备出两种温拌改性沥青,并对其阻燃性能进行了比较与分析,得出两种改性剂的复配使用让沥青阻燃性能有明显提高的结论。此外,沙爱民、蒋玮等[41](2018年)通过一系列试验完成了温拌剂和阻燃剂的复合改性,进而对沥青混合料的阻燃抑烟效果进行了研究,结果表明改性沥青混合料能够明显降低拌和温度,同时能够减少混合料烟雾的排放和燃烧时间。长安大学的侯宁宁利用已有阻燃剂通过极限氧指数试验和沥青性能技术,确定了膨胀系复配阻燃剂和无机系复配阻燃剂的最佳掺配比例,较系统地研究了温拌阻燃混合料的性能。农黄等通过开展长大隧道上面层用AC-13阻燃温拌沥青的制备研究,比较不同种类和用量的温拌剂和阻燃剂对沥青混合料的性能影响,并结合路用性能研究确定温拌剂和阻燃剂的品种和最佳用量。王大伟、周志刚等利用极限氧指数和黏度等试验分析了温拌剂和阻燃剂对沥青温拌、阻燃及常规性能的影响,然后使用锥形量热仪等研究了温拌阻燃沥青混合料的阻燃及路用性能,并采用小型加速加载试验对温拌阻燃沥青路面结构的使用耐久性进行了验证。结果表明,Sasobit对SBS改性沥青有明显的温拌效果,FRMAX™有明显的阻燃效果,且两者互不影响;沥青混合料高温稳定性无变化;其低温抗裂性和水稳定性略微降低;抗疲劳性能明显降低;温拌阻燃沥青混合料路面结构有良好的抗车辙和抗滑耐久性。河北工业大学乔建刚教授(2019年)[43]为了解决沥青路面摊铺时以及沥青在不充分燃烧时所释放的大量沥青烟雾等问题,研究了在混合料中添入一定比例的阻燃剂和温拌改性剂后,其路用性能及阻燃性能的变化,结果表明阻燃剂的掺加对改性沥青的阻燃效果有明显作用,且温拌剂的适当添加对其阻燃性能也有一定程度的帮助。这再次验证了温拌剂和阻燃剂的复配使用一方面降低了施工温度,改善了施工环境,另一方面使改性沥青混合料的部分性能也有所提高。长安大学何立平博士(2013年)[44]通过大量试验对不同类型的阻燃改性沥青及其混合料的阻燃抑烟性能进行了研究,结果表明单独使用氢氧化铝会对沥青混合料的性能产生不利影响,且对烟雾量的释放影响较小,但无机氢氧化物阻燃剂的掺加一定程度上能够减少沥青混合料的热量释放。辽宁石油化工大学杨宇(2016年)[45]同样自主制备出金属系阻燃沥青,并对其不同阻燃沥青的各项性能进行测试研究,结果表明在阻燃方面,自主研发的阻燃剂可以有效提高沥青的热分解温度,并降低沥青不充分燃烧时所释放的烟雾量。长安大学熊建平教授科研团队(2019年)[46]采用综合热分析法对制备的温拌阻燃沥青展开了试验分析,表明了十溴二苯乙烷有优良的协效阻燃效果,卤-锑复合阻燃沥青的阻燃抑烟效果较基质沥青有显著提升。这表明不同类型阻燃剂的掺加均会对沥青的阻燃性能有明显提高。

制备工艺对改性沥青性能的影响程度不低于改性剂掺量大小对其的影响,关于温拌阻燃沥青制备工艺的研究,郑州大学刘文娟团队[47](2019年)采用四因素三水平的正交试验方法对温拌阻燃沥青的制备工艺进行了探究,采用各指标加权综合分析评价不同复配下沥青的综合性能,最终得出了最佳配方。此外,辽宁石油化工大学廖克俭教授科研团队(2016年)[48]研究了油基型温拌阻燃沥青的制备研发工艺,针对多个不同工艺因素以及不同温拌剂掺加量对改性沥青常规性能所产生的变化进行了研究,进而分析了油基温拌剂对阻燃沥青多项性能的影响,最终得出油基型阻燃沥青的最佳制备工艺。

关于温拌阻燃沥青的贮存稳定性能的研究,大部分研究仅仅从宏观的角度去进行分析,辽宁石油化工大学杨宇(2016年)、兰州交通大学李晓玲(2014年)[49]均采用离析试验方法对试验所得出的不同类型沥青的软化点差值进行计算,进而对比分析判断出阻燃沥青的贮存稳定性能,但仅仅从宏观的角度来分析明显缺乏说服力,仍需从其他试验角度入手对沥青的贮存稳定性进行研究。

综上所述,温拌剂与阻燃剂复配的大量试验验证了温拌阻燃沥青混合料的路用性能并没有降低,其阻燃性也能得到提高。温拌技术与阻燃技术的结合所制备出的温拌阻燃沥青完全适用于长大隧道路面的铺装。一方面降低了拌和及压实温度,减少施工中沥青烟的排放,降低隧道内部施工时的局部温度,使道路的养护和使用更加快捷方便;另一方面,又能够得到具有良好阻燃抑烟效果的阻燃沥青。但是,在既有温拌阻燃沥青研究中存在系统性不足,长大隧道的温拌阻燃技术涉及温拌剂和阻燃剂的制备工艺,这对温拌阻燃沥青的制备至关重要,不同的制备工艺会带来不同的生产效率及阻燃效果,因此制备工艺的研究是很有必要的。此外针对温拌阻燃沥青的贮存稳定性能,现阶段大部分研究仅仅从宏观的角度采用离析试验去进行研究分析,缺乏从微观角度对温拌阻燃沥青贮存稳定性的系统研究。简而言之,既有研究只是就某一方面开展了系列研究,对于长大隧道的温拌阻燃技术而言明显缺乏系统性。

1.2 内容与技术路线

1.2.1 本书内容

考虑到长大隧道路面铺装和使用的适用要求,本书从长大隧道铺装的施工和运营角度出发,制备出一种阻燃抑烟性能优良、拌和压实温度明显降低的温拌阻燃沥青。首先对比分析六种沥青的阻燃抑烟性能和路用性能,然后从宏观和微观的角度对温拌阻燃沥青的贮存稳定性及改性机理进行分析,最后对温拌阻燃沥青混合料进行路用性能研究。主要研究内容如下:

(1)新型阻燃剂及温拌阻燃沥青的制备与性能

首先分别利用钛酸酯偶联剂和硅烷偶联剂对中间体AMZ(氢氧化镁阻燃剂与硼酸锌按一定比例复配而成)进行表面改性制得新型阻燃剂AMZ-Ti和AMZ-Si;其次通过正交试验确定温拌阻燃沥青的最佳制备工艺,进而确定温拌阻燃沥青中温拌剂和阻燃剂的最佳掺量,制备得到AMZ-Ti温拌阻燃沥青和AMZ-Si温拌阻燃沥青;在此基础上,以SBS改性沥青为原材料,以Rediset®LQ1102温拌剂、AMZ-Ti阻燃剂和AMZ-Si阻燃剂为改性剂制得五种沥青,分别为温拌SBS改性沥青、AMZ-Si阻燃沥青、AMZ-Si温拌阻燃沥青、AMZ-Ti阻燃沥青及AMZ-Ti温拌阻燃沥青。通过极限氧指数试验与烟密度试验对六种沥青的阻燃抑烟性能进行了测试与分析,通过热重分析试验对其热分解性质进行了研究;最后进行了温拌阻燃沥青的路用性能和流变性能的测试与分析,进而对温拌阻燃沥青贮存稳定性进行评价。

(2)新型温拌阻燃沥青的阻燃机理

通过热失重TGA、锥形量热仪测试(CCT)以及炭层形貌分析方法对AMZ-Si阻燃沥青和AMZ-Ti阻燃沥青的燃烧行为进行分析测试,综合分析TGA与CCT测试结果的相关性,最后对不同体系温拌阻燃沥青的阻燃机理进行了探讨。

(3)温拌阻燃沥青混合料性能测试

本书选取AC-13I合成级配进行混合料组成设计,选取玄武岩为集料,以SBS改性沥青、温拌SBS改性沥青、AMZ-Ti温拌阻燃沥青为胶结料制备得到三种沥青混合料,通过车辙板燃烧试验所得到的燃烧时间、火焰大小以及燃烧后车辙板的动稳定度对沥青混合料的阻燃性能进行评价,然后对混合料的路用性能进行试验研究。

(5)长大公路隧道沥青路面铺装结构优化

通过有限元软件对复合式沥青路面层间的剪应力和拉应力进行分析,考虑各种不利因素,得出了隧道复合式路面的剪应力与拉应力技术要求,提出了单层沥青层的铺装思路;进而由此开发了适合隧道单层铺装的高强高渗透性的防水专用材料,并对长大隧道单层铺装思路的可行性进行了多维度验证。

(6)长大公路隧道铺装温拌阻燃沥青依托工程应用

与隧道烟雾浓度的运移规律研究相关。通过依托工程的实施,现场测试了沥青烟(VOC、CO等)随隧道纵向深度、摊铺机的距离及离地高度的变化规律,对比分析了温拌阻燃沥青混合料和传统热拌沥青混合料在长大隧道施工过程中沥青烟对施工环境和施工质量的影响,对温拌阻燃技术与施工环境和施工质量的关联,并进行了较系统的评价。

第二章	温拌阻燃改性沥青的制备及性能

2.1 试验原材料

2.1.1 基质沥青

对于改性沥青而言,基质沥青选用的不同将直接影响沥青的改性质量及效果。因此在市面众多种类的沥青中,沥青标号的正确选用,可以使聚合物改性的溶胀作用变好,更有利于基质沥青与改性剂的融合。在公路隧道这样的特殊路段,70号(70#)基质沥青具有更加优良的路用性能,即具有较为优良的高温、低温和水稳定性,且能够通过一系列工艺改性更好地与改性剂结合。综合考虑基础材料的适用性和可行性,选取AH-70号基质沥青作为基材,按照公路工程沥青试验规程要求对其基本性能指标进行测试,结果如表2.1所示。

表2.1　AH-70#基质沥青常规性能试验结果

检测指标	检测结果	测试方法
针入度$(25℃,5s,100g)/0.1mm$	64.3	T0604
针入度指数PI	0.61	T0604
软化点(R&B)/℃	48.9	T0606
延度$(5cm·min^{-1},15℃)/cm$	>100	T0605

由于长大隧道路面面层铺装对沥青的常规性能要求较高,故通过一些改性工艺与改性剂结合能使70号基质沥青获得更为优良的高低温性能和水稳定性,拟采用SBS改性剂来提高沥青常规性能[50-52]。本书选用巴陵石化公司生产的星型YH-801 SBS改性剂,如图2-1所示,经前期试验得到SBS改性剂掺量为5%时,SBS改性沥青的常规性能最优,其基本性能数据见表2.2。

9

图2-1　YH-801 SBS改性剂

表2.2　SBS改性沥青基本性能测试结果

检测指标	检测结果	试验方法
针入度(25℃,5s,100g)/0.1mm	44.8	T0604
针入度指数PI	0.39	T0604
软化点(R&B)/℃	67.0	T0606
延度(5cm·min⁻¹,5℃)/cm	25.8	T0605

2.1.2 温拌剂

考虑到温拌剂和基质沥青存在配伍性问题,为研究不同温拌剂掺量对改性沥青的影响,本书选用AkzoNobel公司出品的Rediset®LQ1102温拌剂和美德斯维克公司出品的DAT-3温拌剂,将基质沥青烘至熔融状态后,分别加入两种表面活性剂,其掺量为沥青的0.3%、0.4%、0.5%、0.6%及0.7%。由于温拌剂所需掺量较少,在称取时用滴管缓缓滴入,尽量避免添加误差,滴入后手动搅拌5min使之分布均匀即可,通过改性沥青的三大指标来评价温拌改性沥青的性能。其中Rediset®LQ1102温拌剂如图2-2所示,试验结果如表2.3和图2-3所示。

表2.3　温拌改性沥青基本性能试验结果

温拌剂种类	温拌剂掺量/%	25℃针入度/0.1mm	软化点/℃	10℃延度/cm
Rediset®LQ1102	0.3	64.4	49.2	17.7

温拌剂种类	温拌剂掺量/%	25℃针入度/0.1mm	软化点/℃	10℃延度/cm
Rediset® LQ1102	0.4	64.7	49.0	18.6
	0.5	65.2	48.7	19.2
	0.6	65.6	48.0	18.7
	0.7	65.9	47.4	18.3
DAT-3	0.3	63.8	48.9	16.8
	0.4	64.0	48.6	17.2
	0.5	64.4	48.2	18.0
	0.6	65.0	47.6	17.8
	0.7	65.6	47.3	17.5

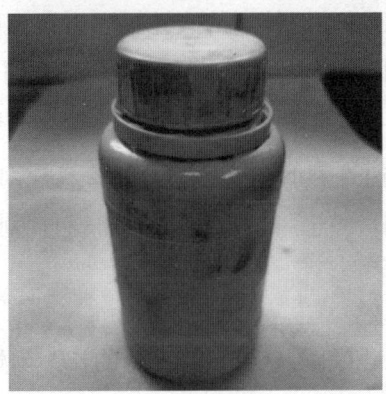

图2-2　Rediset®LQ1102温拌剂

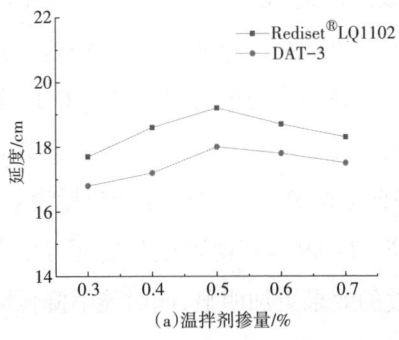
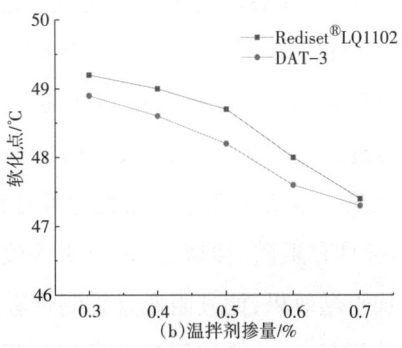

(a)温拌剂掺量/%　　　　　　(b)温拌剂掺量/%

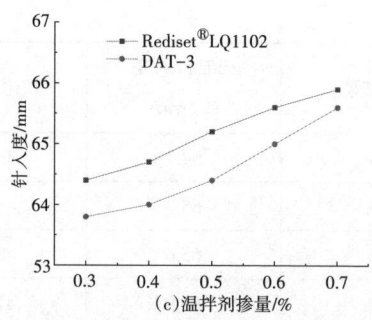

图2-3　温拌改性沥青基本性能随温拌剂掺量变化规律

由表2.3和图2-3可知,Rediset®LQ1102温拌剂相比于DAT-3温拌剂所制备的改性沥青具有更好的高低温性能。随着温拌剂掺量的增加,两种沥青的10℃延度随之略微升高后缓缓降低,其针入度逐渐升高,软化点值逐渐降低,但三种指标变化幅度并不大,这主要是因为表面活性温拌剂的改性机理为在沥青间形成大量具有润滑功能的结构性水膜,对其低温黏度的影响不大。结合图2-3可知,从软化点和10℃延度指标来看,在同一掺量下Rediset®LQ1102温拌改性沥青的改性效果均优于DAT-3温拌改性沥青,这表明Rediset®LQ1102温拌剂与70#基质沥青具有更好的配伍性。因此,本书最终选用Rediset®LQ1102温拌剂。

2.1.3 复合阻燃抑烟剂

本书选用氢氧化铝[Al(OH)$_3$]和氢氧化镁[Mg(OH)$_2$]的混合物作为阻燃剂的主要原材料,以聚磷酸铵作为协同剂、以红磷作为抑烟剂、以硼酸锌为阻燃增效剂,通过特定的工艺制备复合阻燃抑烟剂。Al(OH)$_3$和Mg(OH)$_2$为白色粉末,且无毒无味,在高温环境下分解生成水进行吸热来达到阻燃效果。当沥青中的Al(OH)$_3$和Mg(OH)$_2$受热分解后产生的水蒸气一方面会吸收体系中的热量,起到降低燃烧体系温度的效果,另一方面也会稀释燃烧体系的浓度[53-54]。Mg(OH)$_2$阻燃剂本身还具有碳化作用,能使燃烧物在燃烧过程中发生中断,在阻燃方面具有显著的效果。本研究选用环保无毒害且价格低廉的硼酸锌(ZB)作为阻燃增效剂,ZB本身具有阻燃、抑烟、促进成炭等效果[55]。且ZB与其他阻燃剂复配可以大幅度增加阻燃效果,使其阻燃且抑制烟雾释放的效果更加明显,同时能够降低阻燃剂的使用量。ZB的作用是在燃烧过程中释放水进行吸热以及形成隔燃的碳化层,从而达到阻燃的效果。聚磷酸铵(APP),其分子结构通式为$(NH_4)_{n+2}P_nO_{3n+1}$,n取80~100。APP在高温条件下受热脱水生成聚磷酸或偏磷酸,可以作为强脱水剂与阻燃体系中的成炭物质发生脱水作用而形成单质炭层。通过气源所产生的不燃性气体形成膨胀碳层起到隔绝空气,阻隔火源的作用,达到协同阻燃的目的。抑烟剂红磷粉末为以P_4四面体的单键形成链或环的高聚合结构,粒度为5~20um,密度为2.10~2.30g/cm³。以上各种原材料外观见图2-4至图2-8。

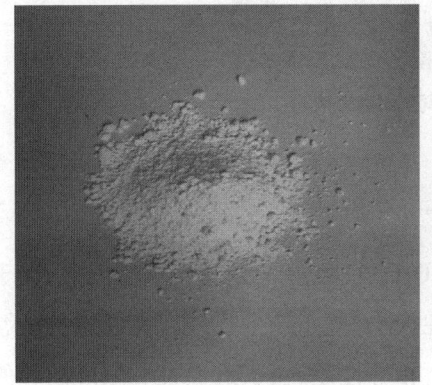

图2-4 Mg(OH)₂阻燃剂

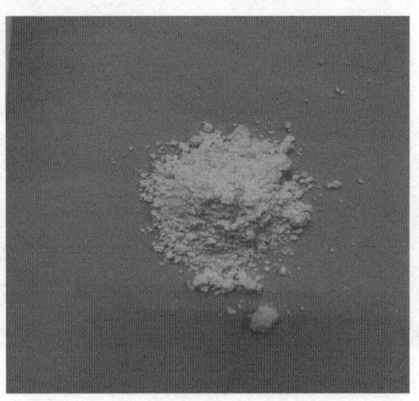

图2-5 阻燃增效剂硼酸锌

图2-6 抑烟剂红磷

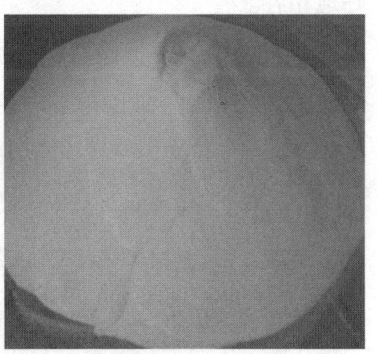

图2-7 阻燃剂氢氧化铝

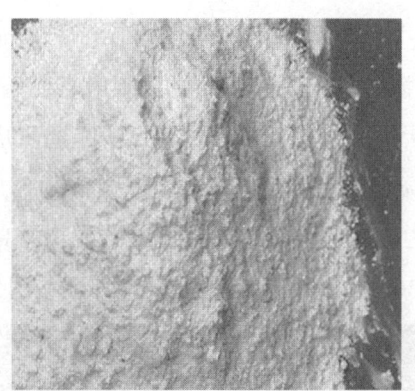

图2-8　协同剂聚磷酸铵

2.1.4 偶联剂

由于本研究所选用的 $Al(OH)_3$,$Mg(OH)_2$ 和增效剂 ZB 为无机阻燃剂,属于极性物质,具有较强亲水性,而沥青的极性很小,属于亲油物质。在沥青的阻燃改性的过程中,由于两者极性的差别太大,相容性差,会引起改性后阻燃沥青的贮存稳定性和力学性能出现一定程度的劣化[56-57]。因此本研究采用最常见的偶联剂处理方法对阻燃剂进行表面改性,使表面性质相差较大的阻燃剂与沥青能够更好地相容。

本研究选用的两种偶联剂分别为南京创世化工助剂有限公司生产的 KH550 硅烷偶联剂和 CS201 钛酸酯偶联剂,如图2-9和图2-10所示。

图2-9　硅烷偶联剂

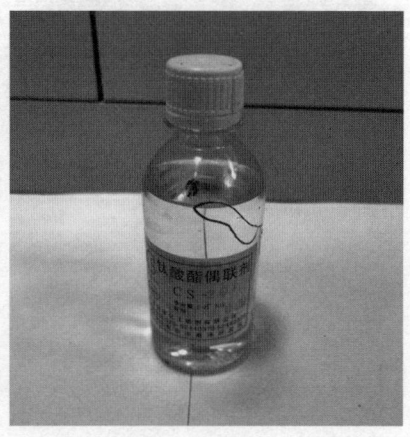

图2-10　钛酸酯偶联剂

2.2 复合阻燃抑烟剂的制备

2.2.1 中间体(AMZ)的制备

根据阻燃协同增效的原理及沥青的组成,在分析复合阻燃剂相关文献的基础上选取了环保、价廉的无机阻燃材料为主要原材料,包括:

● 氢氧化铝,合肥中科阻燃新材料有限公司;

● 氢氧化镁,合肥中科阻燃新材料有限公司;

● 聚磷酸铵,济南泰星精细化工有限公司;

● 硼酸锌,山东吉青化工有限公司。

将上述四种原材料按比例置于封闭的高速搅拌设备中,剪切5min左右,即形成本实验的中间体,简称为AMZ。AMZ也是一种沥青阻燃剂,只是因为后面的研究工作将要对它进行表面改性,故此处称其为中间体。

与其他无机阻燃剂一样,中间体(AMZ)也属于极性物质,即亲水性物质;而沥青的极性很小,即亲油性物质。根据相似相容原理,当中间体(AMZ)分散于极性很小的沥青时,因极性的差别,二者相容性很差,从而对阻燃沥青的贮存稳定性和力学性能带来不良影响。因此通过化学或物理的方法使其表面极性接近于沥青来改善其相容性是十分必要的。目前,表面改性方法很多,有表面活性剂处理、偶联处理以及有机高分子处理等,但最常见、最有效的处理方法还是偶联处理。偶联剂分子结构特点是含有两类性质不同的化学基团,一类是亲无机基团,另一类是亲有机基团,其分子结构为:$(RO)_x-M-A_y$,RO代表短链烷氧基,M代表中心原子硅、钛、铝、钠等,A代表与中心原子结合稳定的较长链亲有机基团,如酯酰基、长链烷氧基、磷酸酯酰基等。用偶联剂对填料表面处理时,其两类基团分别通过化学反应或物理化学作用,一端与填料表面结合,另一端与高分子树脂缠结或反应,使表面性质悬殊的无机填料与高分子两相较好地相容。偶联剂已广泛应用于塑料、橡胶、涂料、油墨、粘结剂等方面,用其处理填料、颜料和无机阻燃剂,对塑料填充改性和高分子材料的发展起了重要的促进作用。

关于偶联剂的最佳使用量,理论上认为偶联剂在填料表面形成一层单分子膜即可。由参考文献[47]知,偶联剂的理论用量与填料用量之间存在如下关系式:

偶联剂用量(g)=填料量(g)×填料比表面积(m^2/g)/偶联剂最小包覆面积(m^2)。

本章主要选取钛酸酯偶联剂、硅烷偶联剂以及硬脂酸钠活性剂对中间体进行表面改性,通过实验来确定改性剂的合理用量。并将通过钛酸酯偶联剂改性之后的阻燃改性剂简称为AMZ-Ti,通过硅烷偶联剂改性之后的阻燃改性剂简称为AMZ-Si,通过硬脂酸钠改性之后的阻燃改性剂简称为AMZ-Na。

2.2.2 中间体(AMZ)的表面改性技术优化

2.2.2.1 钛酸酯偶联剂的表面改性

(1)钛酸酯偶联剂

1975年美国肯尼奇(Konrioh)石油化学公司首先报导了一类新型偶联剂——单烷氧基钛酸酯类[52],并推荐了第一个工业化品种KenReactTTS(简称TTS)。在接下来的几十年内,钛酸酯偶联剂的研究得到了广泛的推广和重视,其性能也得到了很大的完善。由于其分子结构独特,作为连接无机填料与有机树脂基体之间的"分子桥",显示出了十分优异的性能。从分子结构看,它具有多种官能团,其通式可用下式表示:

$$(RO)_m-Ti(-OX-R'-Y)_n$$

式中 $1 \leq m \leq 4, m+n \leq 6$

填料(-OH)+RO-Ti-$(OX-R'-Y)_3$→填料-O-Ti-$(OX-R'-Y)_3$+ROH

典型的钛酸酯分子结构,如KR-TTS,含有一个烷氧基和三个长链结构单元,当它用于无机填料的表面改性时,与无机填料表面的作用机理可表示为:

由于烷氧基R—O易于水解,它与无机填料表面吸附的羟基 —OH率先发生化学反应形成化学键,使填料表面覆盖成一层钛酸酯单分子层;而钛酸酯偶联剂分子另一端的三个结构单元,能分别与有机聚合物的不同官能团发生化学作用或物理缠结,其中Y基团能够与聚合物进行交联,从而提高粘接效果与强度;R'为直链烷烃,能够改善填料与聚合物的相容性、提高抗冲击性能、降低体系黏度;X基团可以改善混合体系的热稳定性、水解稳定性或阻燃性。

（2）表面改性工艺

选用南京道宁化工有限公司生产的201型钛酸酯偶联剂，按如下工艺对中间体AMZ进行表面改性：

①用乙醇作溶剂将钛酸酯偶联剂配制成10.0%的处理液；

②将中间体AMZ置于100℃烘箱中恒温2h，以除去其表面吸附的游离水，并冷却至室温；

③再用处理液将中间体常温浸泡3h；

④最后在105～110℃下烘干2h，并冷却至室温。

处理之后的产物称为沥青阻燃改性剂，简称AMZ-Ti。本次试验采用的AMZ的粒度范围为1000～1500目。

（3）钛酸酯合理用量的确定

为了确定钛酸酯偶联剂用于表面改性AMZ的合理用量，本节将通过研究钛酸酯用量对AMZ-Ti/液体石蜡体系黏度的影响以及对改性后AMZ-Ti的活化指数的影响来确定其合理用量。

1）钛酸酯用量对AMZ-Ti/液体石蜡体系黏度的影响

据参考文献[43][48]报道，偶联剂处理无机填料的用量一般在0.5%～2.5%，这主要取决于填料自身的性质及粒度、偶联剂的种类等因素。为了确定钛酸酯的最佳用量，通过降黏试验测定了经不同剂量钛酸酯处理得到的沥青阻燃改性剂AMZ-Ti与液体石蜡（质量比1∶1）混合体系黏度。分别用钛酸酯按中间体AMZ质量的0.4%，0.8%，1.2%，1.6%，1.8%，2.4%和2.8%处理中间体，然后将制备的活性阻燃剂AMZ-Ti与液体石蜡按质量比1∶1的比例组成混合体系，于25℃下用旋转黏度计测定各体系黏度结果如图2-11。

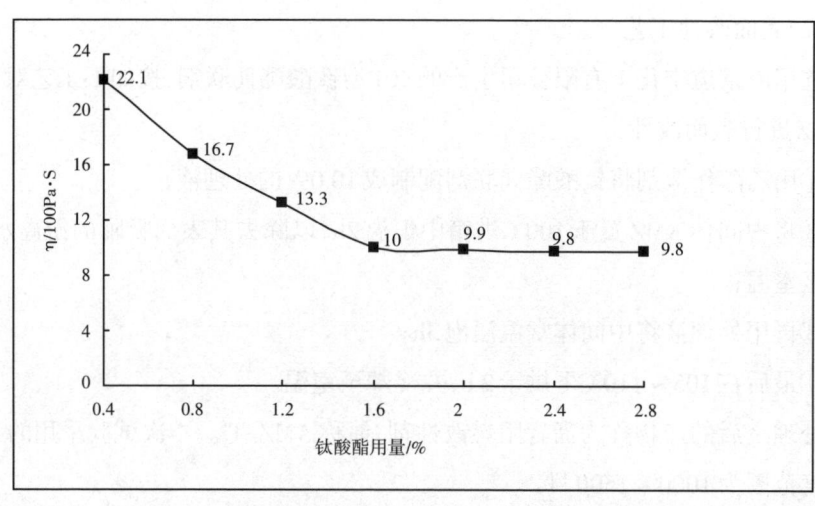

图2-11　钛酸酯用量对AMZ-Ti/液体石蜡体系黏度的影响

图2-11是钛酸酯用量对AMZ-Ti/液体石蜡体系黏度的影响曲线图。由图可见,当钛酸酯用量低于1.6%时,AMZ-Ti/液体石蜡混合体系黏度随着钛酸酯用量的增加而急剧下降。当钛酸酯的用量超过1.6%之后继续增大时,AMZ-Ti/液体石蜡混合体系黏度下降趋势变缓,最后基本不变。根据这一结果,可以认为,在降黏曲线陡直下降的区间,随着钛酸酯用量的增加,AMZ颗粒表面逐渐被偶联剂分子覆盖,其表面的亲水性逐渐减小,亲油性逐渐增大,故体系黏度急剧下降;当钛酸酯添加到某一点时(即曲线的拐点处),每个AMZ颗粒表面已基本被钛酸酯偶联剂覆盖,这时钛酸酯用量即为理论最佳用量;在拐点之后,再继续增加的偶联剂只是分散在液体石蜡有机相中起稀释作用,对AMZ表面改性作用不大,故此之后体系黏度下降幅度很小,在拐点附近曲线取切线,切线的交点对应的偶联剂用量即为偶联剂的最佳用量。据此,初步确定钛酸酯的合理用量应在为1.6%附近。

2)钛酸酯用量对AMZ-Ti的活化指数的影响

活化指数AI(activation index)是表征无机粉体表面改性效果的一项重要指标。从理论上讲,未改性的AMZ表面是强极性的,在水中自然迅速沉降,改性后的AMZ-Ti表面极性大大降低,甚至接近于非极性,因此具有较强的憎水性。由于巨大的表面张力使其在水面上漂浮而不下沉,或者部分缓慢下沉,所以活化指数的高低在一定程度上反映了无机填料表面改性效果的好坏。活化指数的测定方法:取一个200mL的烧杯,倒入150mL的蒸馏水,称取10g AMZ置于烧杯中,搅拌1min后静置50min(至液面澄清),将沉入杯底的AMZ过滤并烘干后称重,质量为m。活化指数AI可表示为:

$$AI=(10-m)/10×100\%$$

活化指数的值越大,表明无机粉体有机化改性的效果越好。不同钛酸酯用量下的AMZ-Ti活化指数测试结果见图2-12。

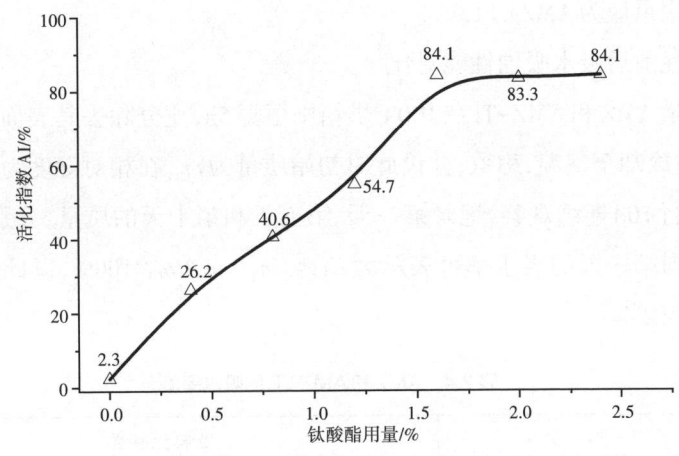

图2-12　钛酸酯用量对AMZ-Ti活化指数的影响

复合阻燃抑烟剂中间体AMZ经钛酸酯改性后的活化指数随钛酸酯用量的变化如图2.12所示。从图2-12可以看出,钛酸酯的用量对表面改性效果有明显的影响。复合阻燃抑烟剂的活化指数先随钛酸酯的用量的增加而迅速增加,当用量达一定值后,活化指数不再增大。这是因为当钛酸酯用量较少时,AMZ-Ti的表面包覆不完全,此时的AMZ-Ti尚有相当大的亲水性,大部分AMZ-Ti不能漂浮在水面上,故活化指数较小;随着钛酸酯用量的逐渐增加,AMZ-Ti表面慢慢被钛酸酯单分子层覆盖,钛酸酯改性剂的疏水基朝向外侧,活化指数达到最大值,这无疑有利于AMZ-Ti粉体在非极性的沥青基体中的均匀分散;当钛酸酯的用量进一步增大,过量的钛酸酯分子在AMZ-Ti的表面形成多层的物理吸附,部分极性基团朝外,粒子之间可能搭桥导致絮凝,稳定性变差,改性效果变差,活化指数小幅下降。从图2-12可知,当钛酸酯偶联剂的用量为1.6%时,活化指数为84.1%,继续增加钛酸酯的用量,活化指数稍有下降,当其用量再增加到2.0%以上时,活化指数几乎不再变化,表明钛酸酯的用量对AMZ-Ti的改性效果有一个最佳值,超过这一值后,钛酸酯的量对其改性效果影响不大。即绝大部分AMZ-Ti表面已由"亲水性"完全变为"疏水性"。

综合钛酸酯的用量对AMZ-Ti/液体石蜡体系黏度影响以及对AMZ-Ti活化指数影响的试验结果,可以得出:钛酸酯表面改性复合阻燃抑烟剂中间体AMZ,其合理的用量应为AMZ的1.6%。

3)改性前后吸水吸油性能对比

将适量AMZ和AMZ-Ti在100℃烘箱中恒温5h,充分除去其表面吸附的微量水,并真空冷却至室温,称重,并设此时初始质量为m_0,在相对湿度为90%左右的空气中进行10d连续观察,记录第一天、第五天和第十天的质量,分别表示为m_1,m_5和m_{10},则第一天的吸水率可表示为:$Xv=(m_1-m_0)/m_0\times100\%$,以此类推。测试结果列于表2.4。

表2.4 AMZ和AMZ-Ti的吸水率值

天数	样品种类	
	AMZ	AMZ-Ti
第一天	0.48	0.30
第五天	0.53	0.33
第十天	0.56	0.34

由此可知,经钛酸酯偶联剂表面改性之后的AMZ-Ti,其吸水率明显低于未经改性的AMZ,表明AMZ-Ti表面的亲水性明显低于AMZ。

吸油值的测定方法:准确称取一定量的AMZ-Ti(AMZ),置于玻璃板上,用已知重量的盛有邻苯二甲酸二辛脂(简称DOP)的滴瓶滴加DOP,同时用调刀不断进行翻动研磨,起初试样呈分散状,后来逐渐成团直至全部被DOP浸润,并形成一整团即为终点,精确称取滴瓶质量。以每100g AMZ-Ti(AMZ)吸收DOP的质量(g)表示吸油值X_2,按下式进行计算:

$$X_2=(m_1-m_0)/m\times100$$

式中：m_1——滴加 DOP 之前滴瓶和 DOP 的质量，g；

　　　m_2——滴加 DOP 之后滴瓶和 DOP 的质量，g；

　　　m——试样质量，g。

也可用邻苯二甲酸二丁醋（DBP）代替邻苯二甲酸二辛醋（DOP）重复上述试验，所得测定结果如表2.5所示。

表2.5　AMZ和AMZ-Ti的吸油性能对比

油类	样品种类	
吸油量（g/100g）	AMZ	AMZ-Ti
DBP	42	34
DOP	40	32

由于吸油量不仅受填料颗粒表面性能和比表面积等因素影响，而且还取决于填料颗粒之间的空隙容积，即填料粒子的聚集程度。由表2.5可知，与AMZ相比，AMZ-Ti的吸油量明显下降，这表明经改性后，AMZ-Ti聚集态颗粒减少，比表面积增大，颗粒间的空隙容积减少，更多AMZ-Ti颗粒分散成低聚态或原生态，分散程度得以提高。

2.2.2.2 硅烷偶联剂的表面改性

（1）硅烷偶联剂

硅烷偶联剂是最早于20世纪40年代由道康宁公司（DCC）和美国联合碳化物公司（UCC）首先为发展玻璃纤维增强塑料而开发的，最初把它作为玻璃纤维的表面处理剂而用在玻璃纤维增强塑料中。1947年，Ralph.K.W等[55]发现用烯丙基三乙氧基硅烷处理玻璃纤维而制成的聚酯复合材料可以获得双倍的强度，极大地刺激了研究者们对硅烷偶联剂的浓厚兴趣，并由此开创了硅烷偶联剂实际应用的时代，随后关于硅烷偶联剂的研究得到了快速发展。20世纪50年代至60年代，相继出现了氨基硅烷和改性氨基硅烷，随后又开发了耐热硅烷、重氮、阳离子硅烷和叠氮硅烷以及α-官能团硅烷等等。随着一系列新型硅烷偶联剂的相继问世，它们独特的结构与显著的改性效果使其应用领域不断扩大，产量也大幅度上升。我国2001年硅烷偶联剂年产能力约10000吨，基本与美国、德国的产量相持平。

硅烷分子中同时含有两种不同化学性质的基团,即有机官能基团和可水解基团,其典型产物可用通式$(YR)_n SiX_{4-n}$($n=1,2$)表示。式中X为可进行水解反应并生成 Si—OH 的基团,能够与无机材料发生化学反应,或吸附在无机材料表面,从而提高与无机材料的亲和性;YR 为非水解有机基团,Y 易与有机物良好地结合。正是由于硅烷偶联剂分子中间同时存在亲有机和亲无机的两种完全不同的功能团,因此可以把两种不同化学结构类型和极性相差很大的材料在界面连接起来,从而增强无机填料与有机高分子材料的相容性和亲和力。

(2)表面改性工艺

选用江苏晨光偶联剂公司的 KH550 型的烷偶联剂,按如下工艺对中间体 AMZ 进行表面处理:

①用乙醇作溶剂将硅烷偶联剂稀释成20%的处理液;

②将 AMZ 置于 100℃烘箱中恒温 2 h,并冷却至室温;

③再将 AMZ 用处理液常温浸泡,并轻微搅拌 3 h;

④最后在 60℃下烘干 2 h,并冷却至室温。

处理之后的产物称为沥青阻燃改性剂 AMZ-Si。应当指出的是,本次试验采用的 AMZ 的粒度范围为 1000 ~ 1500 目。

(3)硅烷偶联剂合理用量的确定

为了确定硅烷偶联剂表面改性 AMZ 的合理用量,本节将通过研究硅烷偶联剂用量对 AMZ-Ti/液体石蜡体系黏度的影响以及对改性后 AMZ-Si 的活化指数的影响来确定其合理用量。

1)硅烷偶联剂用量对 AMZ-Si/液体石蜡体系黏度的影响

据文献报道,硅烷偶联剂处理无机填料的用量一般在 0.5% ~ 2.5%,这主要取决于填料的性质及粒度、偶联剂的种类等因素[40,46]。为了确定硅烷偶联剂的合理用量,与上节一样,采用降黏试验测定经不同剂量硅烷偶联剂处理得到的沥青

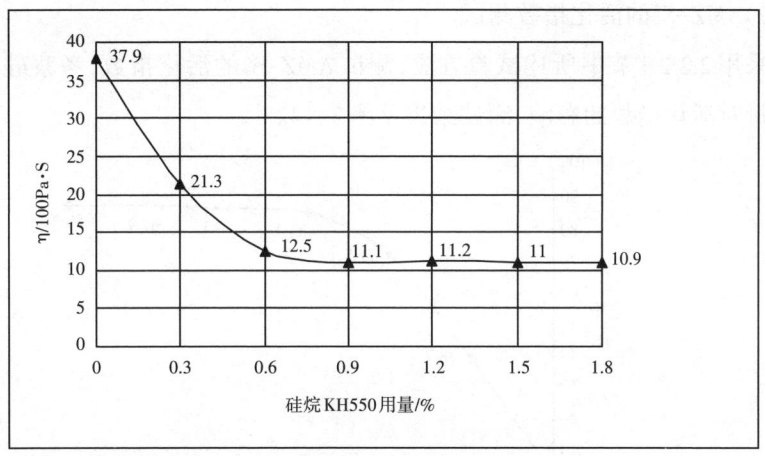

图2-13　硅烷用量对AMZ-Si/液体石蜡体系黏度的影响

阻燃改性剂与液体石蜡(质量比1∶1)混合体系黏度的方法来确定硅烷偶联剂的合理用量。分别用硅烷偶联剂按 AMZ 量的 0,0.3%,0.6%,0.9%,1.2%,1.5%,1.8%表面处理中间体,然后将制备好的活性阻燃剂与液体石蜡按质量比1∶1的比例组成混合体系,于25℃下测定各体系黏度,试验结果见图2-13。

　　测试结果表明,由于硅烷偶联剂改善了 AMZ 与液体石蜡的亲和性,因此 AMZ-Si/液体石蜡混合体系的黏度随着硅烷用量的增加而急剧下降,特别是在硅烷的用量在0.6%以下时,体系黏度值基本呈直线下降;在0.6%~0.9%之间时,体系黏度下降趋势有所缓和;超过0.9%之后,体系黏度值变化非常微小。这是因为,当硅烷偶联剂的用量较小时,硅烷偶联剂分子几乎全部被 AMZ 颗粒吸附并发生化学键合,体系中几乎没有游离的硅烷偶联剂分子;随着硅烷用量的增加,AMZ 颗粒表面逐渐被硅烷偶联剂分子覆盖,其表面极性逐渐由亲水性向亲油性过渡,体系黏度急剧下降;当硅烷偶联剂的用量进一步增大到 AMZ 颗粒全部被覆盖时,这时硅烷用量即为合理用量;再继续增加硅烷偶联剂的用量,过量的偶联剂只是分散在有机相中起稀释作用或在 AMZ-Si 表面形成多分子层,对 AMZ 表面改性作用不大,故此之后体系黏度值下降幅度很小。根据曲线趋势,可以初步确定硅烷偶联剂的合理用量在0.9%附近。

2)AMZ-Si 的活化指数测试

采用2.2.2.1节中所述试验方法,测试 AMZ-Si 的活化指数,考察硅烷偶联剂的用量对活化指数的影响,测试结果见图2-14。

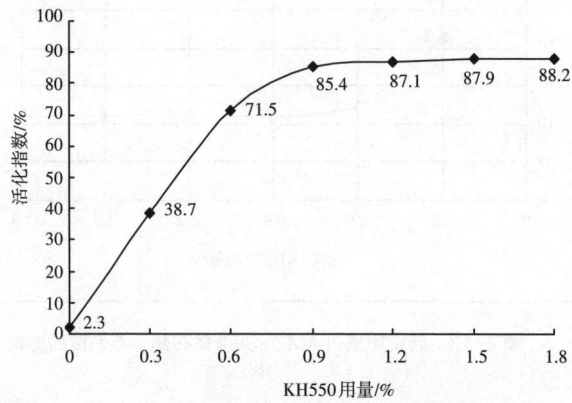

图2-14 硅烷偶联剂用量对 AMZ-Si 活化指数的影响

中间体 AMZ 经表面活化改性后的活化指数随硅烷偶联剂用量的变化如图2-14所示。从图2-14可以看出,硅烷偶联剂的用量对衡量 AMZ 表面改性效果的活化指数有明显的影响。中间体 AMZ 的活化指数先随硅烷偶联剂的用量增加而迅速增大,当用量达一定值后,活化指数不再大幅度增大。这是因为当硅烷偶联剂用量较小时,中间体 AMZ 的表面没有被分子完全包覆,没有被完全包覆的中间体 AMZ 不能漂浮在水面上,活化指数较小;随着硅烷偶联剂用量的增加,AMZ-Si 表面的硅烷被单分子层覆盖,改性剂的疏水基朝向外侧,同时硅烷偶联剂与 AMZ 表面的羟基发生反应,使得 AMZ 表面的羟基减少,活化指数达到最大值,有利于 AMZ-Si 粉体在非极性的沥青基体中的均匀分散。当硅烷偶联剂的用量过大时,一方面硅烷偶联剂水解生成的硅氧烷负离子会进攻与 AMZ 键合的硅烷偶联剂分子中的 Si 原子,AMZ-Si 的表面形成的多层物理吸附使部分极性基团朝外,又显示一定极性,另一方面富裕的硅烷分子发生水解,水解产物促进了 AMZ-Si 沉降。例如从图2-14中数据可知,当硅烷偶联剂的用量为 0.6% 时,活化指数为 71.5%,继续增加硅烷偶联剂的用量,活化指数进一步增大,当其用量再增加到 0.9% 以上时,活化指数变化不大,表明硅烷偶联剂的用量对 AMZ-Si 的改性效果也有一个最佳值,超过这一值后,硅烷偶联剂的量对其改性效果影响有负面作用。也就是说,即绝大部分AMZ-Si表面已由"亲水性"完全变为"疏水性"了。

综合硅烷偶联剂的用量对AMZ-Si/液体石蜡体系黏度的影响以及对AMZ-Si活化指数影响的试验结果,可以得出:硅烷偶联剂对复合阻燃抑烟剂AMZ进行表面改性,其合理的用量应为0.9%。

3)改性前后吸水吸油性能对比

按照2.2.2.1所述的测定吸水性能的试验方法,分别测定AMZ和AMZ-Si的吸水性能,以进一步考察AMZ-Si表面的极性变化,测试结果列于表2.6。

表2.6 AMZ和AMZ-Si的吸水性能对比

样品种类	AMZ	AMZ-Si
第一天	0.48	0.28
第五天	0.53	0.31
第十天	0.56	0.32

由此可知,由于硅烷偶联剂覆盖在复合阻燃抑烟剂表面,使其表面变为疏水性,其吸水率明显降低。

按照2.2.2.1所述的测定吸油性能的试验方法,分别测定了AMZ和AMZ-Si的吸油性能,测试结果列于表2.7。

表2.7 AMZ和AMZ-Si的吸油性能对比

油类	样品种类	
吸油量	AMZ(g/100g)	AMZ-Si(g/100g)
DBP	42	30
DOP	40	29

由于吸油量除受填料颗粒表面性能、比表面积影响外,更主要取决于填料颗粒之间的空隙容积,即填料粒子的聚集程度。由表2.7可知,与AMZ相比,AMZ-Si的吸油量明显下降,这表明经改性后,AMZ-Si表面能明显降低,聚集态颗粒减少,颗粒间的空隙容积减少,更多AMZ-Si颗粒的分散成低聚态或原生态,分散程度得以提高。

2.3 分散性对比试验

复合阻燃抑烟剂在沥青基体中的分散程度直接影响到阻燃沥青的综合性能,所以对无机类的复合阻燃抑烟剂进行表面改性的最终目的是提高它在沥青基体中的分散性和相容性,这是判断它是否具有实用意义的关键,也是表面改性的技术难点。一般地讲,无机类粒子的极性都比较强,容易分散到能与之浸润的极性液体中,而不易分散到非极性液体中;相反,非极性粒子则容易分散到能与之浸润的非极性液体中。粒子在介质中如果难于分散,从表面能考虑,它必然易于聚集。对于改性后的复合阻燃抑烟剂来说,沉降实验是主要的表征手段之一。取 $m(MMT)=5.0\%$ 的各种复合阻燃抑烟剂加入到分散体系中,用高速搅拌机高速剪切 10min 左右,静置 24h,观察样品的沉降现象。实验分别选用水、苯乙烯和液体石蜡作为溶剂,进行相容性比较,测试结果见表2.8。

表2.8　表面改性前后AMZ的分散性试验

溶剂	AMZ	AMZ–Ti	AMZ–Si
水	＋＋	—	—
苯乙烯	——	＋	＋
液体石蜡	——	＋	＋

附注:++表明分散性很好;+表明分散性较好;—表明分散性较差;——表明分散性很差

在水中,由于AMZ本身亲水的性质,它的分散性很好。而经钛酸酯偶联剂和硅烷偶联剂改性后得到的沥青复合阻燃抑烟剂AMZ-Ti和AMZ-Si,由于偶联剂的亲水性官能团通过水解作用在富含羟基——OH的阻燃剂表面发生物理吸附和化学键合。一方面扩大复合阻燃抑烟剂分子的层间距,另一方面堵塞了水的吸附中心,与分散介质接触的部分主要为头朝外的有机链,因而疏水;同时使经过偶联剂表面改性后的沥青复合阻燃抑烟剂AMZ-Ti和AMZ-Si在有机溶剂苯乙烯和液体石蜡中又表现出高分散性。在有机溶剂苯乙烯单体和石蜡体系中,AMZ几乎没有分散,体积也几乎没有膨胀,说明经AMZ表面极性依然较强,仍然具有较强的亲水性和疏油性,由此判定AMZ在沥青中的分散性以及与沥青的相容性较差,这与2.3节亲水性实验结果也相吻合。

分散性试验结果表明,经钛酸酯偶联剂和硅烷偶联剂进行表面改性得到的复合阻燃抑烟剂 AMZ-Ti 和 AMZ-Si,表面极性和亲水性大大降低,亲油性和疏水性显著增强,而未经表面改性的中间体 AMZ,表面极性和亲水性明显强于 AMZ-Ti 和 AMZ-Si。

综合以上对于复合阻燃抑烟剂表面改性方式的研究结果及亲水性和分散性试验结果,不难看出:经偶联剂(钛酸酯偶联剂和硅烷偶联剂)表面改性的复合阻燃抑烟剂,其表面活性得到了明显提高,表现出明显的疏水性、亲油性及高分散性。

2.4 表面改性的机理分析

2.4.1 红外光谱(FTIR)分析

当无机粉体经表面处理剂进行表面改性后,粉体表面与改性剂分子间既可能发生物理吸附,也可能发生化学吸附,这种吸附方式由无机粉体与改性剂分子的性质共同决定,它将直接决定表面改性的效果。一般来说,如果仅仅发生物理吸附,则改性效果就差,如果伴随有化学吸附,则改性效果就好。为了研究复合阻燃抑烟剂 AMZ 与硅烷偶联剂和钛酸酯偶联剂分子间的吸附方式和改性效果,进而分析其作用机理及改性之后的复合阻燃抑烟剂的有机结构,首先对改性前后复合阻燃抑烟剂进行了 FTIR 分析。样品事先用丙酮抽提纯化,以除去可能吸附于表面游离的偶联剂分子,其红外光谱谱图见图 2-15。

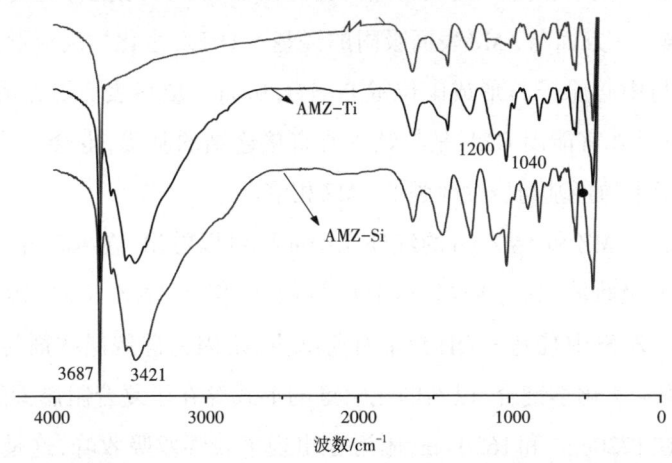

图 2-15　AMZ、AMZ-Ti和AMZ-Si的红外光谱图

对于图2-15中复合阻燃抑烟剂的红外光谱谱图,分析如下:

(1)比较AMZ和AMZ-Ti的红外光谱谱图,发现在3687cm^{-1}处都出现了较强的吸收峰,这是羟基——OH的特征峰,但是AMZ-Ti的峰强度明显弱于AMZ,表明AMZ-Ti中羟基数量有所减少,这是因为钛酸酯偶联剂与羟基——OH发生了化学反应,以新的化学键形式存在于复合阻燃抑烟剂AMZ-Ti表面。另外AMZ-Ti的红外光谱谱图中,在1200cm^{-1}和1040cm^{-1}附近也出现了较强吸收峰,前者是Ti——O键的伸缩振动吸收峰,后者是P——O键的伸缩振动吸收峰;在3520cm^{-1}附近出现了一个较宽的吸收峰,可能是钛酸酯偶联剂与AMZ之间形成的分子键氢键的特征峰,由此可以确定钛酸酯偶联剂与AMZ之间发生了化学作用,生成了新的化学键。

这种新化学键的存在还可以从钛酸酯偶联剂与AMZ的结构特征中得到进一步的论证。本实验选用的单烷氧基型钛酸酯偶联剂的结构通式可表示如下:

$$(RO)_m \text{——} Ti \text{——} (OX^1 \text{——} R^2 \text{——} Y)_n$$

①　　②　　③　　④　⑤⑥

无机相　　　　　　有机相

从钛酸酯分子结构容易看出,钛酸酯分子链包括无机相和有机相,官能团①和官能团②具有较强的极性,体现出较明显的无机特性,因此容易与极性较强的无机化合物发生化学吸附。当钛酸酯的乙醇溶液与AMZ接触,烷氧基RO——率先水解或醇解,一方面与AMZ表面吸附的羟基——OH发生化学反应形成化学键,另一方面它与中心原子Ti形成配位键Ti——O,从而使填料表面覆盖成一层钛酸酯单分子层;另外官能团OX^1,是与钛中心直接连结的基团,也会直接促进钛酸酯偶联剂分子中的羟基与极性较强的AMZ相溶。

(2)再比较AMZ和AMZ-Si的红外光谱曲线可以看出,在3687cm^{-1}处同样都出现了较强的吸收峰,这是羟基——OH的特征峰,但是AMZ-Si的峰强度也弱于AMZ,表明AMZ-Si中羟基——OH数量有所减少,是因为硅烷偶联剂与AMZ中的羟基——OH发生了化学键合,以新的化学键的形式存在于复合阻燃抑烟剂AMZ-Si表面。而在1720cm^{-1}和1620cm^{-1}附近也出现了较强双吸收峰,这是Si=O键的伸缩振动吸收峰。另外,在AMZ-Si的红外光谱曲线的3421cm^{-1}附近还出现了一个较宽的吸收峰,可能是硅烷偶联剂与AMZ之间形成的分子键氢键的特征峰,由此可以确定硅烷偶联剂与AMZ之间发生了化学作用,生成了新的化学键。

这种新的化学键的形成机理,同样可以从硅烷偶联剂与AMZ的分子结构进行进一步的分析。硅烷偶联剂与无机填料之间的作用方式包括化学键、氢键和物理吸附作用。从硅烷偶联剂的分子结构来看,硅烷偶联剂分子中含有两类不同的化学官能团,因此它的一端通过水解反应,能与无机材料表面的羟基反应,形成氢键,并在一定的条件下进行缩合、脱水和固化过程,最后形成共价键;而另一端又能与有机高分子材料结合,从而使有机高分子材料—硅烷偶联剂—无机材料之间产生一种良好的界面结合,从而实现将两种极性差异较大的材料牢固的结合在一起。在硅烷偶联剂表面改性AMZ的过程中,硅烷偶联剂与无机粉体的反应历程可用图2-16表示。

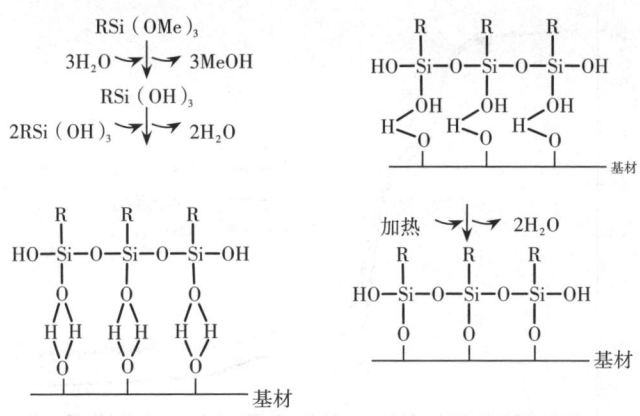

图2-16　硅烷偶联剂与无机粉体的反应过程示意图

该反应过程分为四步,第一步是硅烷偶联剂中与Si相连的3个水解基团与水反应,生成硅醇;第二步是硅醇分子间脱水,缩合成Si—OH的低聚硅氧烷;第三步是低聚硅氧烷的Si—OH与极性较强的AMZ表面上的羟基反应,形成氢键;第四步是在热作用下产生脱水及固化,达到与AMZ形成牢固的化学键的目的。

2.4.2 复合阻燃抑烟剂的热分析(TGA)

热分析是在程序控制温度下测量物质的物理性质与温度关系的一类技术[56~57]。本研究采用的是由瑞士Mettler-Toledo公司生产的TGA/SDTA85l型热重分析仪。仪器的试验温度范围:室温至1650℃;升温速率范围:0.01～100℃/min;样品测量范围:0～5000mg。

考虑到复合阻燃抑烟剂的使用是与沥青及其混合料的生产和施工紧密结合的,并且贯穿于隧道沥青路面的施工和使用的全过程,因此有必要考察复合阻燃抑烟剂的热稳定性,以便掌握沥青阻燃剂在沥青加工及其混合料生产和施工工程中的状态以及由此带来的物理、化学性质的变化,以便了解沥青复合阻燃抑烟剂在沥青燃烧过程中的性质变化,并有利于探明其阻燃机理。为了分析复合阻燃抑烟剂 AMZ、AMZ-Ti 以及 AMZ-Si 的热稳性,我们采用热失重 TGA 和差热分析相结合的试验方法来描述它们的热性能。测试结果见图2-17、图2-18和图2-19,相关热分析数据列于表2.8。

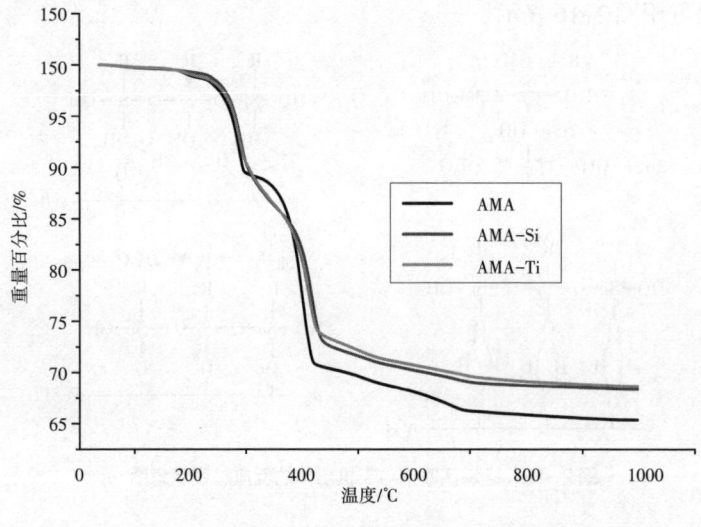

图2-17　AMZ、AMZ-Ti和AMZ-Si的TGA曲线

仍以温度为横坐标,将上述曲线方程进行微分,即得到相应的微分曲线DTG,见图2-18。

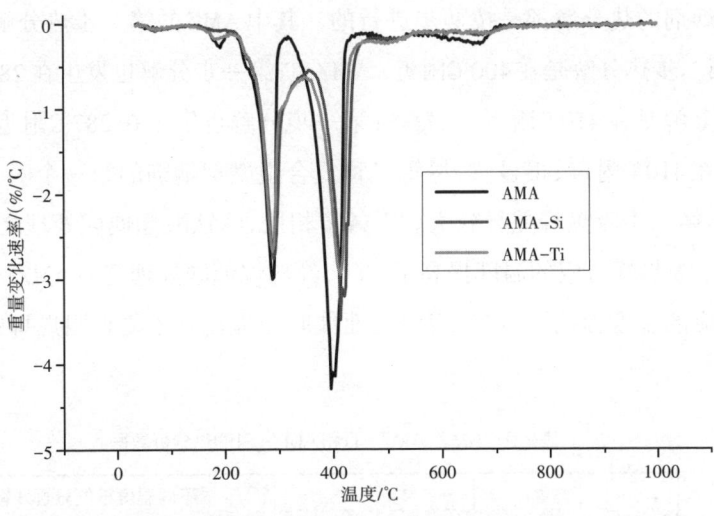

图2-18　AMZ、AMZ-Ti和AMZ-Si的DTG曲线

　　从微分曲线DTG可以直观地看出各种复合阻燃抑烟剂的分解过程和每次分解的吸热峰值(最大吸热温度)。差热扫描曲线图见图2-19。

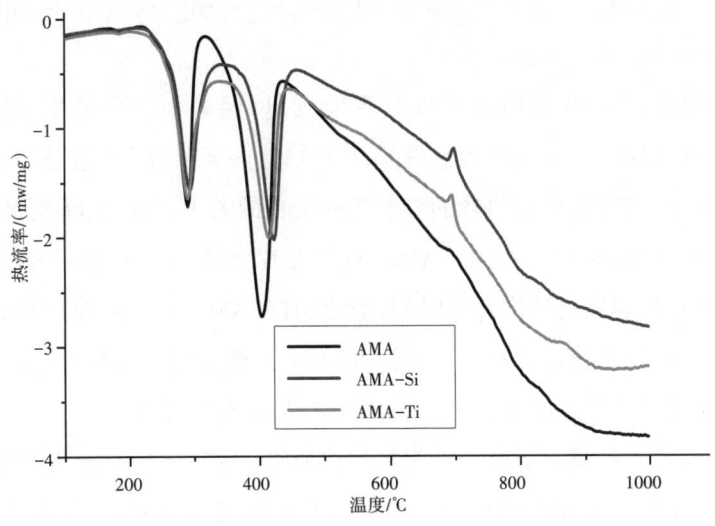

图2-19　AMZ、AMZ-Ti和AMZ-Si的DSC曲线

　　针对图2-17、图2-18、图2-19以及表2.9相关数据,分析如下:

　　(1)TGA曲线中出现了两个吸热峰,表明AMZ,AMZ-Ti和AMZ-Si三种复合

阻燃抑烟剂的热分解都是按两步进行的。其中AMZ的第一步热分解是在287℃附近,第二步热分解是在400℃附近;AMZ-Ti第一步分解也发生在287℃附近,第二步热分解是在410℃附近;AMZ-Si第一步分解也发生在287℃附近,第二步热分解是在410℃附近;很显然,尽管三种复合阻燃抑烟剂的第一个吸热峰差别很小,但是第二个吸热峰差异较大,与AMZ相比,经钛酸酯偶联处理之后的AMZ-Ti第二个吸热峰对应的温度提高了10℃,经硅烷偶联处理之后AMZ-Si第二个吸热峰对应的温度提高了20℃,表明表面偶联处理提高了复合阻燃抑烟剂的热稳定性。

表2.9　AMZ、AMZ-Ti和AMZ-Si的热分析数据

样品	T_{pd1}/℃	T_{ps1}/℃	T_{pd2}/℃	T_{ps2}/℃	不同温度下的分解残留物/%			
					550℃	650℃	750℃	997℃
AMZ	287.92	290.42	400.42	402.92	68.78	67.16	66.04	65.37
AMZ-Si	290.42	292.92	420.42	422.92	70.79	69.68	68.86	68.37
AMZ-Ti	287.92	290.42	410.42	415.42	71.26	70.20	69.35	68.66

附注:T_{onset}—起始分解温度,即质量损失为5wt%时的温度;T_{pd}—DTG曲线中的峰值温度;T_{ps}—DSC曲线中的峰值温度。

(2)从DTG和DSC曲线可以直观地看出,经表面改性的复合阻燃抑烟剂AMZ-Ti和AMZ-Si,其分解吸热峰相对于AMZ向高温方向发生漂移,通过AMZ-Ti和AMZ-Si燃烧反应放热峰的峰温漂移变化的大小,可以判断经偶联剂处理后AMZ-Ti和AMZ-Si的着火点。AMZ-Ti和AMZ-Si峰温向高温漂移,说明表面改性延迟了反应速度迅速增长的时间,AMZ-Ti和AMZ-Si的热稳定性增加,向高温漂移越多,则其热稳定性越好。分析其原因,可能是因为偶联剂与复合阻燃抑烟剂表面形成了新的高键能的化学键,故其热稳性有所提高。

(3)对比三种复合阻燃抑烟剂的差热曲线(DSC)和DTG曲线可以看出,DSC的测试结果比DTG微分曲线所显示的最高分解温度稍高,主要是因为这二者采用的仪器及其原理不同,前者是采用差热扫描仪,主要依据物质分解的热焓变化;后者是采用热失重分析仪,主要依据物质分解的质量变化。但二者相差不大,这也证明了测试结果的合理性和可靠性。

(4)从450℃之后三种复合阻燃抑烟剂的分解残留物发现,AMZ-Ti和AMZ-

Si在各个温度下的残留物的量均比AMZ要高,但AMZ-Ti和AMZ-Si非常接近,说明表面改性后,复合阻燃抑烟剂的热稳定性得到了一定的提高。

2.4.3形貌观察

无机填料在干态下的良好分散状况是其在高分子树脂基体中能否良好分散的前提和基础。由于超细粉体表面能较高,极易团聚;用表面改性剂对其表面处理后,能有效地降低表面能,提高粉体在干态下的分散性。为了研究两种偶联剂的改性工艺对复合阻燃抑烟剂中间体AMZ粉体在干态下分散性的影响,我们对经过适量的钛酸酯偶联剂和硅烷偶联剂表面改性前后的复合阻燃抑烟剂进行了扫描电子显微镜(SEM)观察。即将2000~2500目的AMZ,AMZ-Ti和AMZ-Si复合阻燃抑烟剂在日产Hitachix-650(SEM)上观察粉体在干态下的分散性,扫描照片见图2-20至图2-25。

图2-20　AMZ放大2000倍的SEM图片　　图2-21　AMZ-Ti放大2000倍的SEM图片

图2-22　AMZ-Si放大2000倍的SEM图片　图2-23　AMZ放大8000倍的SEM图片

图2-24　AMZ-Ti放大8000倍的SEM图片　图2-25　AMZ-Si放大8000倍的SEM图

从SEM照片可以看出,未经改性的复合阻燃抑烟剂AMZ,团聚现象非常严重,几乎看不到单独的颗粒存在,其表面能较高;而经过适当用量的钛酸酯偶联剂和硅烷偶联剂表面改性后的复合阻燃抑烟剂AMZ-Ti和AMZ-Si,表面能降低,尽管仍然存在团聚现象,但可以看到大量的AMZ-Ti和AMZ-Si粒子在干态下以单个颗粒形式存在,表明钛酸酯和硅烷偶联剂改性方式均能有效降低复合阻燃抑烟剂的表面能,从而提高复合阻燃抑烟剂在干态下的分散性,这有助于复合阻燃抑烟剂在沥青基体中的良好分散。

2.5 温拌阻燃沥青制备工艺研究

本书所制备的温拌阻燃沥青组成成分较多,各改性剂自身的性能不一,改性过程较复杂。且对于改性沥青来说,制备工艺对改性沥青性能的影响程度不低于改性剂掺量大小对其的影响,改性沥青制备时剪切速度和剪切温度都会影响改性沥青最终的性能,剪切温度较高会使沥青在改性过程中发生老化,剪切速度较小会使改性剂不能充分地与沥青进行混合改性,在沥青改性完毕后往往会产生大量气泡,因此改性结束后在较高温度下进行发育也是有必要的。故在制备成品改性沥青之前必须详细研究,进而确定温拌阻燃沥青的制备工艺。以下为以AMZ-Ti温拌阻燃沥青为例进行制备工艺的探究。

2.5.1 正交试验设计

研究文献表明,沥青在进行改性时其制备工艺的不同往往会对改性沥青性能产生较大的影响[58]。经过文献调研,本书通过对剪切速率、剪切温度、剪切时间及发育时间四种因素对温拌阻燃沥青性能的影响进行研究,来确定温拌阻燃沥青的制备工艺。设计三水平、四因素的正交试验对沥青的性能影响进行研究,试验方案及所得结果如表2.10和表2.11所示。

表2.10　正交试验因素及水平

正交水平	正交因素			
	剪切温度/℃	剪切速率/(r·min⁻¹)	剪切时间/min	发育时间/min
1	160	3000	20	35
2	165	4000	30	40
3	170	5000	40	45

表2.11　正交试验结果

试验编号	因素				检测结果		
	剪切温度/℃	剪切时间/min	剪切速率/(r·min⁻¹)	发育时间/min	25℃针入度/0.1mm	软化点/℃	5℃延度/cm
1	160	20	3000	35	51.9	68.2	18.9
2	160	30	4000	40	50.4	69.4	18.4
3	160	40	5000	45	46.8	72.5	17.8
4	165	20	4000	45	50.3	69.1	19.0
5	165	30	5000	35	48.6	71.3	18.9
6	165	40	3000	40	47.8	71.7	18.5
7	170	20	5000	40	50.3	70.4	16.2
8	170	30	3000	45	49.6	71.3	17.4
9	170	40	4000	35	45.8	73.6	16.1

2.5.2 正交试验数据处理及分析

由上表正交试验数据结果,采用正交试验数据处理方法,求出四种因素的各水平平均值,计算出各因素极差,从而判断各因素对沥青指标的影响大小,结果如表2.12所示。

表2.12　极差分析

沥青指标	水平	剪切温度/℃	剪切时间/min	剪切速率/(r·min⁻¹)	发育时间/min
25℃针入度/ (0.1mm)	K_1	49.7	50.8	49.7	48.7
	K_2	48.9	49.5	48.2	49.5
	K_3	48.6	46.8	48.6	48.9
	极差R	1.1	4.0	1.5	0.8
软化 点/℃	K_1	70.0	69.2	70.4	71.0
	K_2	70.7	70.6	70.7	70.4
	K_3	71.8	72.6	71.4	71.0
	极差R	1.8	3.4	1.0	0.6
5℃ 延度 /cm	K_1	18.3	18.0	18.3	18.0
	K_2	18.8	18.2	17.8	17.7
	K_3	16.5	17.4	17.6	18.1
	极差R	2.3	0.8	0.7	0.4

由表2.12数据可知,剪切时间对温拌阻燃改性沥青的针入度指标及软化点指标的影响均最大,其余三种因素对两者的影响均较小;对延度指标来说,剪切温度对其影响最大,剪切时间次之。由于所制备的温拌阻燃沥青需具备良好的高温稳定性能,同时其低温性能也应满足隧道使用要求,所以先不考虑剪切速率和发育时间两者因素的影响。通过正交试验,以优化高温性能指标、满足低温性能指标为目的,在确定温拌阻燃改性沥青的制备工艺中,应首要考虑剪切时间和剪切温度对沥青的影响。

2.5.3 温拌阻燃沥青制备工艺的优化

由上述正交试验结果处理与分析为依据,确定改性沥青的最佳制备工艺,首先控制两种对改性沥青性能影响较小的因素,即控制剪切速率为4000r/min,发育时间为35min。然后选用单因素分析法通过剪切时间和剪切温度对改性沥青常规性能的影响来确定最佳改性工艺。以AMZ-Ti复合阻燃抑烟剂所制备的改性沥青为例,首先控制剪切温度为165℃,研究不同剪切时间对改性沥青性能指标的影响,其试验结果如见表2.13,然后根据上述试验选定的最佳剪切时间,研究剪切温度对改性沥青性能指标的影响,得出试验结果列于表2.14。

表2.13 剪切时间对AMZ-Ti温拌阻燃沥青性能的影响

剪切时间/min	25℃针入度/0.1mm	软化点/℃	5℃延度/cm
20	48.3	69.0	19.3
30	45.6	70.8	18.4
40	47.2	68.9	19.0

表2.14 剪切温度对AMZ-Ti温拌阻燃沥青性能的影响

剪切温度/℃	25℃针入度/0.1mm	软化点/℃	5℃延度/cm
160	48.5	68.4	19.5
165	45.4	70.7	18.7
170	44.8	69.6	18.9

由表2.13和表2.14数据所示,温拌阻燃沥青的针入度与延度均随着剪切时间的增加呈现出先减小后增大的趋势,其软化点则呈现先增大后减小的趋势,剪切温拌为30min时软化点达到最大;同样的,温拌阻燃沥青的软化点随着剪切温度的升高先增大后减少,其针入度和延度指标先减小后趋于不变,剪切温度为165℃时各指标较优。因此,确定剪切时间为30min,剪切温度为165℃。

综上,AMZ-Ti温拌阻燃改性沥青的制备工艺为:将SBS基质沥青加热到140℃左右,将一定质量的AMZ-Ti阻燃剂加入其中,搅拌5min后将温度升高至165℃,以4000r/min剪切速度高速剪切30min,剪切完成后用试管滴入Rediset®LQ1102温拌剂,手动搅拌5min使之分布均匀,最后在140℃烘箱中发育35min至气泡完全消失。

由于AMZ-Si温拌阻燃沥青与AMZ-Ti温拌阻燃沥青仅仅是所选取的表面改性剂不同,其他并无明显区别,故AMZ-Si温拌阻燃沥青的制备工艺参照上述AMZ-Ti温拌阻燃沥青所确定的制备工艺。

2.6 复合阻燃抑烟剂与温拌剂合理掺量的确定

2.6.1 复合阻燃抑烟剂与温拌剂掺量对温拌阻燃沥青常规性能的影响

依照 2.5 节所确定的制备工艺,参照 Rediset®LQ-1102 温拌剂说明书中所提供的最佳掺量范围(0.3%~0.7%)以及 2.1.2 小节中的温拌改性沥青基本性能试验数据,固定温拌阻燃沥青中 Rediset®LQ1102 温拌剂的掺量分别为沥青的 0.4%、0.5% 和 0.6% 不变,改变 AMZ-Ti 和 AMZ-Si 阻燃剂的掺量,研究相同 Rediset®LQ1102 掺量下不同阻燃剂制备的温拌阻燃沥青常规性能变化规律。AMZ-Ti 阻燃剂与温拌剂复掺后的试验结果如表 2.15 和图 2-26 所示,AMZ-Si 阻燃剂与温拌剂复掺后的试验结果如表 2.16 和图 2-27 所示。

表2.15　AMZ-Ti阻燃剂与Rediset®LQ1102复合改性温拌阻燃沥青常规性能结果

编号	Rediset®LQ 1102掺量/wt%	AMZ-Ti掺量 /wt%	25℃针入度/ 0.1mm	软化点/℃	5℃延度/ cm
1	0.4	3	42.7	68.3	19.7
2	0.4	5	42.3	70.5	18.5
3	0.4	7	41.8	71.7	17.1
4	0.4	9	40.9	72.6	15.3
5	0.5	3	43.6	68.8	20.2
6	0.5	5	43.2	70.3	18.8
7	0.5	7	42.8	72.0	17.6
8	0.5	9	41.7	73.3	15.9
9	0.6	3	43.1	68.7	20.3
10	0.6	5	42.7	70.0	19.2
11	0.6	7	41.8	71.3	17.4
12	0.6	9	41.1	71.8	16.1

表2.16　AMZ-Si阻燃剂与温拌剂复掺下温拌阻燃沥青常规性能结果

编号	LQ1102掺量/wt%	AMZ-Si掺量/wt%	25℃针入度/0.1mm	软化点/℃	5℃延度/cm
1	0.4	3	42.5	68.9	19.3
2	0.4	5	41.8	70.3	18.1
3	0.4	7	41.1	71.9	16.6
4	0.4	9	40.3	72.8	15.1
5	0.5	3	43.5	69.3	19.8
6	0.5	5	42.9	70.6	18.4
7	0.5	7	42.4	72.2	17.3
8	0.5	9	43.0	73.3	15.7
9	0.6	3	42.5	69.1	20.3
10	0.6	5	42.1	70.6	18.6
11	0.6	7	41.2	71.9	17.1
12	0.6	9	40.6	73.0	15.9

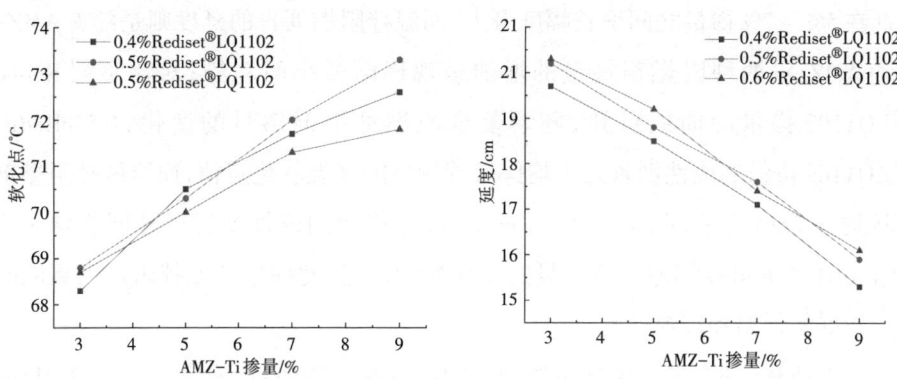

图2-26　AMZ-Ti复合阻燃抑烟剂与温拌剂复掺对改性沥青常规指标的影响规律

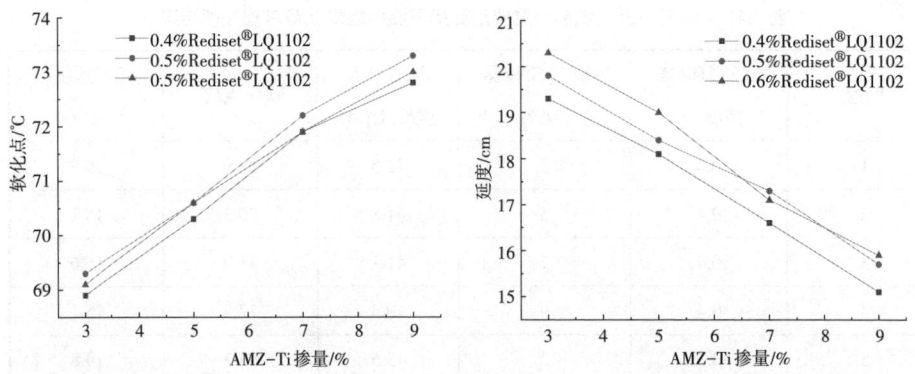

图2-27　AMZ-Si复合阻燃抑烟剂与温拌剂复掺对改性沥青常规性能的影响规律

由上述图表数据可知,两种复合阻燃抑烟剂与温拌剂复掺后所得到AMZ-Ti温拌阻燃沥青和AMZ-Si温拌阻燃沥青,其常规性能没有明显差别且变化规律相似,其主要原因为两种阻燃剂组成成分一样,两者只有表面改性所选用的偶联剂不同。

温拌阻燃沥青的软化点随AMZ-Ti和AMZ-Si阻燃剂掺量增加而升高,且阻燃剂在5%～7%掺量之间增长幅度最大,而温拌阻燃沥青的延度则是随着AMZ-Ti和AMZ-Si两种阻燃剂掺量的增加呈现逐渐减小的趋势;对比不同Rediset®LQ1102掺量的曲线可知,随着复合阻燃抑烟剂掺量的变化,0.5%Rediset®LQ1102掺量的改性沥青几乎均保持着较高的高温软化点值,而当两种阻燃剂掺量均在7.0%左右时,0.5% Rediset®LQ1102掺量的改性沥青其延度值均大于0.4%和0.6%Rediset®LQ1102掺量的改性沥青,并且此掺量的温拌阻燃沥青同时具备较好的低温和高温性能。

综上所述,综合考虑温拌阻燃沥青的高低温性能因素,确定Rediset®LQ1102温拌剂的合理掺量为沥青的0.5%,AMZ-Ti和AMZ-Si复合阻燃抑烟剂的合理掺量均为7.0%。

2.6.2 复合阻燃抑烟剂的用量对它自身在沥青中分散效果的影响

复合阻燃抑烟剂的用量对阻燃沥青的技术性能和燃烧性能将产生较显著的影响,本节将通过观察阻燃沥青断面形貌的途径来进一步验证以上用量的合理性,并确定过量复合阻燃抑烟剂导致的团聚现象的存在。

　　复合阻燃抑烟剂(粒度范围为2000~2500目)用量为7.0%和15.0%时的AMZ-Ti阻燃沥青和AMZ-Si阻燃沥青的断面形貌,见图2-28和2-29。

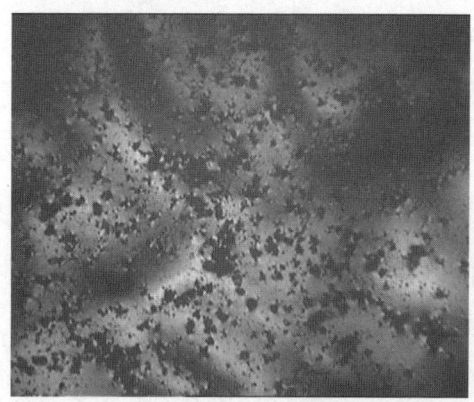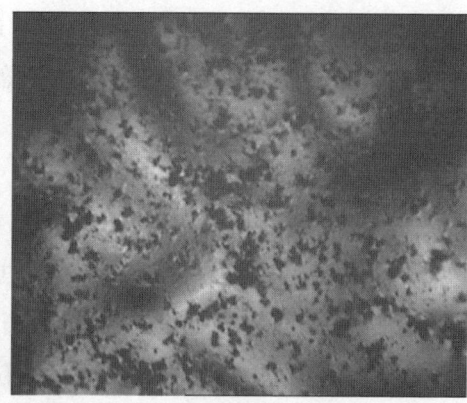

图2-28温拌阻燃沥青断面的SEM图片(复合阻燃抑烟剂7.0%,左AMZ-Ti,右AMZ-Si)

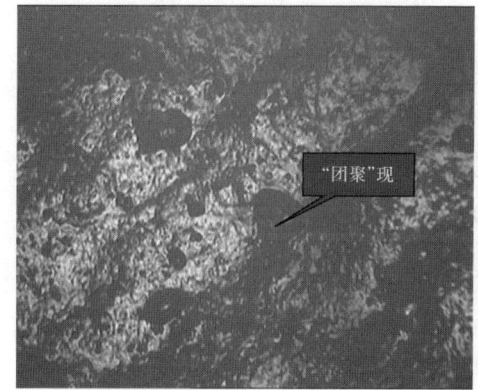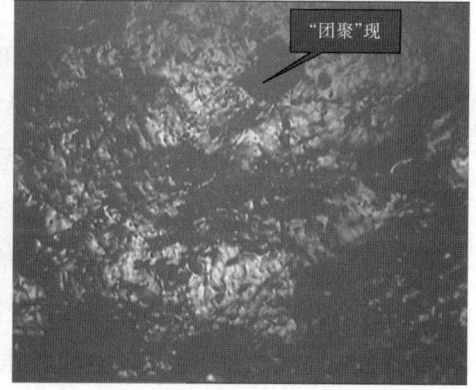

图2-29　温拌阻燃沥青断面的SEM图片(复合阻燃抑烟剂15.0%,左AMZ-Ti,右AMZ-Si)

　　从图2-28与图2-29可以直观地看出,7.0%用量下的AMZ-Ti温拌阻燃沥青和AMZ-Si温拌阻燃沥青中基本没有发现复合阻燃抑烟剂粒子聚集现象,而15.0%用量下AMZ-Ti温拌阻燃沥青和AMZ-Si温拌阻燃沥青中则出现了明显的复合阻燃抑烟剂粒子聚集现象,表明过多的复合阻燃抑烟剂用量会导致阻燃沥青中阻燃剂粒子发生"团聚"现象。这也说明,尽管表面改性降低了复合阻燃抑烟剂的表面极性,明显增大了复合阻燃抑烟剂与沥青之间的相容性,降低了复合阻燃抑烟剂在沥青中聚集的可能性,但其用量仍然是有限的。这种团聚现象的存在将对阻燃沥青的路用性能和阻燃性能产生不利影响。因此在确定复合阻燃抑烟剂的合理用量时,既不能过高,也不能过低。用量过高,阻燃沥青的阻燃性能及其低温延度将受到不利影响;用量过低,又达不到阻燃的目的,复合阻燃抑烟剂的用量选择,应考虑阻燃沥青的阻燃效果和路用性能。

2.7 本章小结

(1)钛酸酯偶联剂表面改性沥青中间体AMZ,通过测定钛酸酯用量对改性后的复合阻燃抑烟剂的AMZ-Ti/液体石蜡体系的黏度影响以及对AMZ-Ti活化指数影响,确定了当复合阻燃抑烟剂的粒度范围为1000～1500目时,其对应的钛酸酯偶联剂合理用量为复合阻燃抑烟剂的1.6%左右。通过对比改性前后吸水、吸油性及亲水性和分散性试验,得出了钛酸酯表面改性降低了复合阻燃抑烟剂的亲水性,增大了其亲油性的结论。

(2)硅烷偶联剂表面改性中间体AMZ,通过测定硅烷偶联剂用量对改性后的复合阻燃抑烟剂的AMZ-Si/液体石蜡体系的黏度影响以及对AMZ-Si活化指数影响,确定了当复合阻燃抑烟剂的粒度范围为1000～1500目时,其对应的硅烷偶联剂的合理用量为复合阻燃抑烟剂的0.9%左右。改性前后吸水、吸油性及亲水性和分散性试验结果表明,硅烷偶联剂表面改性复合阻燃抑烟剂,明显降低了复合阻燃抑烟剂的亲水性,增大了其亲油性。

(3)热分析结果表明,经钛酸酯和硅烷偶联剂表面改性之后的复合阻燃抑烟剂,其热稳性得到了进一步提高;红外光谱测试结果表明,钛酸酯和硅烷偶联剂表面改性复合阻燃抑烟剂,在复合阻燃抑烟剂表面形成了新的化学键,偶联剂主要是以化学键的形式吸附于复合阻燃抑烟剂表面。电镜扫描照片表明,未经改性的中间体AMZ,团聚现象非常严重;而经过适当用量的钛酸酯偶联剂和硅烷偶联剂表面改性后的复合阻燃抑烟剂AMZ-Ti和AMZ-Si,表面能降低,大量的AMZ-Ti和AMZ-Si粒子在干态下以单个颗粒形式存在。

(4)从常规性能指标来看,Rediset®LQ1102温拌改性沥青与DAT-3温拌改性沥青相比,在任一掺量下Rediset®LQ1102温拌改性沥青具有更好的高、低温性能,其改性效果良好,这表明Rediset®LQ1102温拌剂与基质沥青具有更好的配伍性。对于温拌阻燃沥青的常规性能指标,剪切时间对温拌阻燃沥青的针入度及软化点指标的影响最大,剪切温度对其延度指标影响最大。

(5)两种温拌阻燃沥青的制备工艺均为:将SBS基质沥青加热到140℃左右,将一定质量的复合阻燃抑烟剂加入其中,搅拌5min后将温度升高至165℃,以4000r/min剪切速度高速剪切30min,剪切完成后用试管滴入Rediset®LQ1102温拌剂,手动搅拌5min使之混合均匀,最后在140℃烘箱中发育35min至气泡完全消失。

综合考虑温拌阻燃沥青的高低温性能因素,确定Rediset®LQ1102温拌剂的掺量为0.5%,AMZ-Ti阻燃剂与AMZ-Si阻燃剂的合理掺量均为7.0%。

第三章	温拌阻燃沥青的性能

长大隧道属于高速公路的特殊路段,此路段沥青路面面层使用的沥青材料不仅常规性能要满足规范要求,还必须具备优良的阻燃抑烟能力。常规性能的测试主要是针对改性沥青的三大指标及旋转黏度等指标,各项指标需满足《公路沥青路面设计规范》。阻燃抑烟性能则是通过极限氧指数试验与烟密度分析试验对改性沥青进行评价并通过热重分析试验对其热分解性质进行研究。此外,对于老化性能的研究,分别对经历短期老化与长期压力老化后所得到的改性沥青进行常规性能和流变性能测试与分析,对其抗老化性能做出评价。

考虑到长大隧道复合式沥青路面铺装分为上、下面层双面层铺装,上面层沥青材料选用阻燃改性沥青可以抑烟阻燃,下面层沥青材料则选用常规的SBS改性沥青。为对比分析温拌阻燃沥青性能,故本章选用SBS改性沥青、温拌SBS改性沥青、AMZ-Ti阻燃沥青、AMZ-Ti温拌阻燃沥青、AMZ-Si阻燃沥青及AMZ-Si温拌阻燃沥青六种沥青进行对比研究,从而评价六种沥青的阻燃抑烟性能、高低温流变性能以及抗老化能力的优劣。

3.1 阻燃抑烟性能

国内目前评价沥青阻燃效果的方法有许多,其中包括极限氧指数试验、烟密度试验和热重分析法等。极限氧指数试验是用来定量评价材料阻燃性能的试验方法;烟密度试验则是测试聚合物材料燃烧过程中释放的烟雾密度,判断其释放烟雾量的大小;而热重分析则是探究不同温度条件下燃烧物分解机理的试验技术。故本章节采用极限氧指数试验、沥青烟密度测试来评价六种沥青的阻燃抑烟性能,进而通过热重分析试验对改性沥青燃烧分解机理进行探究。

45

3.1.1 极限氧指数测试

本书选取 HC-2 氧指数测定仪对改性沥青极限氧指数进行测定,该方法是 20 世纪 90 年代美国学者提出来评价塑料燃烧性能的一种方法[59-61],目前有很多国家使用这种方法对沥青聚合物燃烧性能的评价并将该方法纳入规范。这种试验方法主要是通过检测混合气体中能够满足试样被点燃的极限氧气浓度,此时氧气浓度即为极限氧指数,以体积百分数表征[62]。

本试验具体操作按照规范 JT/T 8603-2014 沥青混合料改性剂规范附录 A 进行,试验设备型号为氧指数测定仪 HC-2,实物如图 3-1 所示。试验所需的沥青试样需均剪成尺寸均为长 100mm,宽 5.5mm,厚 6.0mm 的沥青长条,其沥青条试样如图 3-2 所示。

图 3-1　极限氧指数仪　　　　　图 3-2　极限氧指数试验沥青条试样

3.1.2 极限氧指数试验结果分析

沥青本身为易燃材料,在阻燃改性过程中掺入阻燃剂以达到阻燃的效果,其中金属氢氧化物及无机水合物阻燃剂均具有优良的阻燃性能。本章节对六种沥青采用极限氧指数试验进行阻燃性能研究,分别对六种沥青进行测试与分析,试验结果见表 3.1 和图 3-3 所示。

表3.1 极限氧指数试验结果

沥青类型	SBS改性	+0.5% LQ1102	+7% AMZ-Si	+7%AMZ-Si +0.5% LQ1102	+7% AMZ-Ti	+7%AMZ-Ti +0.5% LQ1102
LOI(%)	20.3	20.6	26.4	26.8	27.3	27.6

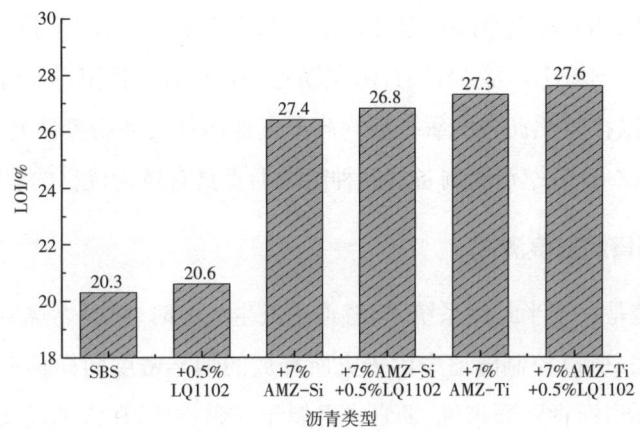

图3-3 极限氧指数试验结果

由上述表中数据和试验结果图所示,主要得出以下结论:

(1)六种沥青的极限氧指数大小顺序依次为AMZ-Ti温拌阻燃沥青＞AMZ-Ti阻燃沥青＞AMZ-Si温拌阻燃沥青＞AMZ-Si阻燃沥青＞温拌SBS改性沥青＞SBS改性沥青。

(2)对于四种阻燃沥青,随着阻燃剂的添加,改性沥青的极限氧指数均有不同程度的提高,掺量为7.0%的AMZ-Ti阻燃沥青氧指数提升至27.3%,掺量为7.0%AMZ-Si阻燃沥青则提升至26.4%,这表明两种阻燃改性剂的添加均能够较好增强沥青的阻燃性能。

(3)对于温拌改性沥青,在添加了Rediset®LQ1102温拌剂后,其极限氧指数均有小幅度的上升,这可能是因为表面活性温拌剂添加到沥青中后,在拌和作用下在沥青内部形成了大量结构性水膜,温拌剂在参与沥青燃烧过程中结构性水膜蒸发吸热,一定程度上降低了燃烧体系的温度从而起到阻燃效果[63]。

(4)对于AMZ-Ti和AMZ-Si两种温拌阻燃沥青,在复合阻燃抑烟剂和Rediset®LQ1102温拌剂的共同作用下,较于SBS改性沥青,AMZ-Ti温拌阻燃沥青和AMZ-Si温拌阻燃沥青的极限氧指数分别上升至27.6%,26.8%,这表明两种改性剂的添加均能够大幅度的提高沥青的阻燃性能,对比两种温拌阻燃沥青,AMZ-Ti温拌阻燃沥青的极限氧指数值比AMZ-Si温拌阻燃沥青略高,表明两种偶联剂表面改性工艺的阻燃效果较硅烷表面改性略好。

综上所述,Rediset®LQ1102温拌剂的添加会对沥青的阻燃性能产生一定的积极影响,但影响较小。从AMZ-Ti阻燃沥青、AMZ-Ti温拌阻燃沥青的极限氧指数来看,两种温拌阻燃沥青的氧指数均高于其他四种改性沥青且大于27%,属于难燃材料,AMZ-Ti阻燃剂所制备的两种阻燃沥青具有较为优良的阻燃性能。

3.1.3 沥青烟密度测试

因为隧道是一个半封闭系统,当隧道中发生火灾时,材料燃烧所释放的烟雾极其不易散去,所以控制隧道中因火灾所释放的烟雾密度同样具有十分重要的意义。对于隧道沥青路面来说,沥青本身属于易燃物质,在汽油或柴油的诱发下更是极易发生燃烧,引发隧道火灾事故。沥青在燃烧过程中会产生浓烟,沥青烟雾的主要成分为粉尘、一氧化碳和二氧化碳等。在隧道火灾事故中,大量沥青烟雾的释放不仅会使人员头昏中毒、陷入恐慌,还会使隧道内可见度降低,严重影响灭火及救援工作的展开,对人们的生命和财产安全造成威胁。

根据《道路用阻燃沥青混凝土》(GB/T29051—2012)规范要求,烟密度等级(SDR)为长大隧道及重要通道等特殊工程所要求的测试项目,对于一般隧道工程不做要求,且对于长大隧道路面沥青烟密度等级需满足SDR≤75。因此,对隧道中阻燃改性沥青的燃烧烟密度进行研究是非常有必要的。

由于校内试验条件有限,本次试验特地委托青岛斯坦德检测公司进行测试,主要检测了SBS改性沥青、温拌SBS改性沥青、AMZ-Si阻燃沥青、AMZ-Si温拌阻燃沥青、AMZ-Ti阻燃沥青及AMZ-Ti温拌阻燃沥青六种沥青在燃烧过程中所释放出来的烟密度。试验设备为微控型建筑材料燃烧或分解烟密度试验机ZY6166A-PC,实物如图3-4所示。

图3-4　烟密度试验机

具体试验操作按照规范GB/T 8627—2007建筑材料燃烧烟密度试验方法,本试验试样制备方法如下所述:

(1)取一块长方形的试验玻璃板,把表面清理干净并保持干燥,在玻璃板表面涂抹隔离剂,避免浇注沥青时沥青与玻璃板发生粘黏;

(2)把改性沥青材料放入165±5℃烘箱内,进行加热保温1.5～2h,至沥青为熔融状态后取出;

(3)取自制的25mm×25mm×6mm的沥青烟密度试样模具,在模具内部涂抹凡士林放在玻璃板表面,缓缓浇注沥青,待其在室温下进行冷却后取出,将其剪成长25mm±0.3mm、宽25mm±0.3mm、厚6mm±0.3mm的试件,即可得到沥青烟密度试验试样。沥青烟密度试样如图3-5所示。

图3-5　沥青烟密度试样

3.1.4 沥青烟密度试验结果分析

沥青材料被点燃后，由于环境条件以及不同改性沥青本身材料的不同，燃烧的发展情况也不同。通过烟密度试验机对六种沥青进行沥青烟密度测试，得到在燃烧下样品出现火焰时间、样品熄灭时间、最大烟密度以及烟密度等级等试验数据，其具体试验数值表征如表3.2、图3-6及图3-7所示。

表3.2　烟密度试验结果（沥青组成与表3.1相对应）

烟密度试验	六种沥青类型					
	SBS 改情沥青	温拌SBS 改情沥青	AMZ-Si 阻燃沥青	AMZ-Si温 拌阻燃沥青	AMZ-Ti阻 燃沥青	AMZ-Ti温 拌阻燃沥青
样品出现火焰时间/s	3.6	4.6	6.3	6.8	7.3	7.3
样品熄灭时间/s	39.0	39.6	52.0	53.3	53.0	54.3
烟密度等级（SDR）	75.4	74.3	48.4	47.7	48.1	47.3
最大烟密度	88.2	81.2	56.4	56.2	56.3	55.5

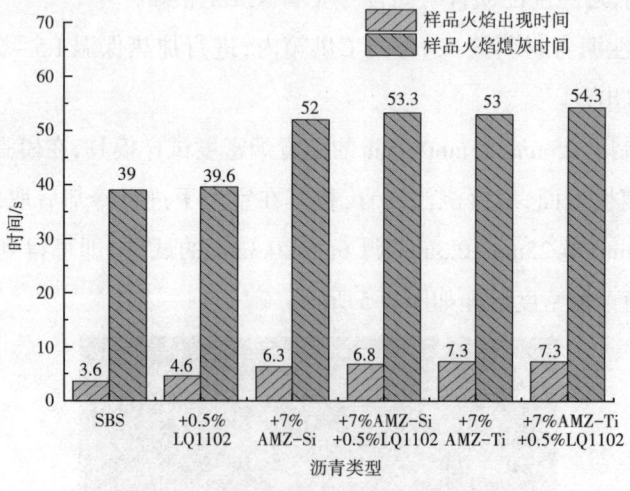

图3-6　六种沥青燃烧火焰出现与熄灭时间

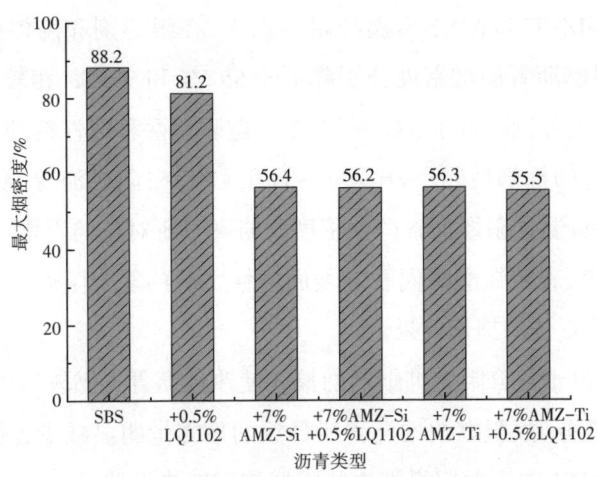

图3-7　六种沥青最大烟密度试验结果

由上述表中数据和柱状图所示,得出结论如下所述:

(1)点燃时间和燃烧时间一定程度上反应了改性沥青燃烧的难易程度,表征了改性沥青燃烧初始时间以及整个燃烧过程的行为。从六种沥青的点燃时间及燃烧时间数据可以看出,SBS改性沥青和温拌SBS改性沥青平均在3.6s和4.6s左右时便被点燃,且两者燃烧时间较短,仅用了35s左右,而AMZ-Si阻燃沥青、AMZ-Ti阻燃沥青、AMZ-Si温拌阻燃沥青及AMZ-Ti温拌阻燃沥青的点燃时间较长,分别达到了6.3s,7.3s,6.8s和7.3s左右,其燃烧时间均达到了45s以上,其中AMZ-Ti温拌阻燃沥青更是达到了47s左右,从试验数据可以反映出,SBS改性沥青容易被点燃,燃烧过程中速度较快,且沥青燃烧比较充分,而四种阻燃沥青点燃较为困难,燃烧过程中速度比较缓慢,沥青没有得到充分燃烧。这表明了经复合阻燃抑烟剂改性之后得到的温拌阻燃改性沥青增强了隧道运营中的阻燃安全性。

(2)对于两种阻燃改性沥青来说,添加复合阻燃抑烟剂之后,AMZ-Ti阻燃沥青烟密度降低至56.3%,AMZ-Si阻燃沥青则降低至56.4%,相比SBS改性沥青88.2%的烟密度,两种阻燃改性沥青的燃烧烟密度均有大幅度的降低,这表明两种复合阻燃抑烟剂的添加均能够较好的提高沥青的抑烟性能,且两种阻燃改性沥青的烟密度等级均满足长大隧道烟密度等级规范要求。

（3）对于 AMZ-Ti 和 AMZ-Si 温拌阻燃沥青,在阻燃剂和温拌剂的共同作用下,两种温拌阻燃沥青的烟密度分别降低至 55.5% 和 56.2%,相较于 SBS 改性沥青,其最大烟密度分别降低了 32.7% 和 32%,这表明两种改性剂的掺入同样能够大幅度改善沥青的抑烟性能;对比 AMZ-Ti 和 AMZ-Si 阻燃沥青,AMZ-Ti 温拌阻燃沥青和 AMZ-Si 温拌阻燃沥青的烟密度均略高于所对应的阻燃沥青,且前者的烟密度低于后者,表明钛酸酯偶联剂表面改性之后的复合阻燃抑烟剂与温拌剂协同作用起到了更佳的抑烟效果。

综上所述,由于复合阻燃抑烟剂的掺入使改性沥青点燃较为困难、燃烧速度变慢且燃烧不充分,故阻燃改性沥青所释放的烟雾量明显减少,其中 AMZ-Ti 温拌阻燃沥青比 AMZ-Si 温拌阻燃沥青的阻燃抑烟性能更佳。

3.2 温拌阻燃沥青的热分析

3.2.1 AMZ-Si 温拌阻燃沥青的热失重分析

本研究采用的热失重分析(TGA)是在美国 Perkin-Eliner 公司生产的 Perkin-ElmerQ50 型 TGA 分析仪上进行的。所用的气氛为氮气,流速 50ml/min 左右,升温速率为 10℃/min,温度范围为 30～800℃,样品重为 8mg 左右。AMZ-Si 温拌阻燃沥青在受热燃烧过程中将发生不同程度的炭化作用,其结果将导致燃烧残余物质量(或残炭量)的增加。这种残炭的形成,将在燃烧过程中迅速覆盖在阻燃沥青表面,阻碍燃烧行为的进一步进行。因此,AMZ-Si 温拌阻燃沥青的热失重行为是它在受热过程中炭化行为的反映,残炭量可作为阻燃效果优劣的评判标准之一。为了便于分析,通过对比试验,分别对 4.0%SBS 改性沥青、AMZ 温拌阻燃沥青以及 AMZ-Si 温拌阻燃沥青(粒度范围均为 2000～2500 目,用量均为 9.0%)进行了热失重分析试验,其相应的热分析结果的 TGA 曲线、DTG 曲线以及 DSC 曲线分别见图 3-8、图 3-9 和图 3-10,其相应数据见表 3.3。

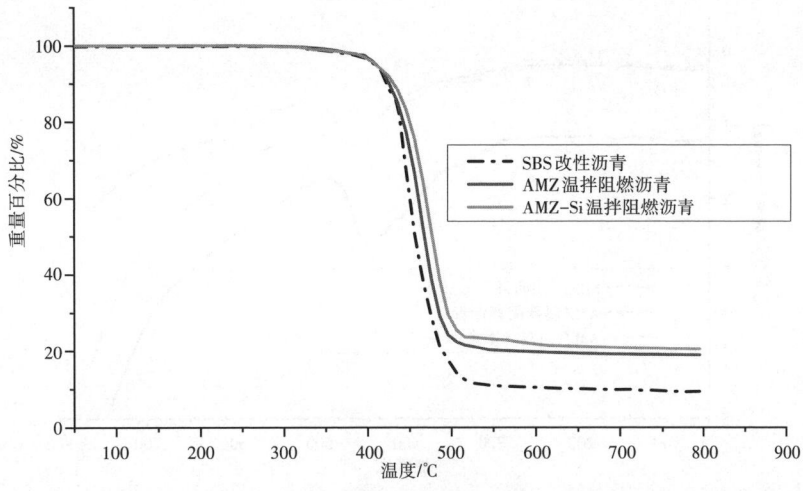

图3-8　AMZ-Si温拌阻燃沥青的TGA曲线

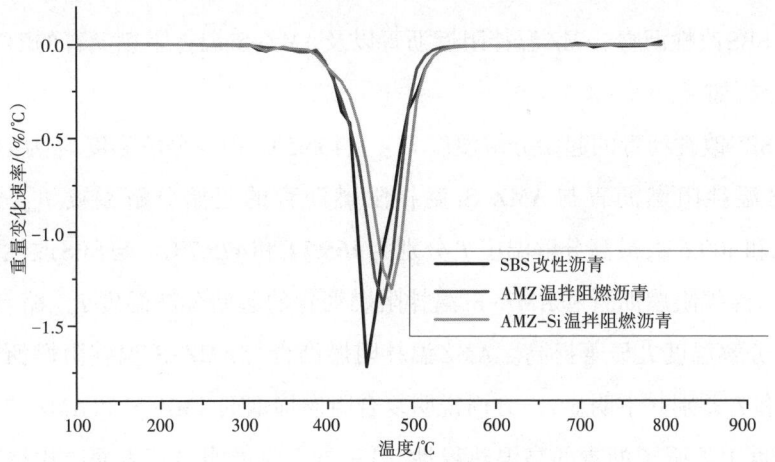

图3-9　AMZ-Si温拌阻燃沥青的DTG曲线

表3.3　SBS改性沥青、AMZ温拌阻燃沥青及AMZ-Si温拌阻燃沥青的热分析数据

样品类别	T_{onset}/℃	T_p/℃	T_f/℃	各种分解温度下的残留物/%			
				450℃	550℃	650℃	750℃
SBS改性沥青	405.5	445.6	545.6	50.89	10.91	10.06	9.54
AMZ 温拌阻燃沥青	410.8	465.7	565.6	72.05	20.21	19.99	19.68
AMZ-Si 温拌阻燃沥青	409.6	475.7	575.6	79.40	23.13	21.19	20.67

附注:T_{onset},分解率为5.0wt%时的温度;T_p,DTG曲线中的峰温;T_f,分解完毕的温度。

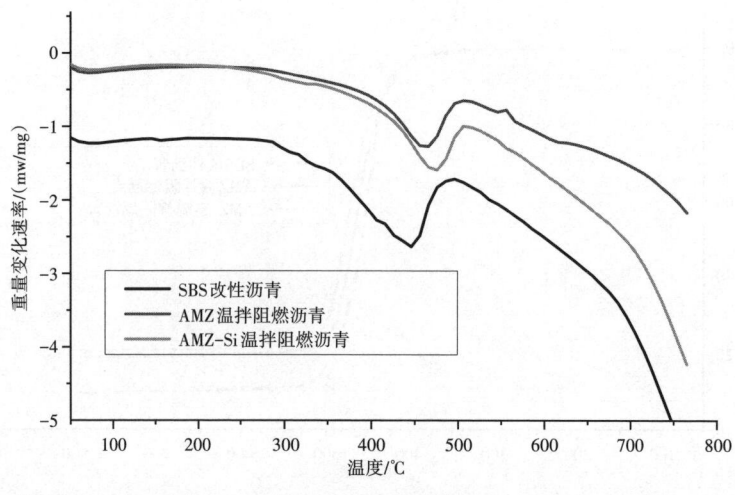

图3-10 AMZ-Si温拌阻燃沥青的DSC曲线

从SBS改性沥青、AMZ温拌阻燃沥青以及AMZ-Si温拌阻燃沥青的TGA试验结果,分析如下:

①SBS改性沥青的起始分解温度T_{onset}为405.5℃,最高分解温度T_p为445.6℃,而AMZ温拌阻燃沥青与AMZ-Si温拌阻燃沥青的起始分解温度T_{onset}分别为410.8℃和409.6℃,最高分解温度T_p分别为465.7℃和475.7℃。与SBS改性沥青相比,AMZ温拌阻燃沥青和AMZ-Si温拌阻燃沥青的起始分解温度T_{onset}略有上升,但最高分解温度T_p显著提高。AMZ温拌阻燃沥青与AMZ-Si温拌阻燃沥青之间的T_{onset}和T_p差别并不明显,一方面说明复合阻燃抑烟剂AMZ-Si和AMZ的加入在一定程度上增强了沥青的高温热稳定性,另一方面也说明尽管表面改性提高了复合阻燃抑烟剂的热稳定性及其与沥青的相容性,但对于改善阻燃沥青的热稳定性无明显作用。

②分析比较550℃以后的残炭量可以看出,AMZ温拌阻燃沥青与AMZ-Si温拌阻燃沥青的在各个分解温度下的残炭量均高于SBS改性沥青,且SBS改性沥青的最终残留物仅仅为10.91%,说明SBS改性沥青在燃烧过程中成炭作用较弱;而添加复合阻燃抑烟剂之后的阻燃沥青,其最终残留物均在20%以上。分析其原因,一方面加入了9.0%的复合阻燃抑烟剂,其分解产物在一定程度上增加了残

留物的总质量;另一方面复合阻燃抑烟剂或者抑烟剂促进了沥青在燃烧分解过程中的成炭,并最终使成炭量提高了10%左右,从而达到了阻燃的目的。

③从几种沥青的差热曲线(DSC)不难看出,DSC的测试结果与DTG微分曲线所显示的最高分解温度T_p存在一定差异,主要是因为这二者采用的仪器及其原理不同,前者是采用差热扫描仪,其原理是主要依据物质分解的热熔变化;后者是采用热失重分析仪,其原理是主要依据物质分解的质量变化。但二者相差不大,这也证明了测试结果的可靠性。

④进一步比较分析AMZ温拌阻燃沥青与AMZ-Si温拌阻燃沥青的成炭量可以看出,AMZ-Si温拌阻燃沥青的残炭量略高于AMZ温拌阻燃沥青,这说明表面改性有利于成炭。

3.2.2 AMZ-Ti温拌阻燃沥青的TGA分析

SBS改性沥青、AMZ温拌阻燃沥青和AMZ-Ti温拌阻燃沥青(粒度范围均2000～2500目,用量均为9.0%)热分析试验结果的TGA曲线、DTG曲线以及曲线分别见图3-11、图3-12和图3-13,其相应数据见表3.4。

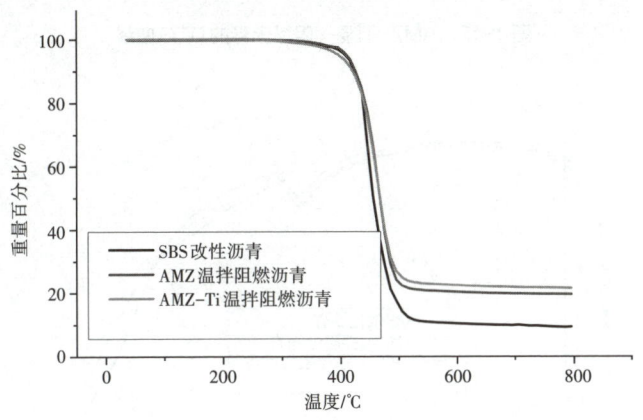

图3-11　AMZ-Ti温拌阻燃沥青的TGA曲线

表3.4 SBS改性沥青、AMZ温拌阻燃沥青及AMZ-Ti温拌阻燃沥青的热分析数据

样品类别	T_{onset}/℃	T_p/℃	T_f/℃	各种分解温度下的残留物/%			
				450℃	550℃	650℃	750℃
SBS改性沥青	405.5	445.6	545.6	50.89	10.91	10.06	9.54
AMZ温拌阻燃沥青	410.8	465.7	565.6	72.05	20.79	19.99	19.68
AMZ-Ti温拌阻燃沥青	386.8	465.3	565.6	67.70	25.75	24.97	24.54

附注:T_{onset},分解率为5wt%时的温度;T_p,DTG曲线中的峰温;T_f,分解完毕的温度。

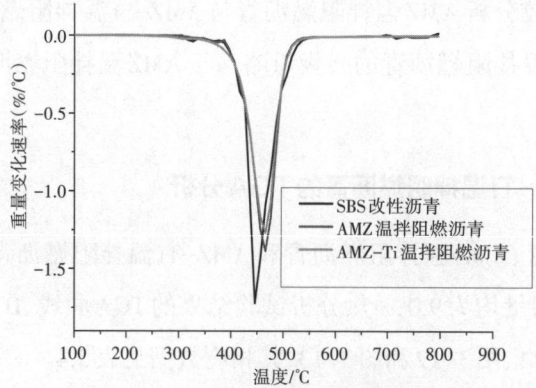

图3-12 AMZ-Ti温拌阻燃沥青的DTG曲线

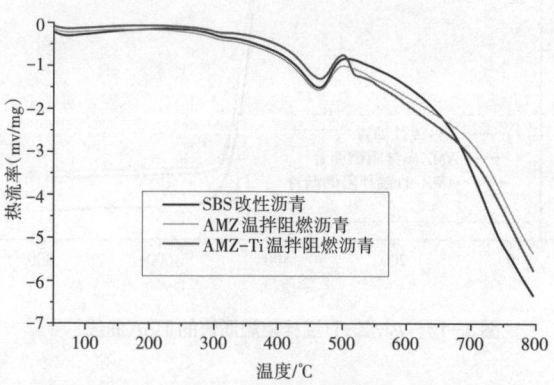

图3-13 AMZ-Ti温拌阻燃沥青的DSC曲线

综合分析SBS改性沥青、AMZ温拌阻燃沥青和AMZ-Ti温拌阻燃沥青的热分析结果,可得出如下结论:

①SBS改性沥青的起始分解温度T_{onset}为405.5℃,最高分解温度T_p为445.6℃,而AMZ温拌阻燃沥青与AMZ-Ti温拌阻燃沥青的起始分解温度T_{onset}分别为410.8℃和386.8℃最高分解温度T_p均为465.5℃左右。与SBS改性沥青相比,AMZ温拌阻燃沥青和AMZ-Ti温拌阻燃沥青的最高分解温度T_p都有显著提高,但起始分解温度T_{onset}变化不大;一方面说明复合阻燃抑烟剂AMZ和AMZ-Ti的加入明显增强了阻燃沥青的高温热稳性,另一方面也说明尽管表面改性提高了复合阻燃抑烟剂自身的热稳性及其与沥青的相容性,但对于改善阻燃沥青的热稳性并无明显作用。

②分析比较450℃以后的残炭量可以看出,AMZ温拌阻燃沥青和AMZ-Ti温拌阻燃沥青在各个温度下的残炭量均明显高于SBS改性沥青,且SBS改性沥青的最终残留物不足10%,说明SBS改性沥青在燃烧过程中几乎没有成炭作用;而添加阻燃剂AMZ与AMZ-Ti的阻燃沥青,其最终残留物均在20%左右。分析其原因,一方面加入了9.0%的复合阻燃抑烟剂AMZ与AMZ-Ti,其分解残留物增加了成炭量;另一方面沥青复合阻燃抑烟剂在燃烧分解过程中的成炭,并最终使成炭量提高了10.0%左右,从而达到了阻燃的目的。

③进一步比较分析AMZ温拌阻燃沥青与AMZ-Ti温拌阻燃沥青的成炭量可以看出,燃烧过程结束时SBS改性沥青的成炭量仅为10.91%,而AMZ温拌阻燃沥青的成炭量为20.79%,AMZ-Ti温拌阻燃沥青的成炭量为25.75%,比AMZ温拌阻燃沥青的成炭量略高,表明表面改性剂都有利于成炭,且效果也比较明显。

3.3 阻燃沥青的红外光谱分析

将一定量的各种温拌阻燃沥青溶于1,2-二氯乙烷溶剂中,取少量该混合液在载玻片上浇注成0.010～0.015mm厚的薄膜进行红外测试。所用仪器为Spectrum One-B型傅立叶变换(FTIR)红外光谱仪。

3.3.1 AMZ-Si温拌阻燃沥青的红外光谱分析

通过对比试验,分别测试了AMZ温拌阻燃沥青和AMZ-Si温拌阻燃沥青的红外光谱,其谱图如图3-14所示。

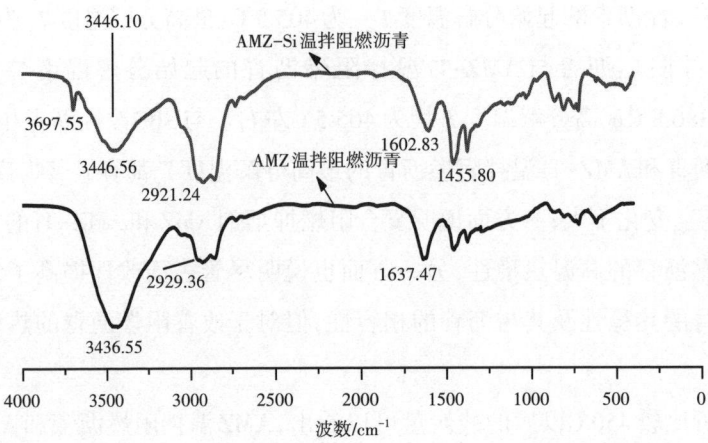

图3-14　AMZ温拌阻燃沥青和AMZ-Si温拌阻燃沥青的FTIR图

　　AMZ温拌阻燃沥青与AMZ-Si温拌阻燃沥青的红外光谱测试结果表明,由于复合阻燃抑烟剂的表面特性的改变而引起了FTIR谱图吸收峰的变化。对比AMZ温拌阻燃沥青和AMZ-Si温拌阻燃沥青这两条FTIR曲线可以发现,在3400cm⁻¹处都出现了较强的吸收峰,这是羟基——OH的特征峰,但与第二章复合阻燃抑烟剂本身的红外光谱对比发现,该吸收峰向低波数方向发生了漂移,这可能是因为表面改性剂与沥青之间形成了分子间氢键;并且AMZ-Si温拌阻燃沥青的峰强度也明显弱于AMZ温拌阻燃沥青,表明AMZ-Si温拌阻燃沥青中羟基——OH数量有所减少,是因为硅烷偶联剂与AMZ中的羟基——OH发生了化学键合,以新的化学键的形式存在于温拌阻燃沥青中;另外,在AMZ-Si温拌阻燃沥青谱图3697.55cm⁻¹波数处出现了一个新的吸收峰,经分析认为,这是胺基——NH₂——的特征吸收峰,而在1720cm⁻¹和1620cm⁻¹附近的Si——O键的伸缩振动吸收峰消失了,可能是因为沥青中其他基团的吸收峰将其掩盖所致。

3.3.2 AMZ-Ti温拌阻燃沥青的红外光谱分析

　　同样通过对比试验,分别测试了AMZ温拌阻燃沥青和AMZ-Ti温拌阻燃沥青的红外光谱,其谱图如图3-15所示。

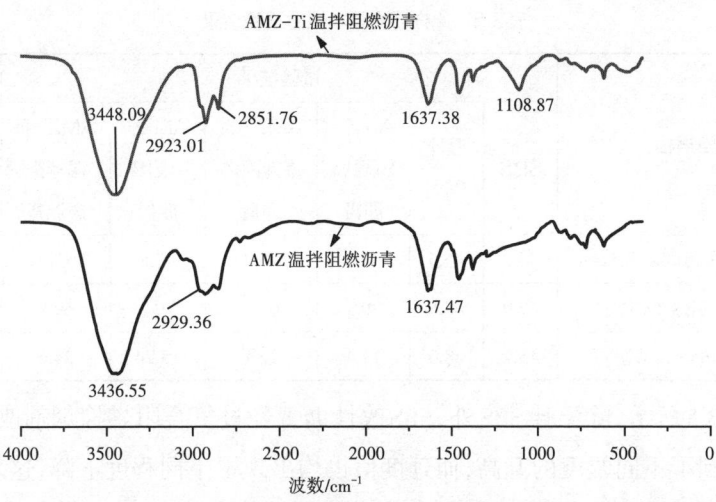

图3-15　AMZ温拌阻燃沥青和AMZ-Ti温拌阻燃沥青的FTIR图

从AMZ温拌阻燃沥青与AMZ-Ti温拌阻燃沥青的红外光谱谱图可以看出，这两种阻燃沥青对应的红外光谱曲线形状基本相近，吸收峰的位置也基本对应，只是强度略有区别，这主要是复合阻燃抑烟剂表面特性的改变所致；在接近$3400cm^{-1}$处都出现了较强的吸收峰，这是羟基——OH的特征峰，但AMZ-Ti温拌阻燃沥青在此处的吸收峰稍弱于AMZ温拌阻燃沥青，这是因为经过表面处理的AMZ-Ti，表面基本被钛酸酯偶联剂分子所裹覆，羟基——OH表现出来的特征受到一定限制。另外，与AMZ温拌阻燃沥青的谱图相比，AMZ-Ti温拌阻燃沥青的FTIR谱图中在$1110cm^{-1}$附近出现了一个较明显的吸收峰，经分析认为，那是钛酸酯官能团的特征吸收峰；

3.4 温拌阻燃沥青的常规性能测试

3.4.1 温拌阻燃沥青路用性能

长大隧道复合式沥青路面上面层铺装通常使用阻燃改性沥青，下面层铺装通常使用常规SBS改性沥青，故参照《公路工程沥青及沥青混合料试验规程》规范，通过三大指标试验对表3.5中六种沥青的常规性能进行评价，试验结果如下。

表3.5　原样沥青基本性能试验结果

试验指标	试验结果						测试方法
	SBS	温拌SBS	AMZ-Si阻燃沥青	AMZ-Si温拌阻燃沥青	AMZ-Ti阻燃沥青	AMZ-Ti温拌阻燃沥青	
针入度(25℃,100g)/0.1mm	44.8	45.5	42.7	43.3	42.8	43.2	T0604
软化点(R&B)/℃	67.0	65.6	70.2	69.6	70.2	69.8	T0606
延度(5cm/min,5℃)/cm	45.7	48.0	12.4	22.1	13.74	24.6	T0605

如表3.5所示,除温拌SBS外,SBS改性沥青经过复合阻燃抑烟剂改性后,软化点均得到了不同幅度的升高,而延度值也均出现了不同程度下降,这表明两种复合阻燃抑烟剂对改性沥青高温稳定性的提升具有显著效果,但对其低温稳定性也影响较大。其中两种阻燃剂对沥青软化点的提高能力几乎相等,这主要是因为两种阻燃剂的组成成分相同,而通过不同偶联剂进行表面改性对阻燃剂的高温改性效果影响并不大。此外,上述数据表明,基于表面活性温拌剂的添加对改性沥青的软化点值没有太大影响。

从5℃延度来看,四种阻燃沥青的延度值均低于SBS改性沥青,这表明阻燃剂的掺加使沥青的延展性变差,脆性变大,其主要原因也是阻燃剂粉末分散在沥青中降低了沥青的低温黏度。其中对于5℃延度的降低幅度,两种温拌阻燃沥青的降低幅度均小于AMZ-Si阻燃沥青和AMZ-Ti阻燃沥青,这表明温拌剂的掺入一定程度上提高了温拌阻燃沥青的低温性。

从针入度指标来看,四种阻燃沥青经过改性后其针入度测量值均有不同程度的下降,这表明阻燃剂的加入会一定程度上增加改性沥青的稠度,提高改性沥青的抗变形能力;其中对AMZ-Ti与AMZ-Si所制备的两种阻燃沥青的针入度值而言,两者针入度值差别并不大,但两种阻燃改性沥青在添加温拌剂后针入度值有所上升,这是因为温拌剂的掺加在一定程度上降低了改性沥青的黏度,影响了其抗刺破能力,但影响并不大。

综上所述,四种阻燃沥青均具备较好的高温稳定性能,而5℃延度值均低于SBS改性沥青,但总体上与其他改性沥青延度指标差别不大。相比于AMZ-Si温拌阻燃沥青,AMZ-Ti温拌阻燃沥青有着与之相同的高温、低温性能以及较强抗变形能力,因此在长大公路隧道沥青面层铺装中两者皆可作为沥青面层的胶结材料。

3.4.2 降温效果评价

沥青的黏度决定了其混合料的拌和温度,沥青黏度越小,混合料越易拌和,消耗拌和功率和热能越少,拌和温度则越低。现采用布洛克菲尔德黏度计法对AMZ-Ti温拌阻燃沥青和AMZ-Ti阻燃沥青、AMZ-Si温拌阻燃沥青和AMZ-Si阻燃沥青、温拌SBS改性沥青和SBS改性沥青三组沥青的黏度进行测试,如图3-13所示,测试温度分别为135℃,145℃,155℃,165℃,175℃和185℃,探究三组沥青旋转黏度随温度的变化规律。试验结果如表3.6和图3-17所示。

图3-16　布洛克菲尔德黏度计

表3.6　六种沥青旋转黏度试验结果

试验温度/℃	旋转黏度/(Pa·s)					
	SBS	温拌SBS	AMZ-Si阻燃沥青	AMZ-Si温拌阻燃沥青	AMZ-Ti阻燃沥青	AMZ-Ti温拌阻燃沥青
135	1.99	1.65	2.84	2.15	2.76	2.15
145	1.43	1.04	2.28	1.49	2.29	1.61
155	1.07	0.71	1.61	1.05	1.85	1.16
165	0.87	0.52	1.31	0.79	1.49	0.85

续表

试验温度/℃	旋转黏度/(Pa·s)					
	SBS	温拌SBS	AMZ-Si 阻燃沥青	AMZ-Si 温拌阻燃沥青	AMZ-Ti 阻燃沥青	AMZ-Ti 温拌阻燃沥青
175	0.72	0.45	1.05	0.62	1.27	0.64
185	0.68	0.43	1.02	0.60	1.18	0.57

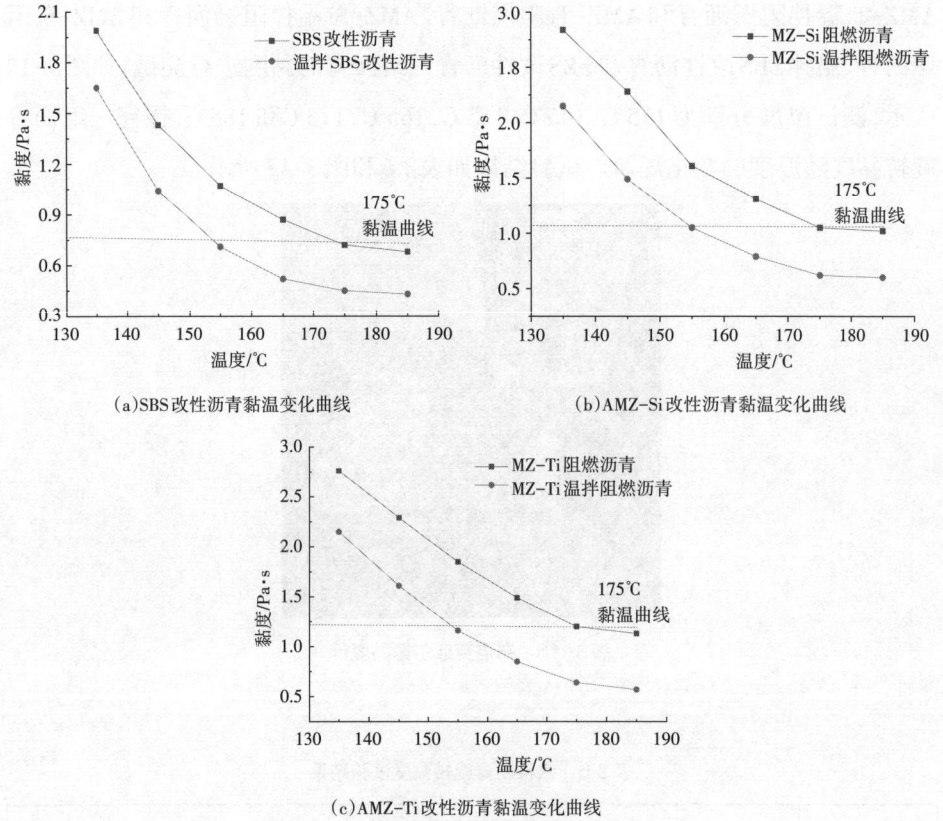

(a)SBS改性沥青黏温变化曲线　　　　　(b)AMZ-Si改性沥青黏温变化曲线

(c)AMZ-Ti改性沥青黏温变化曲线

图3-17　六种沥青旋转黏度随温度变化曲线

由图3-17和表3.6中可以得出如下结论：

（1）六种沥青均随着温度的升高呈单调递减趋势，说明温度的升高会使沥青的黏度降低。两两对比改性沥青的黏温曲线，掺加了Rediset®LQ1102温拌剂的改性沥青在不同温度下其黏度均远小于未掺加温拌剂的改性沥青；135℃时，图

3-17(a),(b)和(c)三种温拌沥青的黏度相较于其所对应的改性沥青,其黏度值分别相比下降了17.1%,24.3%,22.1%;185℃时,三种温拌改性沥青的黏度相较于其所对应的改性沥青,其黏度值分别相比下降了36.7%,41.2%,51.6%。这说明了Rediset®LQ1102温拌剂的降黏效果十分显著。

(2)六种沥青的黏温曲线呈现出先急后缓的下降趋势,当温度大于165℃时,黏度随温度的影响带来的变化已不再明显。当温度高于175℃后,几种沥青的黏度几乎不再下降,忽略更高温度的黏度值,以热拌施工时常用拌和温度175℃作为基准做出对应的等黏直线,得到温拌SBS改性沥青的拌和温度为154℃,其温度下降了21℃;通过同种方法得到AMZ-Si温拌阻燃沥青的拌和温度为155℃,拌和温度下降了20℃;得到AMZ-Ti温拌阻燃沥青的拌和温度为152℃,其拌和温度下降了23℃。

综上,掺加Rediset®LQ1102温拌剂后的三种沥青的黏度值均有明显的下降,温拌SBS改性沥青、AMZ-Si温拌阻燃沥青和AMZ-Ti温拌阻燃沥青的拌和温度分别降低了21℃,20℃,23℃,说明Rediset®LQ1102温拌剂具有明显的降温效果。

3.5 温拌阻燃沥青的抗老化性能

对于隧道沥青路面的使用寿命来说,沥青抗老化性能的强弱起着至关重要的作用。隧道沥青路面铺装过程中,由于沥青在生产、贮存和施工等过程中长时间暴露在空气中,导致沥青中的轻质组分挥发较多,与此同时拌和温度过高还会使沥青因高温而氧化。此外,在沥青路面营运阶段中沥青老化是无法避免的,沥青会慢慢氧化越发脆硬,其柔韧性和粘结能力均有所降低,使沥青路用性能受到影响,直接影响沥青路面的使用寿命[66-68]。

3.5.1 RTFOT后改性沥青性能

将六种沥青分别进行旋转薄膜烘箱老化,试验仪器型号为CS325-BRTE Controller旋转薄膜烘箱,如图3-18所示,考虑到沥青短期老化在实际施工时的沥青混合料拌和过程中发生,标准规范上要求的试验温度163℃±0.5℃正是迎合实际工程中的沥青混合料拌和温度,而温拌SBS改性沥青、AMZ-Si温拌阻燃沥青、AMZ-Ti 温拌阻燃沥青在拌和过程中已达到降温的效果,分别降温21℃,20℃,23℃。故温拌SBS改性沥青的试验温度设定为142℃±0.5℃,AMZ-Ti 温拌阻燃沥青的试验温度设定为143℃±0.5℃,AMZ-Si 温拌阻燃沥青的试验温度设定为140℃±0.5℃,其余沥青的试验温度仍为163℃±0.5℃,测试短期老化后六种沥青的三大指标、残留针入度比以及质量损失,结果如表3.7所示。

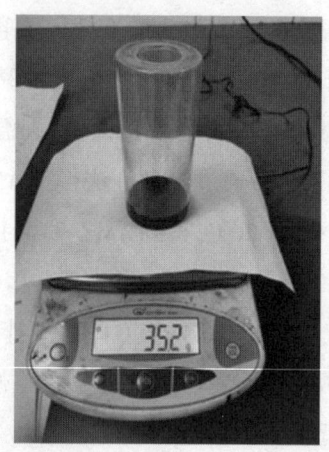

图3-18　旋转薄膜烘箱老化试验

表3.7　RTFOT后六种沥青基本性能试验结果

试验指标	试验结果						试验方法
	SBS	温拌SBS	AMZ-Si阻燃沥青	AMZ-Si温拌阻燃沥青	AMZ-Ti阻燃沥青	AMZ-Ti温拌阻燃沥青	
针入度(25℃,100g)/0.1mm	32.1	32.8	30.4	31.1	30.6	31.4	T0604
软化点(R&B)/℃	70.0	68.4	73.3	72.5	73.2	72.6	T0606
延度(cm/min,15℃)/cm	35.2	37.8	26.3	28.8	26.5	28.9	T0605
135℃黏度/(Pa·s)	2.62	2.36	3.26	2.66	3.31	2.71	T0625
质量损失/g	−0.30	−0.25	−0.55	−0.35	−0.50	−0.40	T0608
残留针入度比/%	71.7	72.1	71.2	71.8	71.5	72.7	T0610-2

由上表可以看出,经过旋转薄膜老化后,沥青的轻质组分挥发,沥青硬度变

大,其抗变形能力和高温性能有所增加,低温能力下降,六种沥青均表现出针入度降低、15℃延度降低,软化点升高,黏度值变大的现象。

从软化点指标来看,短期老化后,SBS改性沥青和温拌SBS改性沥青的软化点比原样沥青分别上升了4.5%,4.3%。AMZ-Si阻燃沥青和AMZ-Si温拌阻燃沥青分别上升了4.2%,4.1%。AMZ-Ti阻燃沥青和AMZ-Ti温拌阻燃沥青分别上升了4.2%,4.0%。这表明在高温性能方面几种沥青经过短期老化后受到的影响程度差别不大。通过上述数据可知,阻燃剂及温拌剂的复掺均略微减小了软化点的上升幅度,其中AMZ-Ti温拌阻燃沥青和AMZ-Si温拌阻燃沥青经过短期老化后其高温稳定性能受到的影响较小,高温性能方面的抗老化能力较优。

对于15℃延度来说,六种沥青延度值降低幅度分别为SBS温拌改性沥青<SBS改性沥青<AMZ-Si温拌阻燃沥青<AMZ-Ti温拌阻燃沥青<AMZ-Si阻燃沥青<AMZ-Ti阻燃沥青,这表明阻燃剂的掺加使四种阻燃沥青在低温性能的耐老化能力均弱于SBS改性沥青。此外通过上述延度值降低幅度排序可知,掺加温拌剂的改性沥青其耐短期老化能力均有所增强,这表明Rediset®LQ1102温拌剂的掺入能改善改性沥青的抗老化能力。

从针入度指标来看,六种沥青经历短期老化后沥青变稠,变硬,针入度指标均有所下降。短期老化后:SBS改性沥青和温拌SBS改性沥青的针入度比原样沥青分别降低了28.3%,27.8%;且AMZ-Si阻燃沥青和AMZ-Si温拌阻燃沥青分别降低了28.9%,28.1%;AMZ-Ti阻燃沥青和AMZ-Ti温拌阻燃沥青分别降低了28.6%,27.3%。由此可知,两种阻燃剂的掺入使针入度值降低幅度变大,对改性沥青的抗老化性能产生了不利影响。但掺加了Rediset®LQ1102温拌剂后,改性沥青的针入度降低幅度普遍减小,说明温拌剂在一定程度上能够提高沥青的耐短期老化性能。且对于四种阻燃改性沥青来说,AMZ-Ti温拌阻燃沥青和AMZ-Si温拌阻燃沥青的针入度降低幅度较低,耐短期老化能力较优。

从质量损失来看,四种阻燃沥青的质量损失均大于SBS改性沥青,这可能是因为$Mg(OH)_2$阻燃剂在高温条件下发生化学反应生成氧化镁与水,其中水受高温蒸发从而导致质量损失增大。

对于六种沥青的残留针入度比而言,六种沥青经过短期老化后其残留针入度比均在70%左右,且没有明显差别,这表明六种沥青经历短期老化后所受的老化影响程度差别不大,但从表中数据仍可以看出,温拌剂的掺加均能一定程度上提高改性沥青短期老化后的残留针入度比,表明温拌剂的添加对沥青抗老化性能有一定的积极作用。

3.5.2 RTFOT残留物PAV后沥青性能

将上述旋转薄膜烘箱老化后的六种沥青残留物进行长期压力老化,如图3-19所示,采用高温和压缩空气条件下使沥青在压力容器中进行加速老化,用以模拟沥青在长期实际道路使用过程中与大气发生的氧化老化现象。测试长期老化后六种沥青的常规性能、残留针入度比及质量损失,从而评价六种沥青的抗长期老化能力,测试结果如表3.8所示。

图3-19　PAV长期压力老化试验

表3.8　PAV后六种沥青基本性能试验结果

试验指标	试验结果						试验方法
	SBS	温拌SBS	AMZ-Si阻燃沥青	AMZ-Si温拌阻燃沥青	AMZ-Ti阻燃沥青	AMZ-Ti温拌阻燃沥青	
针入度(25℃,100g)/0.1mm	27.0	27.8	22.4	23.1	22.6	23.3	T0604
软化点(R&B)/℃	73.9	72.8	77.4	76.4	77.2	76.2	T0606
延度(cm/min,15℃)/cm	22.3	23.9	18.2	20.2	18.3	20.1	T0605
135℃黏度/(Pa·s)	4.43	4.27	5.01	4.75	5.09	5.32	T0625
质量损失/g	-0.55	-0.50	-0.90	-0.80	-0.85	-0.80	T0608
残留针入度比/%	60.3	61.1	52.5	53.3	52.8	53.9	T0610-2

由表3.8可以看出,经过PAV长期压力老化后,六种沥青的针入度值、15℃延度均进一步降低,软化点、黏度值、老化后质量损失均进一步升高,这表明改性沥青的老化程度进一步加重。

对于改性沥青的软化点来说,改性沥青经过长期压力老化后AMZ-Ti阻燃沥青及AMZ-Ti温拌阻燃沥青相较于短期老化分别上升了5.4%和5.0%,AMZ-Si阻燃沥青及AMZ-Si温拌阻燃沥青分别上升了5.6%和5.3%。总体来说,四种阻燃改性沥青受长期老化的影响差别并不大,AMZ-Ti温拌阻燃沥青的抗长期老化能力稍优。此外,将上述沥青进行两两对比可以看出,温拌剂的添加均能降低软化点的上升幅度,提高了改性沥青高温稳定性方面的抗老化能力。

对于15℃延度来说,六种沥青经过长期老化后其延度值进一步降低,其下降幅度同短期老化相似,均为掺加温拌剂的改性沥青其延度值下降幅度小于未掺加温拌剂的改性沥青,这再次证明了Rediset®LQ1102温拌剂一定程度上增加了改性沥青的抗老化能力。

对于沥青的针入度值来说,经历长期压力老化后六种沥青进一步变稠、变硬,其中SBS改性沥青、温拌SBS改性沥青与短期老化相比分别下降了15.8%和15.2%,AMZ-Si阻燃沥青、AMZ-Si温拌阻燃沥青分别下降了26.3%和25.7%,AMZ-Ti阻燃沥青、AMZ-Ti温拌阻燃沥青分别下降了26.1%和25.7%。由上述数据可知,温拌剂的掺加均能减缓针入度的下降幅度,能有效提高沥青的抗老化能力,此外阻燃剂的掺加明显增加了长期老化对针入度的影响,使改性沥青变硬,但对于四种阻燃沥青来说,其中AMZ-Ti温拌阻燃沥青和AMZ-Si温拌阻燃沥青的针入度降低幅度较小,耐长期老化能力较优。

从质量损失来看,四种阻燃改性沥青的质量损失继续增大,且仍大于SBS改性沥青,这仍是由于$Mg(OH)_2$阻燃剂在高温条件下持续发生化学反应生成氧化镁与水,其中水受高温蒸发所导致,但对于四种阻燃沥青来说,AMZ-Ti温拌阻燃沥青和AMZ-Si温拌阻燃沥青的质量损失均小于另外两种阻燃沥青。

对于残留针入度比指标,残留针入度比越大,说明老化对沥青的影响越小。六种沥青在经历长期老化作用后,SBS改性沥青的残留物针入度比均大于四种阻燃沥青,这表明阻燃剂的掺加会一定程度上降低沥青的抗老化性能。其中AMZ-Ti温拌阻燃沥青和AMZ-Si温拌阻燃沥青的残留针入度比略大于其余两种阻燃沥青,这主要是因为温拌剂的掺入提高了温拌阻燃沥青的抗老化能力,使两种温拌阻燃沥青的抗老化性能略有提升。

3.5.3 老化性能评价

考虑到路面的实际使用情况,按照SHAP计划利用长期压力老化模拟隧道沥青路面实际长期使用的效果,即用原样沥青与经历不同老化方式后的沥青性能进行对比,探究六种沥青经历短期老化和长期老化后高低温性能、残留针入度比及沥青质量的受影响变化情况。以不同种类的六种沥青为横坐标,分别以软化点、15℃延度、质量损失以及残留针入度比为纵坐标绘制柱状条形图,分别如图3-20,图3-21,图3-22和图3-23所示。

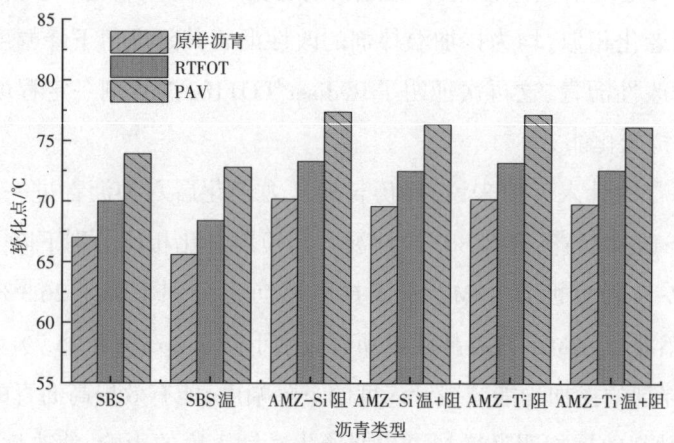

图3-20　不同老化方式对沥青软化点的影响

由图3-20可知,六种沥青经过短期和长期老化试验,其软化点均呈现不同幅度的上升,高温抗变形能力均有所增强。其中,六种沥青在经历了短期老化以后,软化点有所上升,但是上升幅度较小,经历了长期老化后软化点上升幅度变大,综合分析可得:长期老化对六种沥青高温性能影响程度强于短期老化。对于两种SBS改性沥青,两者软化点虽然与阻燃改性沥青相比较低,但经过短期及长期老化后软化点增长幅度较大,表明SBS改性沥青在高温性能方面耐老化性能较差。对于四种阻燃沥青来说,四者受短期和长期老化的影响差别并不大,其中AMZ-Ti温拌阻燃沥青的抗老化能力稍优,AMZ-Si温拌阻燃沥青次之。此外,温拌剂的掺入降低了沥青的温度敏感性,降低了老化对沥青的影响,能够有效改善沥青的抗老化性能。

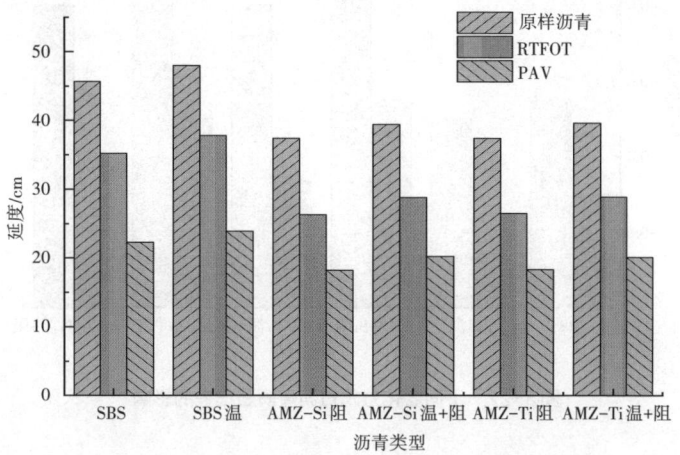

图3-21　不同老化方式对沥青15℃延度的影响

由图3-21可知,六种沥青随着短期和长期老化试验的进行,其低温抗变形能力随之逐渐变弱。沥青经过短期老化后,15℃延度有所降低,且下降幅度较大,这是沥青质量损失所致。在经过长期压力老化后明显看出六种沥青的延度值减幅变小,经查阅文献得知,这可能是因为沥青经过长期压力老化,沥青内部轻质组分挥发氧化胶体结构增强,使分子内聚力增大,增加了沥青内部的粘聚力,抵消了沥青低温粘结强度的不足,此时温拌SBS改性沥青的延度值最高,具有较优的低温抗裂性能。对于四种阻燃沥青来说,AMZ-Ti温拌阻燃沥青和AMZ-Si温拌阻燃沥青具有相对较好的延度值,且老化后延度下降幅度不大,具有四者中较好的低温抗老化性能。

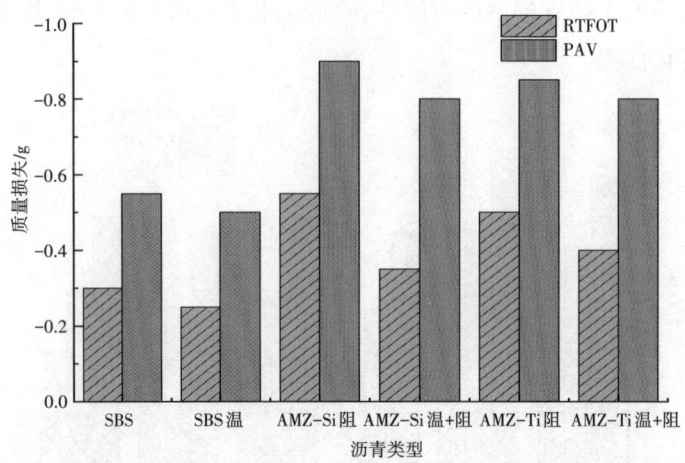

图3-22　不同老化方式对沥青质量损失的影响

图3-22表明,六种沥青随着短期和长期老化的进行其质量损失均有一定程度的增加,其中四种阻燃改性沥青的质量损失均大于两种SBS改性沥青,这是因为在老化条件作用下除了沥青轻质组分的挥发外,$Mg(OH)_2$阻燃剂在高温条件下发生化学反应生成氧化镁与水,其中水在高温条件下蒸发从而导致质量损失增大。对比六种沥青,温拌SBS改性沥青的质量损失小于SBS改性沥青,AMZ-Ti温拌阻燃沥青及AMZ-Si温拌阻燃沥青的质量损失量也均小于其余两种所对应的阻燃沥青。

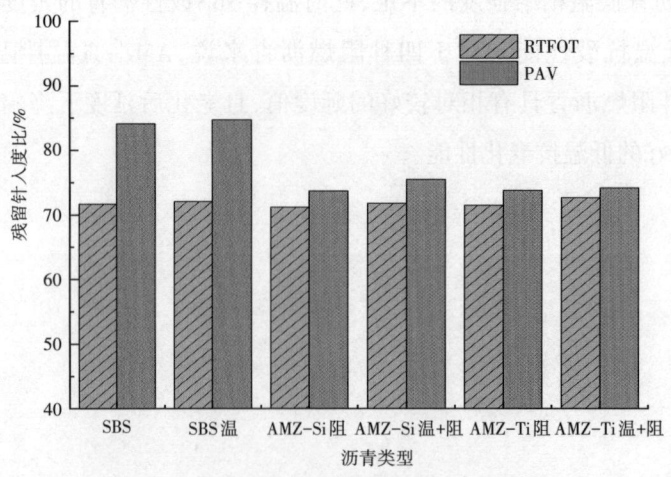

图3-23　不同老化方式对沥青残留针入度比的影响

由图3-23可以看出,六种沥青在经过短期老化后,其残留针入度比均在70%左右,六种沥青残留针入度比没有明显差别,表明经历短期老化后六种沥青所受老化影响程度相当,这是因为短期老化过程主要发生热氧降解反应,这一阶段六种沥青中SBS改性剂反应较为活跃,阻燃剂对其影响较小。当沥青在长期压力老化作用后,六种沥青残留针入度比出现不同程度的下降,这与实际情况相符合,沥青经过长期老化后,其轻质组分进一步挥发,沥青变硬,导致其针入度比减小。对比六种沥青,SBS改性沥青在长期老化的作用下其残留针入度比大于四种阻燃沥青,这说明SBS改性沥青受长期老化影响程度相对较小,同时表明阻燃剂的添加会对沥青的抗老化性能造成不利影响。此外,温拌剂的掺加均能一定程度降低其改性沥青的残留针入度比,这说明温拌剂的添加对沥青的抗老化性能有一定的积极影响。

综上所述,以上六种沥青的三大指标、残留针入度比、质量损失指标的对比均表征出AMZ-Ti与AMZ-Si阻燃剂的掺加对沥青的抗老化性能有一定的不利影响,但温拌剂的掺加能够在一定程度上提高沥青的抗老化性能;此外,对于四种阻燃沥青而言,AMZ-Ti温拌阻燃沥青和AMZ-Si温拌阻燃沥青高温性能较为优良,经历短期和长期老化后其低温性能虽有大幅度降低,但仍具较好的抗老化能力;温拌SBS改性沥青各项性能综合性优良,同时也具有较好的抗老化能力。故在长大隧道中沥青复式路面铺装时,下面层推荐选用温拌SBS改性沥青,上面层推荐选用AMZ-Ti温拌阻燃沥青或AMZ-Si温拌阻燃沥青。

3.6 流变性能

通过高温动态剪切流变仪法(DSR)和弯曲蠕变试验(BBR)对SBS改性沥青、温拌SBS改性沥青、AMZ-Si阻燃沥青、AMZ-Si温拌阻燃沥青、AMZ-Ti阻燃沥青以及AMZ-Ti温拌阻燃沥青进行试验研究,以试验所得的复数模量、相位角、劲度系数以及蠕变速率为评价指标对六种沥青老化前后的高低温流变性能进行评价。两种流变试验仪及部分样品分别如图3-24和图3-25所示。

图3-24　DSR动态剪切流变仪及部分试验样品

图3-25　BBR低温弯曲蠕变试验仪

3.6.1 六种沥青老化前后的复数模量 G^* 和相位角 δ

动态剪切流变试验所得到的几种数据指标中,复数模量 G^* 和相位角 δ 是最具代表性的重要指标,两者分别表征了沥青的抗变形能力和粘弹性相对变形数量,其中复数模量值越大,沥青的高温抗变形能力越强,相位角越小则表示沥青弹性部分越高。本书分别对六种沥青的原样沥青以及分别经历两种老化后的残留沥青进行动态剪切流变试验,对试验所得到的复数模量 G^* 和相位角 δ 进行分析,从而评价其流变性能。其试验结果如表3.9和表3.10所示。

表3.9 六种沥青复数模量 $G*$ 试验结果

沥青试样	试验温度/℃	SBS	温拌SBS	AMZ-Si阻燃沥青	AMZ-Si温拌阻燃沥青	AMZ-Ti阻燃沥青	AMZ-Ti温拌阻燃沥青
原样沥青 $G*$/Pa	52	42435	44674	57562	52567	57554	58328
	58	23112	24534	25418	25882	25647	26445
	64	11487	11967	12855	14840	13322	13508
	70	5630	5643	6396	6567	6583	6685
	76	2675	2721	3358	3364	3299	3587
RTFOT残留物 $G*$/Pa	52	72186	79346	92647	90452	102864	100535
	58	35623	37285	44392	45755	48297	50117
	64	16834	17473	21845	20989	23748	23785
	70	7582	7996	9774	9894	10874	11316
	76	3596	3682	4168	4289	4627	4867
RTFOT+PAV残留物 $G*$/Pa	52	186567	188438	224536	226324	236637	238426
	58	86388	88579	104585	110578	123643	128786
	64	39844	39750	51300	51429	54363	55826
	70	18997	19196	24684	24474	26356	27356
	76	9815	10724	10484	11894	11746	12164

表3.10 六种沥青相位角 δ 试验结果

沥青试样	试验温度/℃	SBS	温拌SBS	AMZ-Si阻燃沥青	AMZ-Si温拌阻燃沥青	AMZ-Ti阻燃沥青	AMZ-Ti温拌阻燃沥青
原样沥青 δ/(°)	52	64.0	64.7	65.3	64.1	64.4	63.5
	58	67.8	68.8	69.6	67.4	67.2	65.5
	64	72.5	72.8	74.6	72.7	73.5	72.2
	70	77.2	77	78.8	76.2	76.8	75.0
	76	80.1	79.1	81.2	77.8	80.5	77.3
RTFOT残留物 δ/(°)	52	63.5	63	62.4	61.6	61.4	60.1
	58	64.5	64.2	63.8	63.2	62.7	61.5
	64	66.7	66	64.9	64.2	63.5	62.8

续表

沥青试样	试验温度/℃	SBS	温拌SBS	AMZ-Si阻燃沥青	AMZ-Si温拌阻燃沥青	AMZ-Ti阻燃沥青	AMZ-Ti温拌阻燃沥青
RTFOT残留物 δ/(°)	70	69.2	68.4	66.7	66.0	65.6	64.5
	76	72.5	71.8	68.6	68.0	67.9	67.1
RTFOT+PAV残留物δ/(°)	52	56.8	56.4	54.2	52.5	52.8	51.7
	58	58.2	58.3	55.0	53.9	53.5	52.4
	64	59.9	59.6	56.9	54.7	54.7	53.8
	70	61.3	61.0	58.7	55.8	55.9	55.0
	76	63.4	62.8	59.5	56.8	57.3	56.2

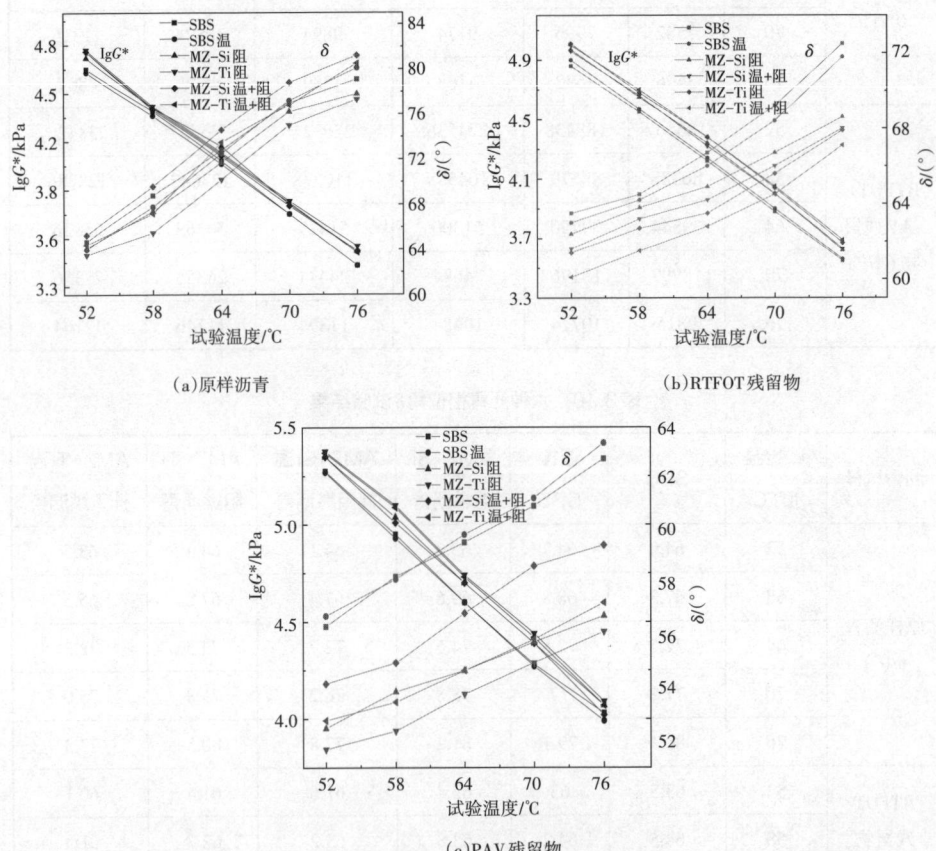

图3-26　老化前后六种沥青复数模量G^*与相位角δ随温度的变化曲线

根据表3.9和表3.10的数据绘制成$\lg G^*$与δ随温度变化的双Y轴线型图,从上述两表中数据和图3-26线条变化可以得出以下结论:

(1)六种沥青老化前后的复数模量G^*随着试验温度的升高均呈现逐渐减小的趋势,而相位角δ则均逐渐增大,这一趋势说明在试验温度升高的过程中,沥青中黏性部分变多,沥青的抗变形能力减弱,其恢复变形能力也有所降低。

(2)由图3-26可知,原样沥青经过RTFOT和PAV老化后,六种沥青的复数模量G^*值均逐渐增大,这是因为随着沥青老化时间的增加,沥青发生氧化且内部轻质组分逐渐挥发,导致沥青变硬,故其高温抗变形能力得到进一步加强。

(3)从图(a)和表3.9中可以看出六种原样沥青复数模量G^*均很接近,在温度为52~76℃范围内,六种沥青的复数模量G^*均直线下降,且下降速率差别不大。由于隧道进出口处开通后的沥青路面最高工作温度在60℃左右,故以温度为64℃时对比分析六种沥青,原样沥青的复数模量G^*数值大小顺序为AMZ-Si温拌阻燃沥青＞AMZ-Ti温拌阻燃沥青＞AMZ-Ti阻燃沥青＞AMZ-Si阻燃沥青＞温拌SBS改性沥青＞SBS改性沥青,其相位角δ大小顺序为AMZ-Ti温拌阻燃沥青＜AMZ-Si温拌阻燃沥青＜SBS改性沥青＜温拌SBS改性沥青＜AMZ-Si阻燃沥青＜AMZ-Ti阻燃沥青,由上述排序可以看出,AMZ-Ti温拌阻燃沥青和AMZ-Si温拌阻燃沥青的复数模量G^*略大于其所对应的AMZ-Ti和AMZ-Si阻燃沥青,这说明Rediset®LQ1102温拌剂的掺入对沥青的高温抗变形能力有一定有利影响。此外,从上述排序还可以看出,阻燃复合抑烟剂的掺加可明显提升沥青的高温抗车辙变形能力。

(4)短期老化后,同样取温度为64℃时对六种沥青进行对比分析,从图(b)曲线和表3.9中数据可知,六种沥青的复数模量G^*数值大小顺序为:AMZ-Ti温拌阻燃沥青＞AMZ-Ti阻燃沥青＞AMZ-Si阻燃沥青＞AMZ-Si温拌阻燃沥青＞温拌SBS改性沥青＞SBS改性沥青,其相位角δ大小顺序与复数模量G^*顺序恰好相反,这说明经历短期老化后,四种阻燃沥青的抗高温变形能力依然良好,且沥青内弹性部分占比较多,沥青具有较好的弹性恢复能力。从图(c)可知,经过长期压力老化后,六种沥青的复数模量G^*数值随之再次提高,温度为64℃时,AMZ-Ti阻燃剂所制备的改性沥青其复数模量G^*依旧最大,且相位角δ最小,这说明经历长期压力老化后AMZ-Ti阻燃沥青仍具有优良的高温抗变形能力。

(5)从图(a)和(b)可以对比看出,六种沥青复数模量曲线和相位角曲线之间的间距均有增大,从图(b)和(c)同样可以看出,六种沥青间的复数模量曲线和相位角曲线间距进一步增大,究其原因,这是沥青的高温性能受短期老化及长期老化的影响不同所致。从图中复数模量和相位角的变化值来看,AMZ-Ti温拌阻燃沥青和AMZ-Si温拌阻燃沥青的变化率均低于其他改性沥青,这说明AMZ-Ti温拌阻燃沥青和AMZ-Si温拌阻燃沥青受短期和长期老化的影响较小,同样对SBS改性沥青进行分析可得出,温拌SBS改性沥青相较于SBS改性沥青受短期和长期老化的影响也较小。

3.6.2 六种沥青的储存模量G'和损失模量G''分析

复数模量$G*$作为高温流变试验的重要指标之一,其所组成部分中的储存模量是用于表征沥青中可恢复的弹性部分,损失模量则是表征不可恢复的黏性部分[69-70]。高温环境下当沥青内部具有较高的储存模量时,沥青具有较好的高温稳定性能,同时具备优良的抗车辙变形能力;在低温环境下当沥青内部具有较高的损失模量时,沥青则具备较好的低温柔韧性能。本节分别对六种沥青的黏弹性进行分析,以试验温度变量为X轴,以储存模量与复数模量之比$G'/G*$、损失模量与复数模量之比$G''/G*$为双Y轴作线形图,如图3-27所示。

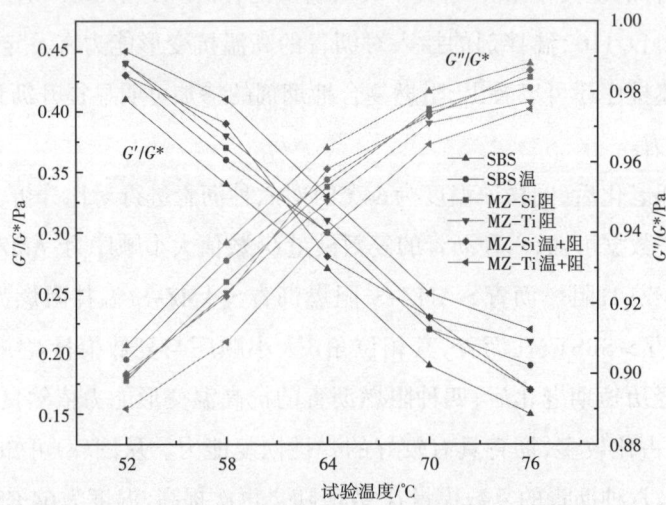

图3-27　六种原样沥青$G'/G*$、$G''/G*$与温度变化曲线

由图3-24中图线可知,随试验温度的升高,六种沥青中储存模量G'在复数模量G^*中的占比均有不同程度的降低,而损失模量G''占比逐渐升高,这表明沥青随着温度的升高,沥青中弹性部分占比逐渐减少,与之相反,而黏性部分占比渐渐增多,沥青自身状态发生了变化,逐渐由弹性状态变为了黏性状态。

从图中曲线的变化幅度上来看,六种沥青中无论G'/G^*的值还是G''/G^*的值,温拌SBS改性沥青、AMZ-Si温拌阻燃沥青及AMZ-Ti温拌阻燃沥青的变化幅度相比于SBS改性沥青、AMZ-Si阻燃沥青及AMZ-Ti阻燃沥青的变化幅度均没有明显区别,这表明Rediset®LQ1102温拌剂的掺入对改性沥青的粘弹性没有明显影响。

选定与隧道出入口处沥青路面最高工作温度相接近的温度64℃,对六种沥青进行对比分析,其中AMZ-Ti阻燃剂所制备的两种阻燃沥青G'/G^*值较高,两种SBS改性沥青次之,这表明AMZ-Ti阻燃沥青和AMZ-Ti温拌阻燃沥青在高温条件下沥青内部弹性部分占比较大,黏性部分占比较小,均具有较为优良的高温稳定性和抗车辙能力。此外由上图可知,SBS温拌改性沥青在高温状态下弹性部分所占的比例同样较多,具有较好的高温稳定性,有一定的抗车辙能力。

3.6.3 六种沥青的劲度模量S和蠕变速率m

低温弯曲蠕变试验采用劲度模量S及蠕变速率m来评价沥青的低温性能,其中,劲度模量S反应沥青的软硬程度,劲度模量越大,沥青产生变形所需的应力就越大,低温性能不佳;蠕变速率m反应了沥青的应力松弛能力,蠕变速率越大,沥青的应力松弛能力越强,低温抗裂性能则越好。本节对六种沥青原样、短期老化残留物及长期压力老化后残留物进行试验,得到的试验结果如表3.11所示。

表3.11 六种沥青BBR试验结果

老化类型	沥青种类	-12℃		-18℃	
		S/MPa	m	S/MPa	m
原样	SBS	137	0.356	244	0.316
	温拌SBS	126	0.362	226.5	0.323
	AMZ-Si阻燃	168.5	0.335	285.5	0.305
	AMZ-Si温拌阻燃	153	0.339	268	0.311

续表

老化类型	沥青种类	−12℃		−18℃	
		S/MPa	m	S/MPa	m
原样	AMZ-Ti阻燃	167.5	0.337	282.0	0.306
	AMZ-Ti温拌阻燃	149.0	0.342	255.5	0.314
RTFOT	SBS	150.0	0.341	265.0	0.311
	温拌SBS	134.5	0.359	243.5	0.315
	AMZ-Si阻燃	182.5	0.330	306.5	0.296
	AMZ-Si温拌阻燃	169.0	0.332	286.5	0.307
	AMZ-Ti阻燃	178.5	0.330	302.5	0.300
	AMZ-Ti温拌阻燃	162.0	0.336	273.0	0.308
PAV	SBS	167.0	0.337	284.5	0.305
	温拌SBS	149.0	0.343	260.5	0.309
	AMZ-Si阻燃	196.5	0.323	325.5	0.284
	AMZ-Si温拌阻燃	186.0	0.326	305.5	0.302
	AMZ-Ti阻燃	194.5	0.325	322.0	0.289
	AMZ-Ti温拌阻燃	176.0	0.328	289.5	0.302

分析表3.11中数据,取其中温度为−12℃为例,以六种沥青为横坐标,以劲度模量S和蠕变速率m为纵坐标,根据六种沥青原样、短期老化残留物及长期老化残留物试验后得到的数据绘制出柱状图,如图3-28和图3-29所示。

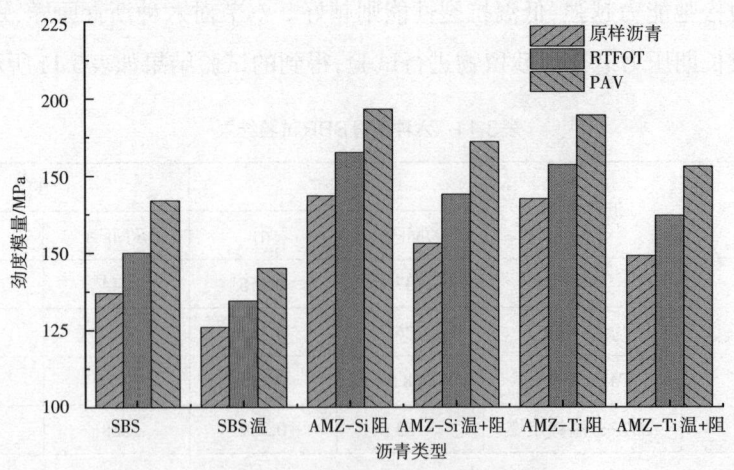

图3-28　六种沥青老化前后的劲度模量

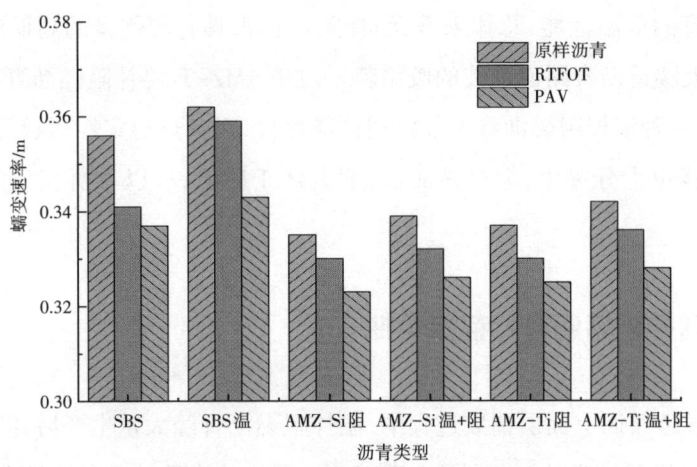

图3-29　六种沥青老化前后的蠕变速率

如图3-28和图3-29所示,分析得到以下结论:

(1)六种沥青随着短期和长期老化的进行,沥青劲度模量逐渐增大,蠕变速率逐渐减小,表明沥青在经过不同的老化方式后,其低温抗开裂能力逐步减弱,这是因为沥青在较低温度环境下呈玻璃态,沥青分子链近乎被冻结,无法快速地重新转向或移动[73]。

(2)六种沥青经过短期及长期老化后,沥青的劲度模量 S 均表现为 AMZ-Si 阻燃沥青＞AMZ-Ti 阻燃沥青＞AMZ-Si 温拌阻燃沥青＞AMZ-Ti 温拌阻燃沥青＞SBS 改性沥青＞温拌 SBS 改性沥青,其蠕变速率 m 与之相反,温拌 SBS 改性沥青和 SBS 改性沥青蠕变速率表现较大,而四种阻燃沥青蠕变速率值较小,且掺加 Rediset®LQ1102 温拌剂的改性沥青其蠕变速率均有所升高,这表明温拌剂的掺加在一定程度上提高了沥青的低温性能,且温拌 SBS 改性沥青劲度模量最小,蠕变速率最大,具有最为优良的低温性能;而四种阻燃改性沥青劲度模量均大幅度增大,蠕变速率减小,改性沥青表现出脆性,其低温性能均有所下降;而对于 AMZ-Ti 温拌阻燃沥青和 AMZ-Si 温拌阻燃沥青来说,相比其对应的 AMZ-Ti 和 AMZ-Si 阻燃沥青,两种温拌阻燃沥青的具有较小的劲度模量和较大的蠕变速率,低温性能较良好。

综上,复合阻燃抑烟剂对 SBS 改性沥青的高温性能具有一定的提升作用,但对于低温性能会带来一定的负面影响;而基于表面活性的温拌剂可一定程度改善阻燃沥青的低温性能,总体来看,温拌阻燃沥青具有较优良的高低温性能,适合用作长大隧道沥青路面铺装的胶结料。对于AMZ-Ti温拌阻燃沥青和AMZ-Si阻燃沥青,两种温拌阻燃沥青不仅路用性能优良,而且热稳定性、阻燃抑烟性剂、抗老化性能也十分突出,但整体而言,前者优于后者,故以下研究,将不再涉及后者。

3.7 温拌阻燃沥青贮存稳定性

长大隧道路面上面层铺装过程中,温拌阻燃沥青经大量生产后,沥青需要一定时间的存放和运输的过程是无法避免的,因此温拌阻燃沥青被要求具有良好阻燃、老化及流变性能外,还需具备优良的贮存稳定性能。沥青贮存稳定性的优劣主要在于添加剂颗粒和沥青的界面是否同相所决定的,改性添加剂与沥青的分子结构越相近,改性剂在沥青中分布越均匀[71]。其中沥青与改性剂之间,两者常见的改性方式是物理混合为主,在经过长时间的存放或者处于较高温度下,改性剂均有从沥青中分离并转移的趋势。

本章从宏观和微观两个角度出发,选取AMZ-Ti温拌阻燃沥青对其贮存稳定性进行研究分析,通过离析试验得到的软化点差值、不同离析时间后所对应的荧光显微图像以及红外光谱图像分析这三个方面来研究与评价AMZ温拌阻燃沥青、AMZ-Ti温拌阻燃沥青的贮存稳定性,进而进行对比选取一种贮存稳定性能更加优良的温拌阻燃沥青。

3.7.1 离析试验

3.7.1.1 离析试验方案设计

当聚合物改性沥青在高温环境下长时间存放或长时间没有搅拌会导致聚合物发生凝聚和离析[72]。在实际工程中,聚合物沥青生产完毕后,在存放或运输过程中聚合物会发生沉淀离析,沥青路面产生离析现象会使路面沥青混合料的孔隙率变大,使路面基层逐渐受到雨水渗透侵蚀,从而影响路面使用寿命。

现阶段,大部分研究人员评价改性沥青贮存稳定性常用的手段是沥青的离析试验,为研究AMZ温拌阻燃沥青、AMZ-Ti温拌阻燃沥青不同时间段的离析效果,本节通过研究两种沥青分别离析8h、16h、24h、32h、40h及48h后,测定离析管上下部试样的软化点差值,进而来评价其贮存稳定性。离析试验样品如图3-30所示。

图3-30　离析试验试样

离析试验具体操作流程如下所述:

①将事先准备好的离析管直立在离析支架上,并贴好相应的标签;

②把AMZ温拌阻燃沥青和AMZ-Ti温拌阻燃沥青加热到熔融状态下,搅拌均匀缓缓浇入直立的离析管中;

③把离析管开口处捏平并折叠,使离析管内部形成密闭空间,同时把支架和离析管放入163℃烘箱中,保持其静止状态分别存放8h、16h、24h、32h、40h及48h;

④待达到上述所设定的离析时间后,将离析管从烘箱中拿出,放入-5℃的冰柜中,竖立冷冻超过4h后从冰箱中取出;

⑤等样品温度回升软化后,把离析管剪成三等份,取上部和下部的样品放入小瓷盘中,将装有试样的瓷盘放入烘箱中烘化,取出离析管;

⑥对上、下部试样进行软化点试验,并对其软化点差值进行计算,每组试样试验两次,取其平均值。

3.7.1.2 离析试验数据分析

根据上述试验操作流程得到AMZ温拌阻燃沥青、AMZ-Ti温拌阻燃沥青经历不同时间段离析后软化点差值试验结果见表3.12,表3.13及图3-31。

表3.12 AMZ温拌阻燃沥青不同离析时间软化点差值

沥青种类	离析时间/h	部位	各试样的软化点/℃	
			样品1	样品2
AMZ温拌阻燃沥青	8	上	70.1	70.6
		下	71.2	71.5
		差值	1.1	0.9
	16	上	70.0	70.8
		下	71.6	72.2
		差值	1.6	1.4
	24	上	69.8	70.4
		下	72.6	72.3
		差值	1.8	1.9
	32	上	70.7	70.8
		下	72.9	72.9
		差值	2.2	2.1
	40	上	71.1	71.2
		下	73.6	73.7
		差值	2.5	2.5
	48	上	70.6	70.5
		下	73.4	73.1
		差值	2.8	2.6

表3.13 AMZ-Ti温拌阻燃沥青不同离析时间软化点差值

沥青种类	离析时间/h	部位	各试样的软化点/℃	
			样品1	样品2
AMZ-Ti温拌阻燃沥青	8	上	69.9	69.6
		下	70.4	70.2
		差值	0.5	0.6
	16	上	70.4	70.0
		下	71.4	70.9
		差值	1.0	0.9

沥青种类	离析时间/h	部位	各试样的软化点/℃	
			样品1	样品2
AMZ-Ti 温拌 阻燃沥青	24	上	70.5	70.6
		下	71.7	71.8
		差值	1.2	1.2
	32	上	70.8	71.0
		下	72.2	72.4
		差值	1.4	1.4
	40	上	71.4	71.7
		下	73.1	73.3
		差值	1.7	1.6
	48	上	71.4	71.3
		下	73.3	73.1
		差值	1.9	1.8

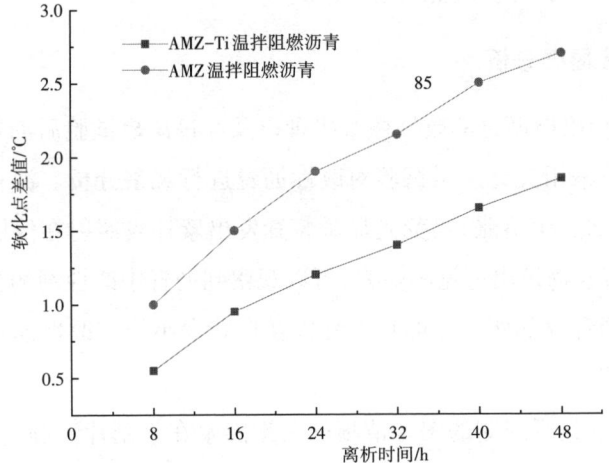

图3-31　不同离析时间AMZ和AMZ-Ti温拌阻燃沥青软化点差值变化曲线

根据表3.12的数据绘制成图3-31,得到不同离析时间下,AMZ温拌阻燃沥青和AMZ-Ti温拌阻燃沥青的软化点差值变化曲线,从表3.12和表3.13及图3-31可以得出以下结论:

①两种温拌阻燃沥青均随着离析时间的增加软化点差值逐渐增大,这是温拌阻燃沥青在高温环境下游离的阻燃改性剂因为自身重力在离析管中逐渐向下转移所致。

②AMZ-Ti温拌阻燃沥青和AMZ温拌阻燃沥青在经过48h时离析后,其软化点差值分别为1.85℃和2.7℃,这表明经钛酸酯表面改性后,AMZ-Ti温拌阻燃沥青的贮存稳定性得到了明显的提升。

③对比两种沥青,AMZ-Ti温拌阻燃沥青在离析8h、16h、24h、32h、40h、48h时的软化点差值相比离析0h时分别增加了0.55℃、0.95℃、1.2℃、1.4℃、1.65℃、1.85℃;而AMZ温拌阻燃沥青在不同时间段的软化点差值分别为1.0℃、1.5℃、1.8℃、2.15℃、2.5℃、2.7℃。由上述数据表明,两种沥青在离析试验刚开始16h内软化点差值变化较大,随着离析时间的增长,软化点差值变化幅度逐渐减小。

④由图3-36可知,AMZ-Ti温拌阻燃沥青在任何时间点的软化点差值均小于AMZ温拌阻燃沥青,这表明经过钛酸酯偶联剂表面改性后的阻燃剂所制备的温拌阻燃沥青,阻燃剂与沥青的相容性大大提高[56],游离的阻燃剂减少,进而AMZ-Ti温拌阻燃沥青的软化点差值减小。

3.7.2 荧光显微分析

为探究温拌阻燃沥青的改性微观机理以及经过离析试验后沥青中改性剂的分布情况,本节采用荧光显微试验对改性沥青进行观察分析。沥青改性过程中改性剂在其内部发生溶胀,当荧光显微装置发出紫外光照射在溶胀后的聚合物上时,会激发聚合物发出可见的荧光,可以观察到沥青中改性剂的分布状况。其中,聚合物在沥青内部所分布的均匀性以及形状大小均与改性沥青的性能有很大程度的关联[74-75]。

荧光显微试验所观测的图像清晰的关键因素在于制片。制片时,沥青样品在载玻片上应尽可能的均匀和轻薄,这样荧光更容易透过沥青射向聚合物,方便观察改性剂的分布。本章节选用DFC295型号的荧光显微镜进行试验观察,对放大400倍所呈现出来的荧光显微图像进行观测分析,如图3-32。

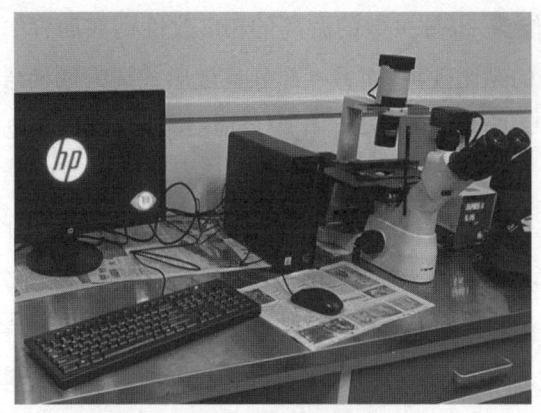

图3-32　荧光显微镜

为了客观分析 AMZ-Ti 温拌阻燃沥青的微观改性机理以及离析不同时间段后改性剂的分布情况,探究 AMZ-Ti 温拌阻燃沥青的贮存稳定性,本书分别对 AMZ-Ti 温拌阻燃沥青和 AMZ 温拌阻燃沥青离析 0h、24h、48h 后的沥青试样进行荧光显微试验。如图3-33至图3-35分别为两种温拌阻燃沥青离析不同时间后的荧光显微图像。

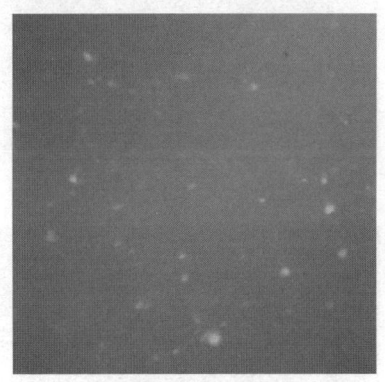
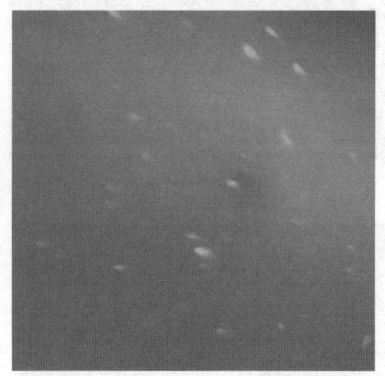

图(a)AMZ-Ti温拌阻燃沥青　　　　　　　图(b)AMZ温拌阻燃沥青

图3-33　离析0h时两种沥青荧光显微图像

（1）AMZ-Ti 和 AMZ 两种温拌阻燃沥青离析 0h 荧光显微图像

由图3-33中可看出,由于两种温拌阻燃沥青均是以SBS改性沥青作为基质沥青所制备,其内部均有游离的SBS改性剂。SBS改性剂和阻燃剂呈现出两种较为明显的荧光影像:一部分少数的游离的SBS改性剂在沥青中单独呈现为絮状结构,且没有明显的结团现象;而另一部分呈现形式则为球状结构,这可能是SBS改性剂及阻燃剂与沥青之间发生了化学反应,说明温拌阻燃沥青在改性过程中存在化学改性。

从图(a)和(b)对比可知,AMZ-Ti温拌阻燃沥青荧光显微图像中絮状、球状两种结构分布均匀,没有产生明显的结团现象,且球状结构居多。而AMZ温拌阻燃沥青荧光显微图像中,改性剂多以絮状结构分布,球状结构在荧光显微图像中出现较少,这说明AMZ-Ti温拌阻燃沥青的改性机理是化学改性与物理改性相结合,而AMZ温拌阻燃沥青几乎是单一的物理改性。综上,钛酸酯偶联剂对AMZ阻燃剂的表面改性,改良了阻燃剂与沥青界面上的联系,促进了化学反应,加强了改性剂与沥青之间的作用,使阻燃改性沥青具有更为优良的改性性能。

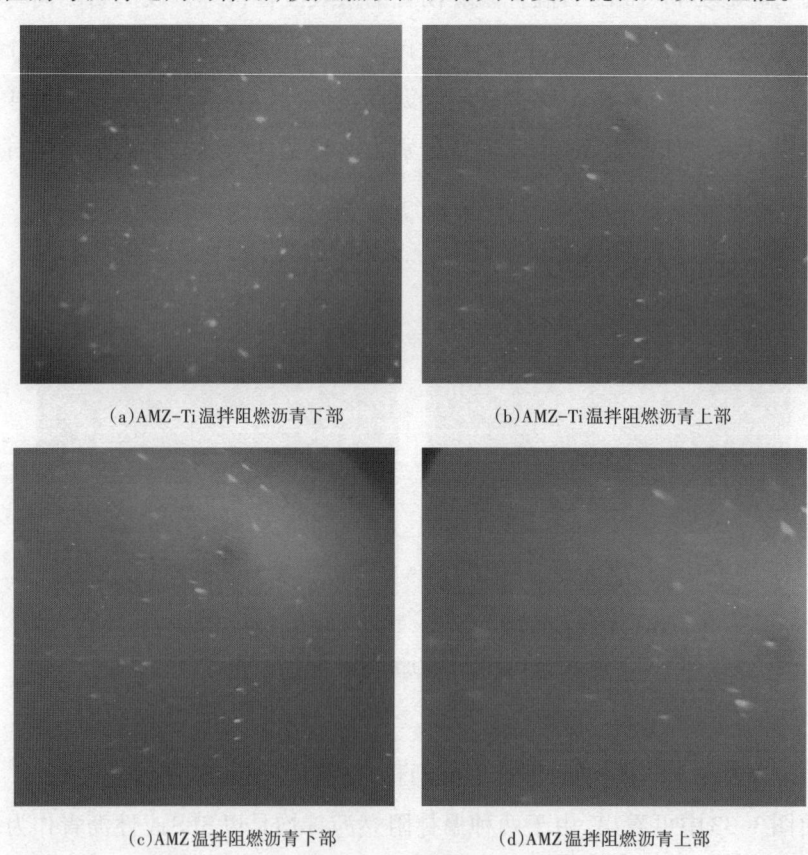

(a)AMZ-Ti温拌阻燃沥青下部	(b)AMZ-Ti温拌阻燃沥青上部
(c)AMZ温拌阻燃沥青下部	(d)AMZ温拌阻燃沥青上部

图3-34　离析24h后两种沥青荧光显微图像

（2）AMZ-Ti和AMZ两种温拌阻燃沥青离析24h后荧光显微图像

图（a），（b）和图（c），（d）分别AMZ-Ti温拌阻燃沥青和AMZ温拌阻燃沥青经历24h离析试验后下部和上部沥青的荧光显微图像，分别对比图（a），（b）和图（c），（d）可以看出，两种沥青的离析管上部沥青试样荧光显微图像中所呈现的荧光点均少于离析管下部沥青试样所呈现的荧光点，这是因为一些游离的改性剂在高温条件下由于自身重力的影响向下沉淀，上部游离的改性剂逐渐向下转移。但对于AMZ-Ti温拌阻燃沥青来说，经过24h离析后图（a），（b）中荧光点数相差不大.这表明改性剂沉淀数量并不多，但对于AMZ温拌阻燃沥青，图（c），（d）中两者荧光点数量有明显差别，下部试样所呈现的荧光点明显多于上部试样所呈现的荧光点数，这表明AMZ改性沥青经过离析后改性剂沉淀较多。

分别对比图（a），（c）和图（b），（d）可以看出，经过24h的离析试验后，AMZ-Ti温拌阻燃沥青离析管下部荧光点数少于AMZ温拌阻燃沥青，其离析管上部荧光点数明显多于AMZ温拌阻燃沥青，这是因为AMZ-Ti阻燃剂经过钛酸酯偶联剂改性后，阻燃剂与沥青界面的联系得到了加强，其游离态阻燃剂变少，阻燃剂发生沉淀量，这表明经过钛酸酯偶联剂改性后AMZ-Ti阻燃剂与沥青相容性得到了大大的提升，使AMZ-Ti温拌阻燃沥青的贮存稳定性能提高。

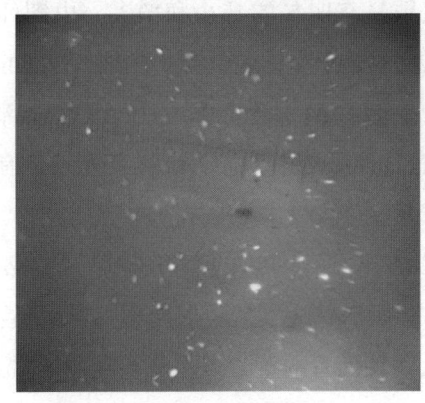 

(a)AMZ-Ti温拌阻燃沥青下部　　　　　　　(b)AMZ-Ti温拌阻燃沥青上部

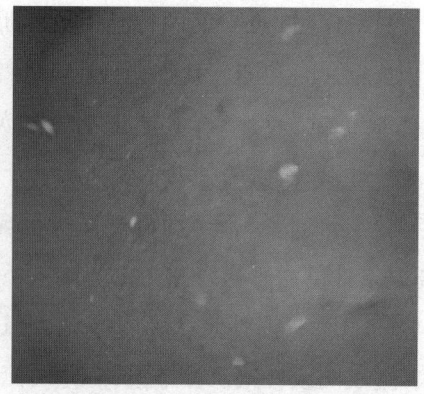

(c)AMZ温拌阻燃沥青下部　　　　　　(d)AMZ温拌阻燃沥青上部

图3-35　离析48h后两种沥青荧光显微图像

(3)AMZ-Ti和AMZ两种温拌阻燃沥青离析48h后荧光显微图像

由上图可知,图(a),(b)和图(c),(d)分别AMZ-Ti温拌阻燃沥青和AMZ温拌阻燃沥青经历48h离析试验后下部和上部沥青的荧光显微图像,分别对比图(a),(c)和图(b),(d)发现,随着高温环境下离析时间的增长,离析管上部沥青中更多游离的改性剂进一步向下转移,相较于图3-34中改性沥青离析24h时后的荧光图像,离析管上、下部沥青试样的荧光点数量有明显的减小和增多。由图(b),(d)可以看出,AMZ温拌阻燃沥青上部只剩下了极少的荧光点,离析管下部的荧光显微图中的荧光点数远远大于了离析管上部,离析管上部改性剂几乎全部转移。相较于图(a)和(b),AMZ-Ti温拌阻燃沥青虽然上部沥青试样荧光点也有减少,但转移量远小于AMZ温拌阻燃沥青。

分别对比图(a)、(c)和图(b)、(d)可以看出,经过48h的离析试验后,AMZ-Ti温拌阻燃沥青离析管下部荧光点数明显的少于AMZ温拌阻燃沥青,其离析管上部荧光点数明显多于AMZ温拌阻燃沥青,两种沥青的荧光点数量差别明显增大。这再次证明了钛酸酯偶联剂对AMZ阻燃剂的表面改性,加强了阻燃剂与沥青之间的作用,减少了游离的阻燃剂数量,使得所制备的AMZ-Ti温拌阻燃沥青具有更为优良的贮存稳定性。

3.7.3 红外光谱(IR)分析

红外光谱试验适用于研究沥青聚合物官能团性能特征,该方法受到了众多学者的青睐。当红外光照射到沥青后,沥青中某些高分子基团能够吸收与其收缩震动或伸缩震动频率相同的红外光,以此来影响沥青透光率从而形成其红外光谱图像。由于此方法可以呈现出特定波数处分子的透光率,因此众多学者通过红外光谱中相应的特征峰来分析判断其物质的分子结构或基团,并且亦可以通过其特征峰面积对某种物质进行定量分析。

在离析试验及荧光显微分析的基础上,为了更加准确地评价AMZ-Ti和AMZ温拌阻燃沥青的改性机理和贮存稳定性,本节采用红外光谱法进行深入分析,继续从微观层面探究离析不同时间后两种温拌阻燃沥青的结构变化。分别对AMZ-Ti温拌阻燃沥青和AMZ温拌阻燃沥青离析0h、24h及48h后的沥青试样进行红外光谱测试(试验仪器如图3-36),制作沥青样品用三氯乙烯作溶剂,得到其对应的红外光谱图像(如图3-37)。

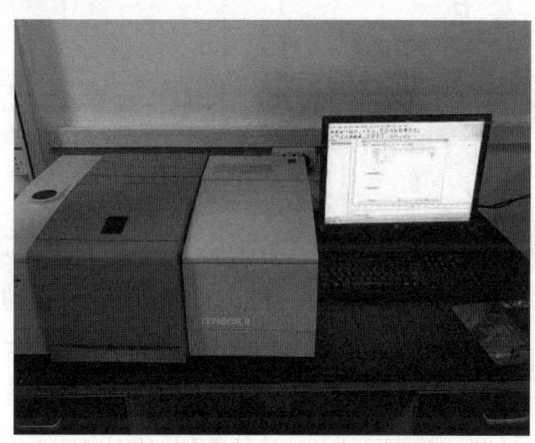

图3-36 红外光谱(IR)试验

为了更加直观的比较不同改性沥青官能团振动强度的变化,现通过计算红外光谱中具体的峰区面积进行比较。本书采用OriginPro 2018C对所绘制的红外光谱图不同峰区面积进行计算分析,具体操作流程为:分析(A)→数学(M)→多边形面积(P)→打开对话框(O)→手动选定所测峰区面积的范围→点击确定→得出所测峰区面积,操作截图如图3-37所示。

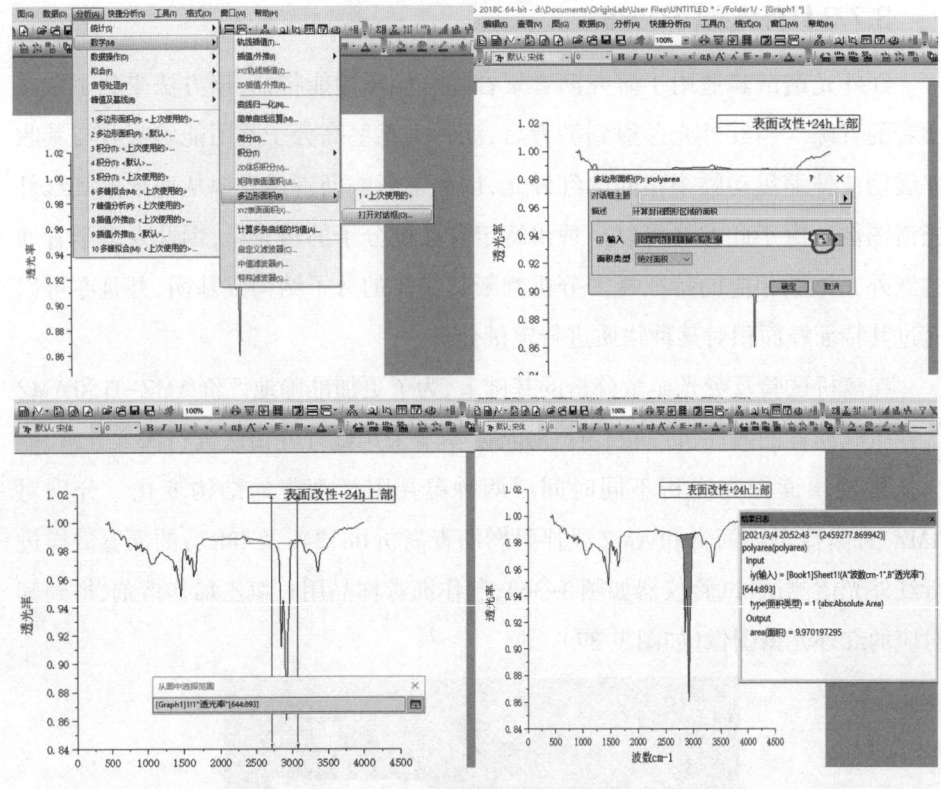

图3-37　峰区面积计算操作流程

　　由于本书所制备的高效阻燃剂中 $Al(OH)_3$ 和 $Mg(OH)_2$ 是其主要组成部分，故针对氢氧化合物阻燃剂所关联的 $3345cm^{-1}$ 处羟基——OH 振动吸收峰进行面积计算从而对其进行定量分析；此外，经过长时间的离析后，沥青中油分会产生离析而逐渐上移，导致红外光谱图（如图3-38）中 C—H 振动吸收峰峰值变化较大，从而影响 $2853cm^{-1}$ 处和 $2921cm^{-1}$ 处 C—H 的表征，故对 C—H 振动吸收峰也进行面积计算从而分析其离析效果，得出峰区面积结果如表3.14所示。

表3.14　两种沥青不同特征峰峰区面积

离析时间/h	部位	AMZ温拌阻燃沥青		AMZ-Ti温拌阻燃沥青	
		$2921cm^{-1}$ 附近处 C—H 振动峰面积	$3345cm^{-1}$ 羟基 —OH 振动峰面积	$2921cm^{-1}$ 附近处 C—H 振动峰面积	$3354cm^{-1}$ 处羟基 —OH 振动峰面积
0	中部	39.3	4.98	16.6	3.78

续表

离析时间/h	部位	AMZ 温拌阻燃沥青		AMZ-Ti 温拌阻燃沥青	
		2921cm^{-1}附近处 C—H 振动峰面积	3345cm^{-1}羟基 —OH 振动峰面积	2921cm^{-1}附近处 C —H 振动峰面积	3354cm^{-1}处羟基 —OH 振动峰面积
24	上部	15.8	2.82	9.97	2.27
	下部	9.93	3.04	9.24	2.77
48	上部	23.13	2.45	10.12	1.76
	下部	8.54	3.26	9.08	2.96

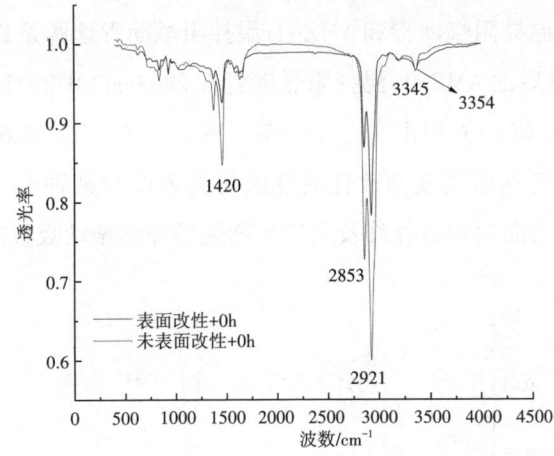

图3-38　AMZ-Ti温拌阻燃沥青和AMZ温拌阻燃沥青红外光谱图

（1）AMZ-Ti温拌阻燃沥青和AMZ温拌阻燃沥青离析0h红外光谱图

对比未经过表面改性的AMZ温拌阻燃沥青和表面改性过的AMZ-Ti温拌阻燃沥青的红外光谱图观察到,两种温拌阻燃沥青的红外光谱曲线形状几乎一样,吸收峰位置也基本对应,但峰值强度有所区别。

观察图中两条IR曲线,发现在3345cm^{-1}附近处都出现了吸收峰,这是由氢氧化镁阻燃剂中羟基—OH的伸缩振动造成的;发现在2921cm^{-1}和2853cm^{-1}处都出现了较强的吸收峰,通过查阅对应官能团表,这是饱和烃C—H及其衍生物环烷烃伸缩振动吸收峰,其中2921cm⁻¹强度最大;在1420cm⁻¹附近处出现的吸收峰同样主要是饱和烃—CH$_3$中C—H面内收缩振动造成的。

对比AMZ温拌阻燃沥青和AMZ–Ti温拌阻燃沥青这两条IR曲线可以发现,AMZ–Ti温拌阻燃沥青在3354cm⁻¹附近处的羟基—OH特征峰出现微小的漂移现象,这可能是因为偶联剂与沥青之间有分子间氢键;此外AMZ–Ti阻燃沥青的峰区面积为$S_{—OH\ AMZ–Ti}$=3.78明显小于AMZ阻燃沥青$S_{—OH\ AMZ}$=4.98,这表明AMZ–Ti阻燃沥青中羟基—OH数量相比AMZ阻燃沥青来说有一定程度的减少,这是因为钛酸酯偶联剂与阻燃剂中的羟基—OH发生了化学键合,产生了新的化学键;此外,经过表面改性的AMZ–Ti表面基本被酞酸酯偶联剂分子所覆盖,限制了羟基—OH表征,这说明了经偶联剂表面改性后AMZ–Ti阻燃剂改性效果良好,改良了阻燃剂与沥青界面上的联系,加强了两者之间的作用[56]。

再比较AMZ温拌阻燃沥青和AMZ–Ti温拌阻燃沥青这两条FTIR曲线可以发现,经过表面改性后的AMZ–Ti温拌阻燃沥青在2853cm⁻¹和2921cm⁻¹附近处饱和烃C—H弯曲振动峰的面积由$S_{C—H\ AMZ–Ti}$=39.3减少至$S_{C—H\ AMZ}$=16.6。经分析认为,这可能是阻燃剂经偶联剂表面改性后硼酸锌的表面与某种有机链烃基发生反应,影响了C—H弯曲振动吸收峰及其衍生物烷烃伸缩振动吸收峰的表征。

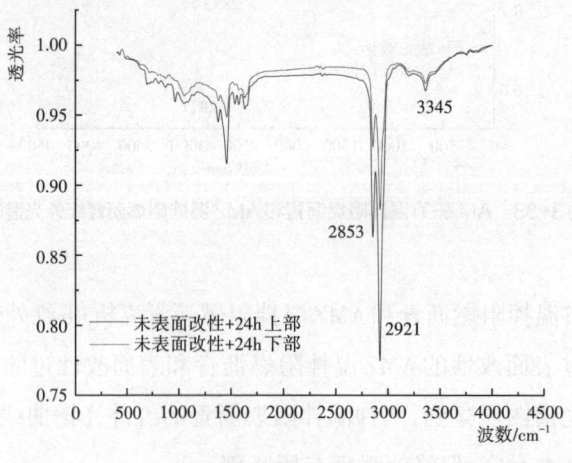

图(a)离析24h后红外光谱图

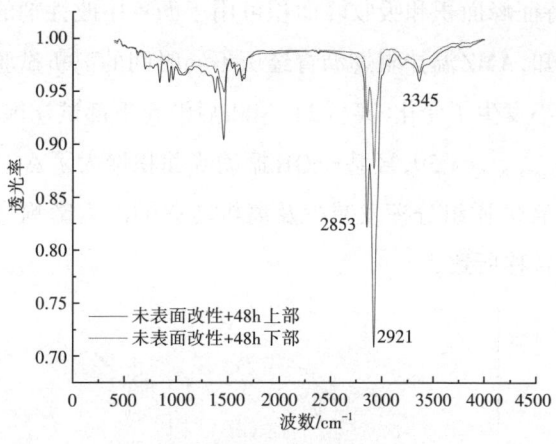

图(b)离析48h后红外光谱图

图3-39 AMZ温拌阻燃沥青红外光谱图

(2)AMZ温拌阻燃沥青离析24h、48h红外光谱图

图3-40中(a)和(b)分别为AMZ温拌阻燃沥青离析24h与48h后沥青管上下部两部分的红外光谱图,从FTIR曲线可以看出,无论离析时间的长短,离析管上下两部分沥青试样在2921cm⁻¹处的饱和烃C—H弯曲振动峰和3345cm⁻¹附近处的羟基—OH的振动峰峰区面积均发生较大变化。

其中离析24h后沥青上、下部试样中的饱和烃C—H弯曲振动峰峰区面积分别为$S_{C-H\ 24h\ 上}$=15.8和$S_{C-H\ 24h\ 下}$=9.93,离析48h后沥青上、下部试样中的C—H弯曲振动吸收峰峰区面积分别为$S_{C-H\ 48h\ 上}$=23.13和$S_{C-H\ 48h\ 下}$=8.54。离析24h后沥青上、下部试样中的羟基—OH的振动吸收峰峰区面积分别为$S_{-OH\ 24h\ 上}$=2.82和$S_{-OH\ 24h\ 下}$=3.04,离析48h后沥青上、下部试样中的羟基–OH振动吸收峰区面积分别为$S_{-OH\ 48h\ 上}$=2.45和$S_{-OH\ 48h\ 下}$=3.26。

由此可以看出,AMZ温拌阻燃沥青离析管下部试样的羟基–OH振动吸收峰均大于离析管上部试样,这是因为改性沥青在高温环境下经过长时间的贮存离析,改性沥青内部游离的氢氧化镁阻燃剂由于自身的重力向下部发生了转移,下部试样的羟基—OH含量逐渐增多。此外,AMZ温拌阻燃沥青离析管下部试样的饱和烃C—H振动吸收峰均小于离析管上部试样,这是因为沥青在离析过程中其油分和沥青质逐渐向上转移,大量的C—H键官能团也随之转移。

　　此外,由于特征峰面积和吸收峰面积可用于沥青中改性剂的定量分析,对比图(a)和图(b)可知,AMZ温拌阻燃沥青经历不同时间的离析试验后,相同位置处的吸收峰强度大小发生了变化,离析24～48h后沥青下部试样饱和烃振动峰峰区面积减少了 $\triangle S_{\text{C—H 24-48h下}}=1.39$,羟基——OH振动峰面积增大了 $\triangle S_{\text{—OH 24-48h下}}=0.22$,除去离析过程中沥青轻质组分挥发减少及离析转移的因素影响,则是一些游离的阻燃改性剂向下转移所致。

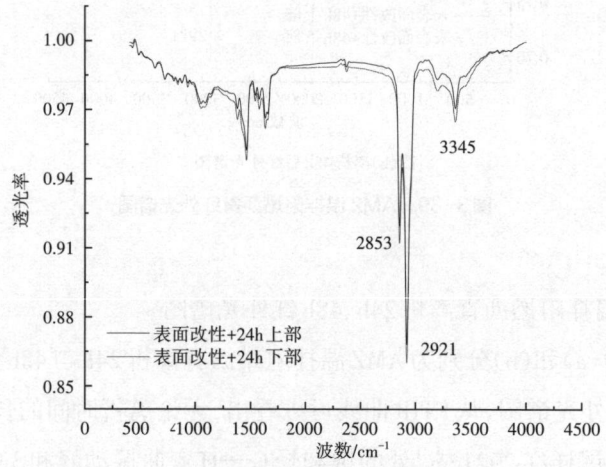

图(a)离析24h后红外光谱图

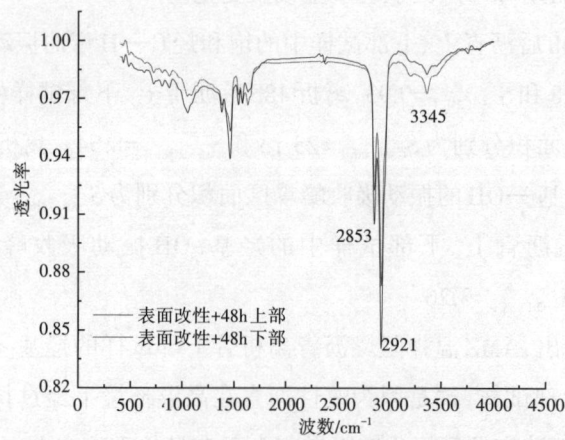

图(b)离析48h后红外光谱图

图3-40　AMZ-Ti温拌阻燃沥青红外光谱图

（3）AMZ-Ti温拌阻燃沥青离析24h、48h红外光谱图

图3-41中（a），（b）分别为AMZ-Ti温拌阻燃沥青离析24h与48h后沥青管上下部两部分的红外光谱图，从IR曲线可以看出，AMZ-Ti温拌阻燃沥青与AMZ温拌阻燃沥青的红外光谱曲线十分相似，两者均在相同波数位置出现较大的吸收峰，但与之不同的是AMZ-Ti温拌阻燃沥青离析管上下部分的吸收峰峰区面积差别并不大。

AMZ-Ti温拌阻燃沥青离析24h后沥青上、下部试样中的饱和烃C—H弯曲振动吸收峰峰区面积分别为$S_{C—H\,24h\,上}$=9.97和$S_{C—H\,24h\,下}$=9.24，离析48h后沥青上、下部试样中的C-H弯曲振动吸收峰峰区面积分别为$S_{C-H\,48h\,上}$=10.12和$S_{C-H\,48h\,下}$=9.08；离析24h后沥青上、下部试样中的羟基—OH的振动吸收峰峰区面积分别为$S_{-OH\,24h\,上}$=2.27和$S_{-OH\,24h\,下}$=2.77，离析48h后沥青上、下部试样中的羟基—OH振动吸收区面积分别为$S_{-OH\,48h\,上}$=1.76和$S_{-OH\,48h\,下}$=2.96。

由上述不同时间段各峰区面积可以看出，AMZ-Ti温拌阻燃沥青离析管下部试样的饱和烃C-H吸收峰小于离析管上部试样，而离析管下部羟基—OH吸收峰峰区面积均大于离析管上部试样，但离析管上下部各吸收峰峰区面积并不大，其中AMZ-Ti温拌阻燃沥青离析24h时，离析管上下部试样羟基—OH吸收峰峰区面积差仅为$\triangle S_{-OH\,24h}$=0.50，饱和烃C-H吸收峰峰区面积差仅为$\triangle S_{C-H\,24h}$=0.73，由此可以看来，经过24h离析后，温拌阻燃沥青内部改性剂的转移量并不多。

对比图（a）和图（b）可知，其中AMZ-Ti温拌阻燃沥青离析0～24h，24～48h后下部试样羟基—OH吸收峰峰区面积仅减少了$\triangle S_{-OH\,0-24h\,下}$=1.01和$\triangle S_{-OH\,24-48h\,下}$=0.19，吸收峰强度变化不大，这说明AMZ-Ti温拌阻燃沥青经过长时间的贮存离析沥青内部改性剂的转移量并不多，具有较为优良的贮存稳定性能。

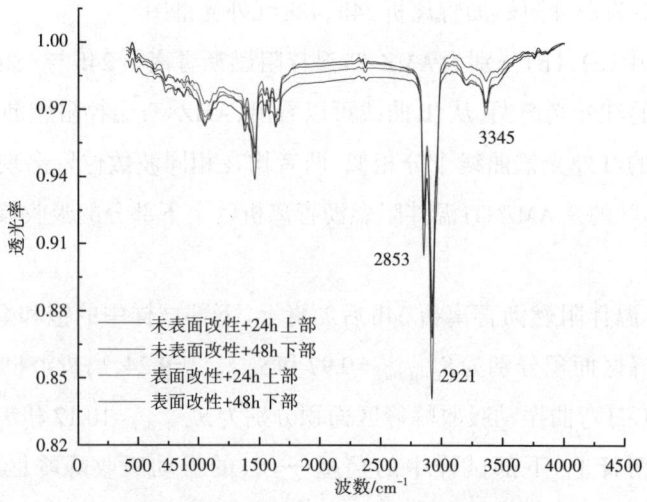

图3-41 两种温拌阻燃沥青离析后红外光谱图

(4)AMZ、AMZ-Ti温拌阻燃沥青离析24h与48h后下部红外光谱图

图3-41为AMZ、AMZ-Ti两种温拌阻燃沥青经过24h及48h离析试验后离析管下部试样的红外光谱图,从图中可以看出,四种不同的沥青试验所得到的红外光谱线图在同一附近处均出现了较强的吸收峰。

其中AMZ温拌阻燃沥青离析24h与48h后在3345cm^{-1}附近处羟基—OH振动吸收峰的峰区面积分别为$S_{—OH\ AMZ\ 24h\ 下}$=3.04,$S_{—OH\ AMZ\ 48h\ 下}$=3.26,而经过钛酸酯偶联剂表面改性后的AMZ-Ti温拌阻燃沥青试样在经历了24h与48h不同时间的离析后,峰区面积分别为$S_{—OH\ AMZ-Ti\ 24h\ 下}$=2.77,$S_{—OH\ AMZ-Ti\ 48h\ 下}$=2.96,对比两种沥青峰区面积,AMZ-Ti温拌阻燃沥青在不同时间段均小于AMZ温拌阻燃沥青,这说明钛酸酯偶联剂能促进改性沥青与阻燃剂的相容性,使阻燃剂能够更好的与改性沥青结合,使得游离的改性剂变少。

表3.15 两种沥青下部试样不同特征峰峰区面积差

峰区面积差 $\triangle S$	AMZ温拌阻燃沥青		AMZ-Ti温拌阻燃沥青	
	2921cm^{-1}附近处 C—H振动峰面积	3345cm^{-1}羟基 —OH振动峰面积	2921cm^{-1}附近处 C—H振动峰面积	3354cm^{-1}处羟基 —OH振动峰面积
$\triangle S_{0\sim24h}$	29.37	−1.94	7.36	−1.01
$\triangle S_{24\sim48h}$	1.39	−0.22	0.16	−0.19

由表3.15可知,两种温拌阻燃沥青经过24h离析后,其下部试样C—H振动吸收峰面积与离析0h试样相比,峰区面积分别减少了$\triangle S_{\text{C-H AMZ}}$=29.37和$\triangle S_{\text{C-H AMZ-Ti}}$=7.36,经过48h离析后下部试样C—H振动吸收峰峰区面积与离析24h相比分别减少了$\triangle S_{\text{C-H AMZ}}$=1.39和$\triangle S_{\text{C-H AMZ-Ti}}$=0.16,对比两个离析时间段,AMZ-Ti温拌阻燃沥青的峰区面积差均远小于AMZ温拌阻燃沥青,这表明经过钛酸酯偶联剂改性后,AMZ-Ti温拌阻燃沥青的贮存稳定性得到了大幅度提升。

以两种沥青类型为横坐标,以离析不同时间段后的羟基—OH振动吸收峰峰区面积差为纵坐标,根据表中数据绘制出柱状图,如图3-42。

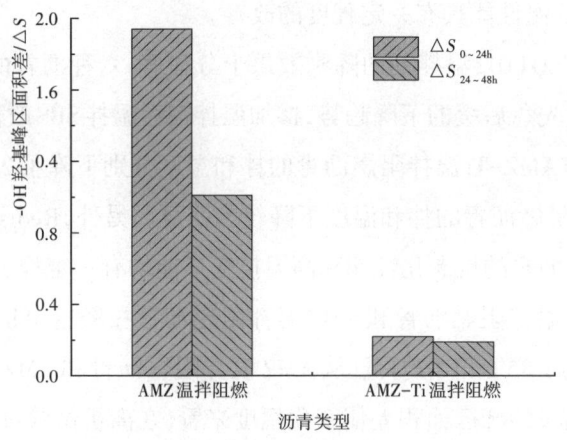

图3-42　两种沥青—OH羟基峰区面积差

由图3-42所示,两种沥青经过24h和48h离析试验后其—OH羟基峰区面积差值变化幅度较大。在离析时间达到24h时,AMZ温拌阻燃沥青—OH羟基峰区面积增加了$\triangle S_{\text{—OH AMZ}}$=1.94,而AMZ-Ti温拌阻燃沥青增加了$\triangle S_{\text{—OH AMZ-Ti}}$=1.01;当离析时间达到48h时,AMZ温拌阻燃沥青—OH羟基峰区面积增加了$\triangle S_{\text{—OH AMZ}}$=0.22,而AMZ-Ti温拌阻燃沥青增加了$\triangle S_{\text{—OH AMZ-Ti}}$=0.19,这说明在不同离析时间段,AMZ-Ti温拌阻燃沥青内部所转移的羟基官能团含量均小于AMZ温拌阻燃沥青,表明钛酸酯偶联剂有效的改良了阻燃剂与沥青界面上的联系,提高了贮存稳定性。

此外,从两种沥青不同离析时间段的峰区面积差值变化幅度来看,在离析试验过程中,除去沥青轻质组分挥发减少的因素影响,两种温拌阻燃沥青在前24h

离析现象比较明显,24~48h期间离析现象有所减弱。

3.8本章小结

(1)AMZ-Si温拌阻燃沥青和AMZ-Ti温拌阻燃沥青的极限氧指数高达26.8和27.6,最大烟密度为56.2%和55.5%,两者具有优良的阻燃抑烟性能;随着AMZ-Ti和AMZ-Si阻燃剂掺加,改性沥青的高温稳定性均得到了显著的提高,但低温稳定性却有一定程度的降低;此外,温拌剂的添加对改性沥青的软化点没有太大影响,但对低温性能具有一定程度的改善。

(2)Rediset®LQ1102温拌剂的降黏效果十分显著,六种沥青的黏温曲线随温度的升高呈现出先急后缓的下降趋势,掺加温拌剂后温拌SBS改性沥青、AMZ-Si温拌阻燃沥青和AMZ-Ti温拌阻燃沥青的拌和温度分别下降了21℃、20℃、23℃,且AMZ-Ti温拌阻燃沥青的拌和温度下降较为明显。另外,Rediset®LQ1102温拌剂的添加对改性沥青的抗老化性能和高温抗变形能均有一定程度的提高;

(3)AMZ-Ti温拌阻燃沥青和AMZ温拌阻燃沥青在经过48h时离析后,其软化点差值分别为1.85℃和2.7℃,且从AMZ温拌阻燃沥青和AMZ-Ti温拌阻燃沥青不同离析时间段的峰区面积差值变化幅度来看,在离析试验过程中,除去沥青轻质组分挥发减少的因素影响,两种温拌阻燃沥青在前24h离析现象比较明显,24~48h期间离析现象有所减弱。这表明经钛酸酯表面改性后,AMZ-Ti温拌阻燃沥青的贮存稳定性得到了明显的提升。

(4)经过长时间的离析试验,AMZ温拌阻燃沥青离析管上部荧光显微图像中只剩下了极少的荧光点,离析管下部的荧光点数远远大于了离析管上部,而AMZ-Ti温拌阻燃沥青虽然上部沥青试样荧光点也有减少,但总体上变化不大,表明AMZ-Ti阻燃剂与基质沥青具有良好的相容性。

(5)两种温拌阻燃沥青离析管下部试样的羟基—OH振动吸收峰面积均大于上部试样,这是因为离析过程中随着$Mg(OH)_2$阻燃剂的向下转移,下部试样的羟基—OH逐渐增多;而离析管下部试样的饱和烃C—H吸收峰面积均小于上部试样,这是因为沥青在离析过程中其油分和沥青质逐渐向上转移,大量的C—H键官能团也随之转移。

第四章 | **温拌阻燃沥青的燃烧行为及阻燃机理**

　　高分子材料及其复合材料的燃烧本身是一个十分复杂的物化过程,其中一个重要的原因是因为燃烧的过程很快,伴随着的物理化学过程快而复杂,很难通过有效的手段直接了解其复杂的变化过程。对于阻燃性聚合物,其燃烧过程相对缓和,因此可以通过一些方法对其阻燃的机理进行分析。在这个过程中,聚合物的受热分解以及高温裂解的过程与阻燃剂的种类及阻燃剂在聚合物中所起到的阻燃作用有很大关系。为了增强阻燃效果,往往是多种阻燃剂联用,有时候还要采用表面改性剂对阻燃剂表面进行处理,使得这一燃烧过程更加复杂化。影响聚合物材料的阻燃效果的因素也比较复杂,通常一种阻燃复合材料里包含了多种阻燃剂共同作用,阻燃剂元素较多,而且相互之间存在协同阻燃作用。高分子材料及其复合材料的阻燃主要通过气相阻燃机理、凝聚相阻燃机理和中断热交换机理等途径来实现的,聚合物材料的燃烧与阻燃都是十分复杂的物理及化学变化的过程,通常是几种阻燃机理同时作用的结果。

　　本章主要通过热失重 TGA、锥形量热仪(CCT)测试以及炭层形貌分析对 AMZ-Si 阻燃沥青和 AMZ-Ti 阻燃沥青的燃烧行为进行分析测试,综合分析热失重 TGA 与 CCT 测试结果的相关性,最后对不同体系温拌阻燃沥青的阻燃机理进行了探讨。

4.1 锥形量热分析(CCT)

　　本节采用锥形量热测量标准实验方法讨论阻燃沥青的燃烧性能,该法是以耗氧原理(即火灾中常见材料燃烧时,每消耗单位质量氧气所释放的热量近常数 13.1kJ/g,它受是否发生完全燃烧和燃烧类型的影响很小)为基础的材燃烧测定仪,可测量材料在给定热辐射条件下的点燃时间T_{ig}、有效燃烧热EHC(Effective of heat combustion)、质量损失速率MLR(Mass loss rate)、热释放速率HRR(Heat release rarte)等指标及有关烟气的参数随燃烧进程的变化规律,如比消光面积SEA(Specific extinction area)和燃烧产物中CO和CO_2的浓度等[109~111]。通过上述参数,可预测材料在大型燃烧试验时的释热率,建立小型燃烧试验与大型阻燃试验的关系,并能分析阻燃剂的性能和大致评估阻燃材料在真实火灾中的危险程度。锥形量热仪是当前能够表征材料燃烧性能的最为理想的试验仪器之一,它的试验环境同火灾材料的真实燃烧环境比较接近,所得试验数据能够评价材料在火灾中的燃烧行为。

采用英国FTT公司生产的锥形量热仪,将10cm×10cm×3mm的样品底部和边缘用铝箔包裹并水平放置在样品托上,在35kW/m²热辐照功率下对样品燃烧性能进行系统的研究。锥形量热试验示意图如图4-1所示。通过对比试验,分别进行了SBS改性沥青、AMZ温拌阻燃沥青、AMZ-Si温拌阻燃沥青、AMZ-Ti温拌阻燃沥青的CCT的测试分析。

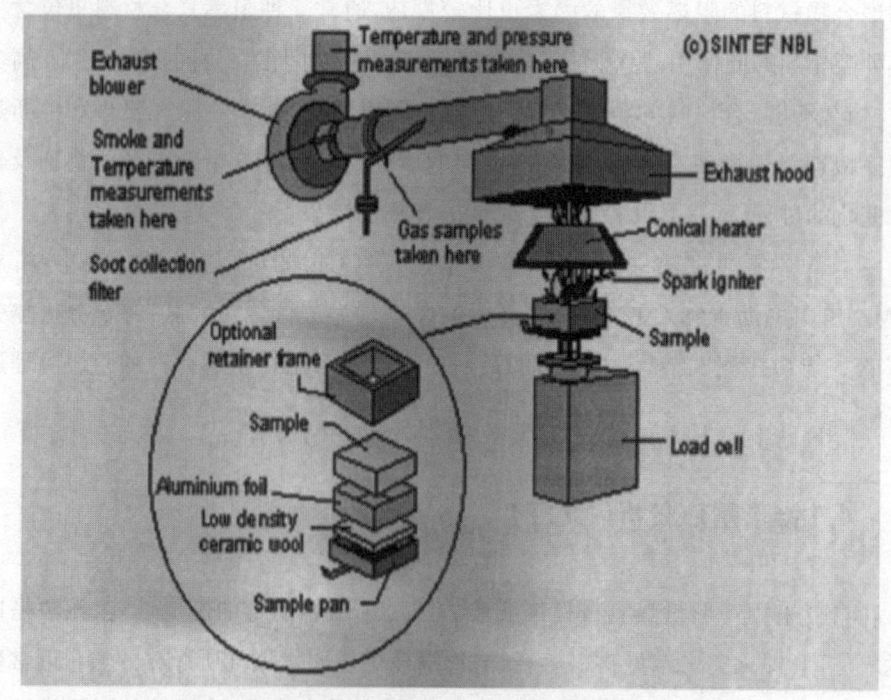

图4-1 锥形量热仪示意图

4.1.1 阻燃沥青的热性能

一般地,热释放速率(HRR),特别是最大热释放速率(PHRR)在燃烧火势的扩散过程中起着至关重要的作用,是一个十分重要的参数,常用来评估火灾的强度。PHRR值越大,轰燃时间就越短,火灾危险性就越大。在CCT试验中,沥青的阻燃热性能分析主要包括:热释放速率(平均热释放速率)及有效燃烧热等。SBS改性沥青、AMZ温拌阻燃沥青、AMZ-Si温拌阻燃沥青及AMZ-Ti温拌阻燃沥青的燃烧热性能测试结果见图4-2和图4-3及表4.1。

图4-2是温拌阻燃沥青及其作为参比的SBS改性沥青的HRR变化曲线。从几种沥青的点燃时间可以看出,几种沥青的点燃时间存在较大差别:SBS改性沥青能够比较快地被点燃,其次是AMZ温拌阻燃沥青,而AMZ-Ti温拌阻燃沥青和AMZ-Si温拌阻燃沥青相近,最难被点燃,但几种阻燃沥青的点燃时间差别并不大。对于SBS改性沥青,HRR值增加迅速且峰形尖锐,点燃之后迅速达最大值213.68kW/m²。从HRR曲线图上看,温拌阻燃沥青的HRR图呈现低而宽的阶梯状峰形特征,表明沥青复合阻燃抑烟剂对沥青有着良好的阻燃作用。

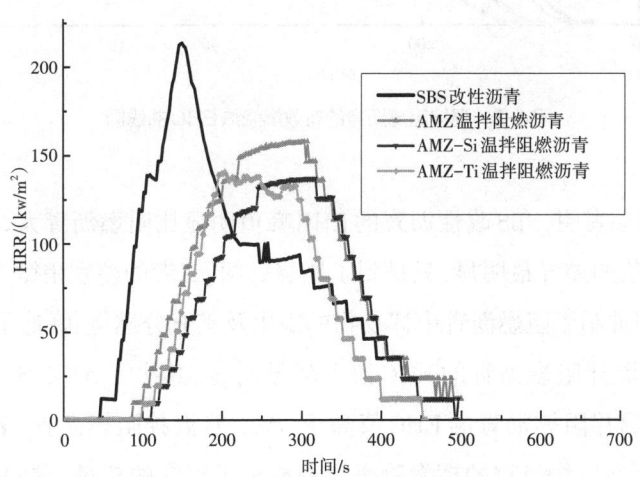

图4-2　温拌阻燃沥青的热释放速率曲线图

再比较阻燃沥青的HRR曲线图,表面改性之后的阻燃沥青的点燃时间明显长于AMZ温拌阻燃沥青,而其PHRR值低于AMZ温拌阻燃沥青,说明表面改性增大了阻燃沥青的着火难度,延缓了阻燃沥青燃烧的火势,这可能与复合阻燃抑烟剂在沥青介质中的分散效果以及复合阻燃抑烟剂的活性有关.

有效燃烧热EHC表示燃烧过程中高分子材料受热分解所形成的挥发物中可燃烧成分燃烧释放的热量。EHC值越大,表明挥发物越多燃烧也越完全;反之,挥发物越少燃烧也越不完全。SBS改性沥青及各种温拌阻燃沥青的EHC对时间的关系曲线见图4-3。

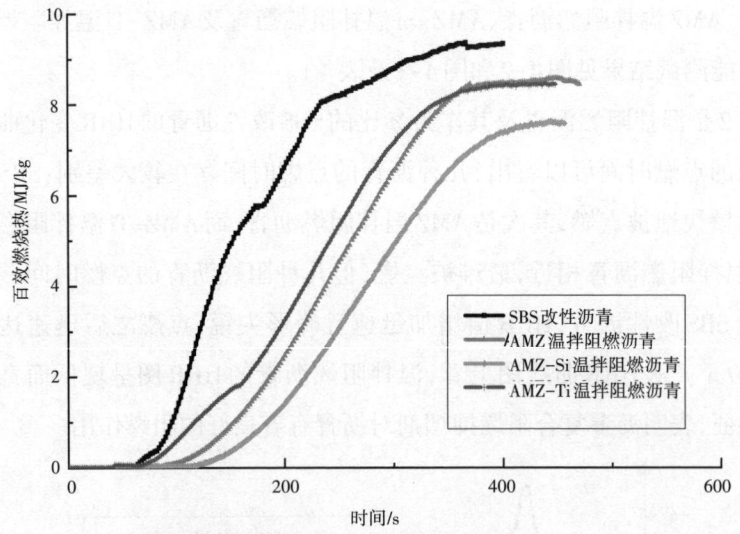

图4-3 温拌阻燃沥青的有效燃烧热EHC曲线图

图4-3结果表明,SBS改性沥青的EHC峰值明显比阻燃沥青大,在燃烧初期和中期,EHC值的差异最明显,只是到了燃烧后期,二者的差别稍微变小,说明复合阻燃抑烟剂抑制了阻燃沥青中挥发物的溢出及其充分燃烧,降低了EHC值,特别是AMZ-Ti温拌阻燃沥青的EHC值下降最明显,其次是AMZ-Si温拌阻燃沥青。AMZ-Si温拌阻燃沥青的EHC值高于AMZ-Ti温拌阻燃沥青,表明AMZ-Si温拌阻燃沥青在燃烧过程的挥发物燃烧释放出了更多的热量,它们在燃烧过程中有大量的挥发物溢出,在气相中完成燃烧,并放出了大量的热。比较AMZ温拌阻燃沥青、AMZ-Ti温拌阻燃沥青和AMZ-Si温拌阻燃沥青的有效燃烧热EHC结果发现,AMZ温拌阻燃沥青与AMZ-Si温拌阻燃沥青的EHC曲线比较接近,稍高于AMZ-Ti温拌阻燃沥青,表明不同的偶联剂类型改性的复合阻燃抑烟剂,对体系的EHC值影响是不同的。相对于AMZ温拌阻燃沥青,硅烷偶联剂改性AMZ工

艺增强了凝聚相阻燃,而钛酸酯偶联剂改性AMZ对凝聚相阻燃的作用并不明显。

为了便于比较,将图4-2和图4-3中四种沥青的相关数据(如点燃时间、最大热释放速率和残留物质量等)列于表4.1。

表4.1　几种沥青的燃烧参数

热指标 沥青类别	PHRR,kW/m²	T_p/s	AvEHC/(kJ/g)	T_{ig}/s	THC/(MJ/m²)	LM/g
SBS改性沥青	213.68	164	9.34	48	38.8	2.03
AMZ温拌阻燃沥青	162.48	337	8.46	66	34.3	3.78
AMZ-Si温拌阻燃沥青	157.74	400.0	7.60	98	31.7	5.36
AMZ-Ti温拌阻燃沥青	136.87	426	7.01	113	29.0	4.97

附注:PHRR,最大热释放速率;T_p,达到PHRR值所需时间;AvEHC,有效燃烧热峰值;THC,总热释放量;T_{ig},点燃时间;LM,残留物质量。

从表4.1数据分析可以看出,温拌阻燃改性沥青的PHRR值明显低于SBS改性沥青,而点燃时间T_{ig}明显延长,表明其轰燃时间增加,火灾危险性降低。三种温拌阻燃沥青的PHRR值相差不大,均在135~165 kW/m²之间;再观察T_p和T_{ig},温拌阻燃沥青的T_p和T_{ig}都明显长于SBS改性沥青,一方面表明温拌阻燃沥青不易被点燃,它们需要一定的点燃时间聚集热量才能点燃,另一方面也说明同样达到PHRR值的时间,温拌阻燃沥青较SBS改性沥青有所延长,降低了隧道火灾的危险性。

再分析每一种试样单位面积燃烧过程中总释放热量THC,在图4-1中体现为每一条曲线与横轴围成的面积,计算结果见表4.1。显然,SBS改性沥青的THC值最大,然后依次是AMZ温拌阻燃沥青、AMZ-Si温拌阻燃沥青AMZ-Ti温拌阻燃沥青。尽管SBS改性沥青与温拌阻燃沥青的THC值相差不算很大,但它的热释放过程短,HRR和PHRR都很高,因此危险程度高;而阻燃沥青燃烧时间长,达到PHRR值的时间也长,热释放主要集中在燃烧的中后期,所以HRR和PHRR较低,危险程度较小。

4.1.2 温拌阻燃沥青燃烧过程中的质量损失速率

聚合物材料燃烧时的质量损失速率,简称为MLR(Mass loss rate)。一般地说,如果MLR越大,则材料燃烧火焰发展蔓延性就越高,火势也就越迅猛。MLR与HRR密切相关,HRR的本质就是MLR,所以MLR也是反映有机高分子材料燃烧阻燃性能的另一参数。

SBS改性沥青、AMZ温拌阻燃沥青、AMZ-Ti温拌阻燃沥青以及AMZ-Si温拌阻燃沥青,它们的试样燃烧质量损失速率MLR对燃烧时间关系曲线见图4-4,残留质量LM对时间的关系曲线见图4-5。

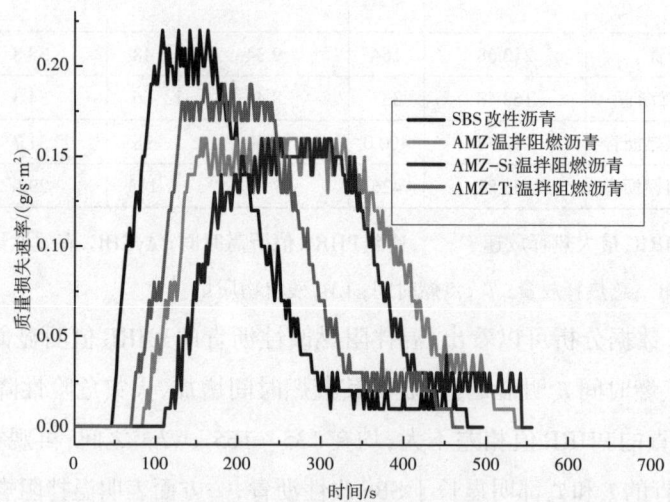

图4-4 温拌阻燃沥青的质量损失速率(MLR)对时间的关系曲线图

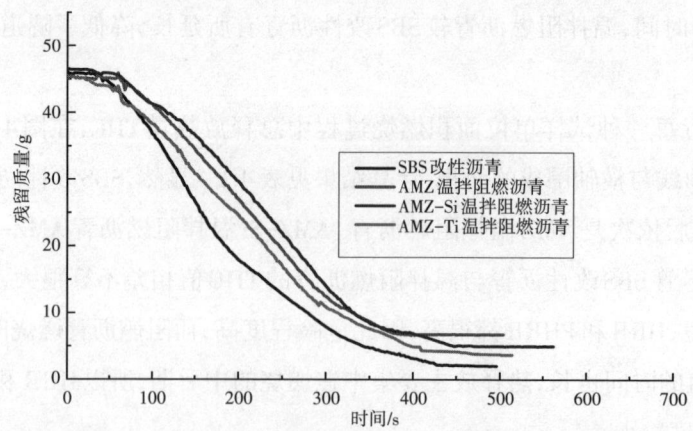

图4-5 温拌阻燃沥青的残留质量LM对时间的关系曲线图

图4-4和图4-5结果表明,SBS改性沥青最先被点燃,且点燃之后其质量下降非常迅速,这是SBS改性沥青在高温下快速燃烧所致。同样可以把MLR曲线分成三段:即MLR急剧上升阶段、相对平稳阶段和急剧下降阶段,也分别称之为燃烧初期、燃烧中期和燃烧后期。比较这4条曲线发现:在燃烧初期,SBS改性沥青一旦被点燃,其质量损失速率MLR上升很快,进入燃烧中期,该燃烧过程的MLR一直维持在一个很高的值,但时间较短,很快就燃烧完毕(MLR=0);AMZ温拌阻燃沥青的情形与之类似,只不过燃烧中期的时间稍长;其余两种温拌阻燃沥青的MLR曲线形状及峰值比较接近。Van Krevelen理论认为,无卤阻燃聚合物的阻燃性能与体系的成炭量有着较好的线性关系。在结合表4.1数据与图4-5可知,当燃烧至熄灭时,SBS改性沥青的残炭量仅为2.03%,AMZ温拌阻燃沥青的残炭量也仅为3.78%,而AMZ-Ti温拌阻燃沥青和AMZ-Si温拌阻燃沥青的残炭量分别达到了4.97%和4.01%。其原因是所形成的炭层覆盖在沥青表面起到隔热隔氧的作用,从而保护温拌阻燃沥青基体,使其不再分解。几种沥青的残炭量与第三章关于几种温拌阻燃沥青氧指数LOI的测试结果相吻合,说明Van Krevelen理论也适用于本研究中无卤阻燃沥青体系。表4.1数据与图4-5暗示了沥青复合阻燃抑烟剂的表面改性有利于温拌阻燃沥青燃烧过程中的成炭,即增强了凝聚相阻燃,只是针对不同的表面处理方式的区别,它们通过成炭作用来增强凝聚相阻燃的贡献亦有所不同而已。

复合材料中HRR值的改变是由于在燃烧过程中体系的MLR差异不同。从图4-4可知,温拌阻燃沥青的MLR值比SBS改性沥青的MLR值低得多,而HRR值的变化在本质上可以通过MLR值的变化来体现。综合以上对HRR、EHC和MLR的分析可以看出,AMZ温拌阻燃沥青残炭量低、HRR与EHC值较高,主要是复合阻燃抑烟剂自身的分解吸热实现阻燃,这是吸热阻燃机理;表面改性使AMZ-Si温拌阻燃沥青和AMZ-Ti温拌阻燃沥青的HRR与EHC有所降低,残炭量也有所增加,即表面改性增强了凝聚相阻燃,阻燃机理逐渐由吸热阻燃机理向凝聚相阻燃过渡,所以AMZ-Si温拌阻燃沥青和AMZ-Ti温拌阻燃沥青的阻燃作用是吸热阻燃和凝聚相阻燃共同作用的结果。

4.1.3 温拌阻燃沥青燃烧过程中的烟雾情况

沥青在燃烧过程中会释放出大量的烟雾,尽管沥青组成成分极其复杂,但是其燃烧排出的烟雾成分仍然大致跟其他高分子材料一样,主要是一氧化碳、水蒸气和二氧化碳等,其中以一氧化碳的危害为最。在隧道火灾事故中,烟雾的危害是十分严重的,不仅使事故中人员恐慌、中毒、窒息,而且会严重妨碍救援工作的开展。在本次的锥形量热仪燃烧试验中主要考察了几种沥青(阻燃沥青)燃烧过程中释放出来的烟雾总量、烟密度及有毒气体一氧化碳的浓度等指标随燃烧时间(燃烧进度)的变化规律。

SBS改性沥青、AMZ温拌阻燃沥青、AMZ-Ti温拌阻燃沥青以及AMZ-Si温拌阻燃沥青的试样燃烧烟雾总量、烟密度及一氧化碳对时间的关系曲线分别见图4-6,图4-7和图4-8。

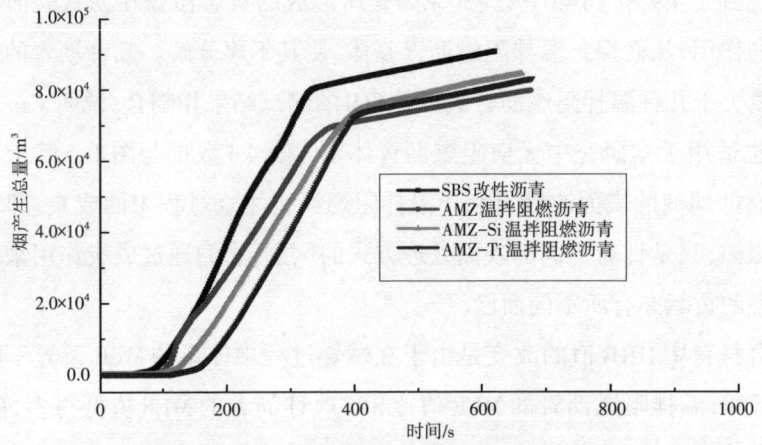

图4-6　阻燃沥青的燃烧烟总量对时间的关系曲线图

从图4-6温拌阻燃沥青的燃烧烟总量对时间的关系曲线图可以看出,在整个燃烧过程中,几种沥青产生的烟雾量都随着燃烧时间的推移而增大,最后趋于平稳,但SBS改性沥青燃烧产生的烟雾总量明显大于三种温拌阻燃沥青。这是因为SBS改性沥青点燃较容易、燃烧较快并且燃烧相对完全,而阻燃沥青点燃较难且燃烧较慢,燃烧不够充分,故SBS改性沥青的烟雾量较大;三种温拌阻燃沥青的释烟量也存在相当差异,AMZ温拌阻燃沥青排烟量最小,随后依次是AMZ-

Si 温拌阻燃沥青和 AMZ 温拌阻燃沥青。说明表面改性改变了复合阻燃抑烟剂的阻燃活性及其在沥青介质中的分散形态,从而有利于温拌阻燃沥青排烟量的减少。

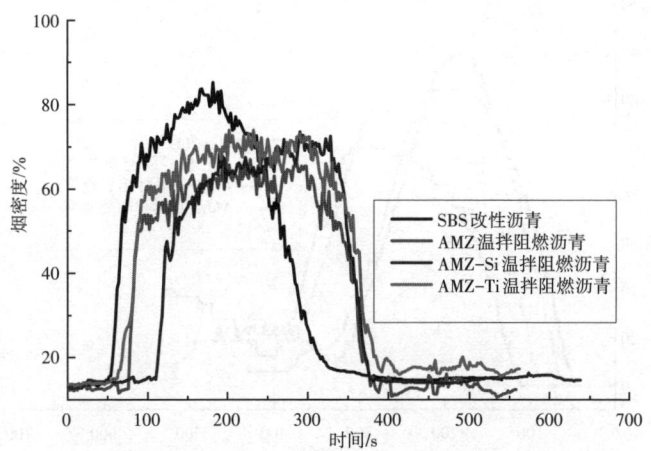

图4-7　温拌阻燃沥青的燃烧烟密度对时间的关系曲线图

　　图4-7是温拌阻燃沥青的燃烧烟密度对时间的关系曲线图。沥青燃烧的释烟量是一个烟累积的量,而烟密度则是单位面积的烟雾量。它是一个严格的某一时刻的释烟量,能够较客观地反应烟雾浓度和材料燃烧的危害性。从图4-7可以看出,每一种沥青在锥形量热仪中的燃烧烟密度,都基本上是从试件点燃开始排烟,随着燃烧进程的推进,烟密度上升,又随着试件燃烧逐渐结束而下降。可以把每一条曲线分成三部分:烟密度急剧上升阶段、相对平稳阶段和急剧下降阶段,并分别称之为燃烧初期、燃烧中期和燃烧后期。比较烟密度曲线发现,由于各种沥青的点燃时间不同,因此温拌阻燃沥青的烟密度曲线相对于SBS改性沥青向右平移了一定距离。很显然,几种沥青的燃烧初期除了点燃时间有所差别以外,其他差别并不明显。但其燃烧中期的差异较大,温拌阻燃沥青的烟密度曲线形状相近,都呈现出一种倒"U"字形曲线,出现一个平台,表明燃烧中期比较平稳,烟密度变化缓慢且持续的时间较长;而SBS改性沥青到了燃烧中期,其烟密度呈现出一条倒"V"字形曲线,烟密度增长迅速且持续时间较短,表明SBS改性沥青有"轰然"现象,火势迅猛且烟密度较大,这对于隧道火灾具有相当大的危

险性。相比较而言AMZ-Ti温拌阻燃沥青的烟密度值较低,随后依次是AMZ-Si温拌阻燃沥青和AMZ温拌阻燃沥青。燃烧后期,它们除了熄灭时间有所差异外(主要是由点燃时间及燃烧中期时间的差异引起的),并无明显区别。

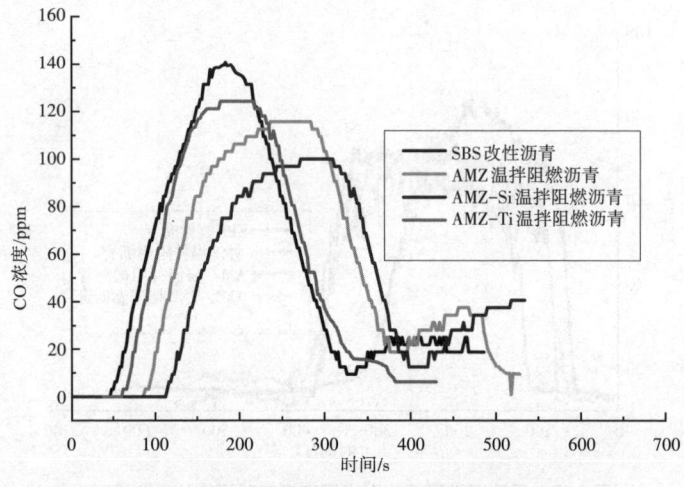

图4-8 阻燃沥青的燃烧产物一氧化碳对时间的关系曲线图

图4-8是温拌阻燃沥青的燃烧产物一氧化碳对时间的关系曲线图。作为沥青燃烧烟雾的一部分,一氧化碳的含量尽管很小,但如果其浓度已经达到空气中一氧化碳含量的千万倍,会对人体造成极大威胁。因此本试验借助锥形量热仪研究了一氧化碳的浓度与沥青燃烧进程的关系。作为烟的一部分,一氧化碳的浓度与烟密度有较大关系。由于SBS改性沥青燃烧的烟密度峰值明显大于阻燃沥青,因此SBS改性沥青的一氧化碳浓度随时间的变化曲线也出现了峰值,且峰形比较尖锐,一氧化碳的释放与SBS改性沥青的燃烧进程基本是同步的,即快速燃烧快速释放,故峰形尖锐。同理,温拌阻燃沥青燃烧中释放的一氧化碳亦与其燃烧过程同步,如前所述,温拌阻燃沥青的燃烧缓慢而平稳,因此其一氧化碳的释放(浓度)曲线也显示出平而宽的趋势,且浓度都明显低于SBS改性沥青,表明沥青阻燃对于保护隧道火灾事故中的生命财产有着积极意义。比较几种温拌阻燃沥青燃烧过程中一氧化碳浓度曲线发现,AMZ温拌阻燃沥青的一氧化碳浓度峰值最高(124.29ppm),随后依次是AMZ-Si温拌阻燃沥青和AMZ-Ti温拌阻燃沥青。

4.2 热重分析与锥形量热分析的关联性分析

相对而言,热重分析TGA是对小尺寸的样条进行高分子材料的炭化试验,而锥形量热分析CCT是对较大尺寸的样条进行燃烧试验,二者的区别主要是试验设备、试验条件、样条规格及侧重点不同,但其实质都是研究沥青(阻燃沥青)的高温分解过程。由于第三章已对各种沥青进行了较系统的TGA测试与分析,在此直接引用第三章热重分析的数据和本章锥形量热的测试结果进行综合分析。通过分析对比分解温度(T_d)与点燃时间(T_{ig})、高温炭层(Char)与平均热释放速率(Av-HRR)、高温炭层(Char)与残留物质量LM以及热降解活化能与燃烧性能之间的关系,寻找它们之间的内在联系,以便更清晰地了解温拌阻燃沥青的阻燃机理。本节重点分析了分解温度(T_d)与点燃时间(T_{ig})的相关性。

各种温拌阻燃沥青样品TGA测试中不同分解率时的分解温度与锥形量热测试中样品的点燃时间(T_{ig})的关系见表4.2和图4-9。

表4.2　不同样条的点燃时间和分解温度

样品名称	T_{ig}/s	不同分解率下的分解温度(T_d)/℃			
		5.0%	8.0%	15.0%	20.0%
SBS改性沥青	48	355.9	368.4	385.7	388.2
AMZ温拌阻燃沥青	66	381.7	395.8	425.7	428.4
AMZ-Si温拌阻燃沥青	98	395.9	408.9	430.5	438.7
AMZ-Ti温拌阻燃沥青	113	405.8	409.4	429.8	437.5

从表4.2和图4-9中可以直观地看到,在分解率较低时,各种沥青样品的分解温度与样品的点燃时间有着较好的相关性,也就是较长的点燃时间对应较高的起始分解温度。但在较高的分解率的情况下,这种相关性几乎不存在,说明沥青的引燃与沥青的起始阶段的分解有着密切的联系,而与沥青燃烧过程中后期的分解过程关系不大。沥青被引燃的原因在于在一定热辐照的情况下,低分子量的短链高分子材料率先从沥青中挥发出来并发生分解,产生易燃性气态物。因此,沥青在低分解率下的热分解和被引燃存在着一定相关性。

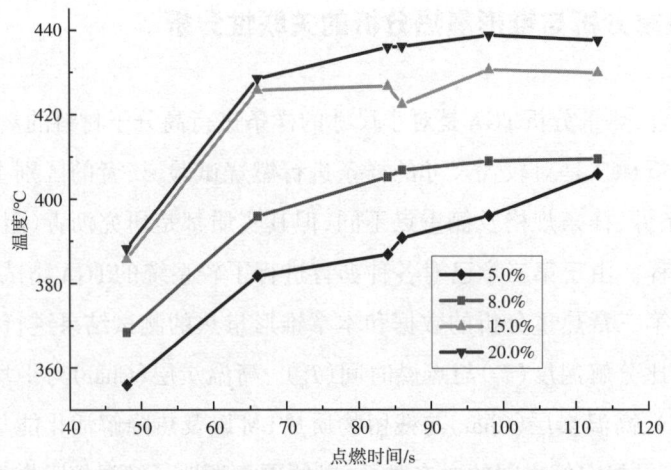

图4-9　不同分解率下的分解温度与点燃时间的关系

4.3 几种沥青的宏观燃烧行为

前面章节提及的温拌阻燃沥青的热失重分析及锥形量热仪分析,均是采用非常精密的仪器对阻燃沥青进行的微观分析。再由前面的研究结果可知,AMZ-Ti温拌阻燃沥青的阻燃效果优于其他几种温拌阻燃沥青,因此本节只讨论阻燃沥青的燃烧情况,并以SBS改性沥青(4.0% SBS792改性SK沥青,下同)做对比。即采用AMZ-Ti温拌阻燃沥青和SBS改性沥青直接燃烧的直观对比试验方法,对温拌阻燃沥青和SBS改性沥青的燃烧行为进行研究,进而探究其阻燃机理。

试验方法简述:分别称取大致相同质量(45g±2g)的SBS改性沥青和AMZ-Ti温拌阻燃沥青置于相同规格的燃烧皿中,记录燃烧皿和沥青的质量;将燃烧皿置于电炉上加热至着火点燃,记录点燃时间;移走电炉,让沥青在实验室室内自然燃烧,直至熄灭,记录本次燃烧所用时间及剩余产物的总质量,计算出燃烧掉的沥青质量及其占燃烧前的质量百分比,并用数码相机拍摄照片;继续用电炉点燃,重复燃烧和记录,直到不能再点燃为止,认为此时沥青已经燃烧完全。

4.3.1 燃烧行为的量化分析

将两种沥青的每次点燃时间、燃烧时间及残留物质量,试验结果分别列于表

4.3至表4.5,并绘制它们与每次燃烧过程的关系图,见图4-10至图4-14。

表4.3　两种种沥青的燃烧质量变化情况

沥青类别	质量								
	m_0/g	m_1/g	w_1/%	m_2/g	w_2/%	m_3/g	w_3/%	m_4/g	w_4/%
SBS改性沥青	46.2	14.4	68.8	4.7	21.0	—	—	—	—
AMZ-Ti温拌阻燃沥青	43.8	27.5	37.2	15.5	27.4	12.7	6.4	10.3	5.5

附注:①m_0,燃烧前沥青样品质量;②m_n,第n次燃烧后残留沥青质量,n=1、2、3…;
③w_n,第n次燃烧掉的沥青质量百分比。

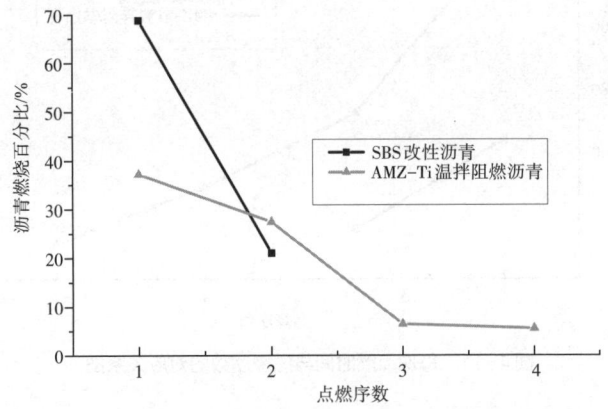

图4-10　每次燃烧沥青的质量百分比与燃烧序数的对应关系图

由图4-10和表4.3的实验结果可以看出,SBS改性沥青的燃烧过程简单,仅仅经过两次点燃就基本燃烧完全,第一次燃烧掉了近70%,第二次仅燃烧掉了20%左右,说明SBS改性沥青的燃烧行为主要集中在第一次点燃的燃烧过程中;而AMZ-Ti阻燃沥青的燃烧过程相对复杂,经过了四次点燃才燃烧完全,虽然其燃烧行为也主要集中在前两次,但它第一次燃烧掉的沥青质量百分比均不到50%,远远低于SBS改性沥青。表明AMZ-Ti温拌阻燃沥青较SBS改性沥青具有更强的自熄性,因此其危害程度也应大大降低。对于实际应用而言,第一次燃烧掉的沥青质量百分比是至关重要的,因为在火灾发生之后,一旦熄灭,没有人为点燃的可能。这对隧道沥青路面的安全性具有重要的实际意义。

表4.4　几种沥青的点燃时间

点燃时间	沥青类别				
	T_{i1}/s	T_{i2}/s	T_{i3}/s	T_{i4}/s	T_{it}/s
SBS改性沥青	64.3	35.6	—	—	99.9
AMZ-Ti温拌阻燃沥青	128.1	72.5	49.3	30.8	280.7

附注:①T_{in},第n次点燃时间,n=1、2、3…;②T_{it},总的点燃时间。

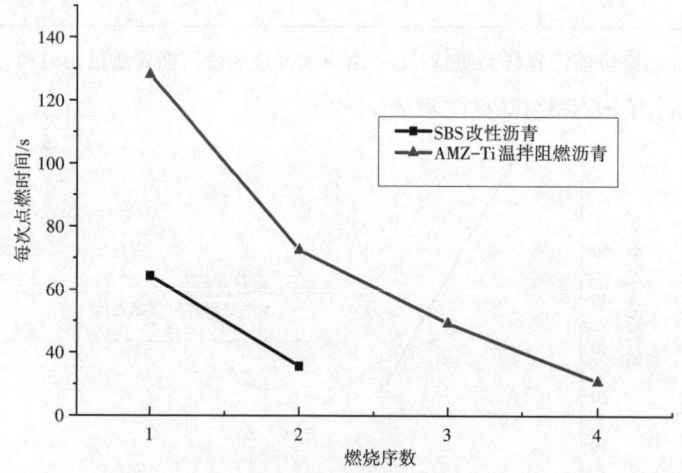

图4-11　每次点燃时间与燃烧序数的对应关系图

　　点燃时间在一定程度上反映了材料(沥青)燃烧或点燃的难易程度,集中表征材料在燃烧初期的很短时间内的燃烧行为,从而一定程度上反映了沥青用于隧道铺装的安全性结果如图4.11和表4.4。从几种沥青的点燃时间的记录结果可以看出,SBS改性沥青的第一次点燃时间较短,仅为64s左右;而AMZ-Ti温拌阻燃沥青的点燃时间较长,达到了SBS改性沥青的两倍多,表明经阻燃改性之后得到的温拌阻燃沥青不易被点燃,增强了其用于隧道铺装的安全性。分析其原因,可能是因为分散在阻燃沥青中的复合阻燃抑烟剂主要属无机氧化物或氢氧化物,在点燃过程中少量分解,释放出了水蒸气,降低了凝聚相的温度,故不易被点燃。

　　燃烧时间在一定程度上反映了材料(沥青)燃烧或者点燃的难易程度,集中表征材料从点燃以后的整个燃烧过程,从而也从另一方面反映了沥青用于隧道铺装的安全性。

表4.5　两种沥青的燃烧时间

燃烧时间	沥青类别				
	T_{b1}/s	T_{b2}/s	T_{b3}/s	T_{b4}/s	T_{bt}/s
SBS改性沥青	246.2	76.3	—	—	322.5
AMZ-Ti温拌阻燃沥青	478.6	203.3	91.4	37.1	810.4

附注：①T_{bn}，第n次燃烧时间，n=1、2、3⋯；②T_{bt}，总的燃烧时间

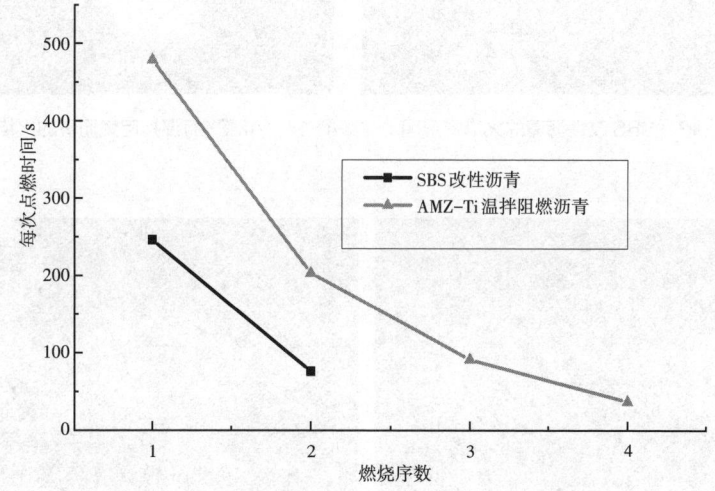

图4-12　每次燃烧时间与燃烧序数的对应关系图

如图4-12和表4-15，从两种沥青的燃烧时间的记录结果可以看出，SBS改性沥青的第一次燃烧时间较短，仅为250s左右；而AMZ-Ti温拌阻燃沥青的燃烧时间较长，约SBS改性沥青的两倍，表明经阻燃改性之后得到的阻燃沥青燃烧较缓慢，增强了其用于隧道铺装的安全性。

4.3.2燃烧行为的直观分析

（1）SBS改性沥青与AMZ-Ti温拌阻燃沥青直接燃烧对比分析

除了可对两种沥青的每次点燃时间、燃烧时间及残留物质量（每次燃烧质量的百分比）进行计算分析外，还可对燃烧行为的火焰状况及残留物状况做直观分析。考虑到实际火灾相似于本次实验的第一次燃烧，因此火焰状况的图片仅选取了两种沥青第一次燃烧的火焰图片，两种沥青在燃烧过程中的火焰状况及燃

烧最终残留物形貌如图4-13至4-15所示。

图4-13　SBS改性沥青的火焰情况图　　　　4-14　AMZ-Ti温拌阻燃沥青的火焰情况

图4-15　SBS改性沥青(左图)及AMZ-Ti温拌阻燃沥青(右图)燃烧完全后形貌

　　图4-13与图4-15为两种沥青燃烧过程中的火焰情况。从两种沥青第一次点燃的火焰状况看,SBS燃烧的火焰十分猛烈,而AMZ-Ti阻燃沥青燃烧的火势明显减弱,说明复合阻燃抑烟剂使沥青燃烧的火势明显减小,从而可延缓隧道事故中沥青燃烧的火势,起到阻燃作用,增大了隧道运营的安全性。

　　聚合物的燃烧性能将受其燃烧过程中所形成的残留物(炭层)结构的影响。燃烧或降解过程中的残留物的形态将在很大程度上影响甚至决定高聚物的燃烧性能,如残留物形成的炭层以及炭层的均匀性、连续性、致密程度以及硬度等。良好的炭层一方面可以隔绝外界氧气进入燃烧中心,另一方面可以阻止聚合物分解产生的可燃性气体的逸出,从而起到良好的阻燃效果;否则,阻燃效果就差。另外,SBS改性沥青经过两次点燃之后燃烧相当充分,基本发生了完全的炭化,其残留物形貌呈灰白色,那是灰烬的颜色,说明SBS改性沥青在燃烧过程中基本不具备成炭作用,因而阻燃性能较差,这与它燃烧过程中猛烈的燃烧火焰相呼应;而AMZ-Ti温拌阻燃沥青经过四次点燃之后燃烧仍然不够充分,残留物的形态与SBS改性沥青的燃烧残留物存在相当大的差异,呈现明显的黑色炭层结构,而且结构连续、致密而完整。这是阻燃沥青经过四次点燃才基本完成燃烧的原因,每次形成的炭层能够有限隔阻氧和热,使得阻燃沥青的燃烧很快得以终止,显示出良好的阻燃性能。

不难看出,由于AMZ-Ti温拌阻燃沥青在燃烧过程中显著的成炭作用,炭层有效隔阻了氧气进入燃烧物内部并且阻止了分解产生的可燃性小分子逸出,从而起到良好的阻燃作用,这是凝聚相阻燃机理的特征。

(2)SBS改性沥青与AMZ-Ti温拌阻燃沥青混合料直接燃烧对比分析

针对评价沥青混合料的燃烧性能方法,现阶段还没有具体的操作规范和试验指标,大多数科研学者通过自主选择较为科学严谨的评价方法来对沥青混合料的阻燃效果进行测试分析。通过查阅文献,本书采用车辙板试件燃烧试验来模拟实际路面燃烧情况,根据试验中试件的燃烧时间、火焰大小及燃烧后的动稳定度来评价三种沥青混合料的阻燃效果。试验步骤如下所述:

①取同种级配的三种沥青混合料分别成型的车辙板试件;

②取50ml 92#汽油均匀的浇撒在车辙板试件表面,然后点燃试件,在试件开始燃烧和燃烧40s时分别拍摄火焰燃烧情况,在火焰熄灭后记录其熄灭时间;

③将熄灭的车辙板冷却至室温后,按照相关试验操作规程进行动稳定度试验;

④从燃烧时间、火焰大小以及动稳定度变化分析沥青混合料的阻燃效果。

A.燃烧火焰及燃烧时间

对三种沥青混合料车辙板试件进行燃烧试验,如图4-16所示(图中A为温拌SBS改性沥青车辙板试件,B为SBS改性沥青车辙板试件,C为AMZ-Ti温拌阻燃沥青车辙板试件),测试结果如表4.6所示。

图4-16　沥青混合料车辙板试件燃烧试验

表4.6　车辙板试件燃烧时间结果

AC-13I混合料类型	车辙板燃烧时间/s		
	平行试题1	平行试题2	平均
SBS改性沥青	55.0	53.4	54.2
温拌SBS改性沥青	52.2	49.0	50.6
AMZ-Ti温拌阻燃沥青	38.4	37.6	37.6

如图4-16所示,左图为三块车辙板试件刚点燃3s时的燃烧状况,此时SBS和温拌SBS改性沥青车辙板试件燃烧猛烈,火焰高涨,而AMZ-Ti温拌阻燃沥青车辙板试件只有中部部分燃烧,且火焰较小;右图为燃烧持续约40s时三块车辙板试件的燃烧状况,此时AMZ-Ti温拌阻燃沥青车辙板试件火焰已经熄灭,SBS和温拌SBS车辙板试件仍在燃烧;从肉眼看来,对于整个燃烧过程温拌SBS改性沥青车辙板燃烧过程中的火焰大小、释放烟雾略小于SBS改性沥青车辙板,而AMZ-Ti温拌阻燃沥青车辙板燃烧过程中火焰明显小于其他两种车辙板试件,烟雾量的释放量亦是如此。

由表4.6数据所示,三种沥青混合料所成型的车辙板燃烧时间顺序为SBS改性沥青＞温拌SBS改性沥青＞AMZ-Ti温拌阻燃沥青,其中SBS改性沥青车辙板的平均燃烧时间比温拌SBS改性沥青车辙板多了3.6s,说明温拌剂的加入在一定程度上增加了车辙板试件的阻燃性能,而AMZ-Ti温拌阻燃沥青车辙板平均燃烧时间分别比两者时间少了16.6s和13s,这说明AMZ-Ti阻燃剂的掺加能够延缓和阻止沥青参与燃烧,大大提高了沥青混合料的阻燃性能。

B.动稳定度变化

沥青混合料稳定度的大小取决于沥青胶结料的性质和集料结构,燃烧试验中,车辙板试件的结构并没有被破坏,将燃烧熄灭后的车辙板试件放入60℃烘箱内保温不少于5h,然后取出进行动稳定度测试。具体试验结果如表4.7所示。

表4.7　车辙板试件燃烧时间结果

AC-13I混合料类型	动稳定度变化		
	未燃烧动稳定度/(次/mm)	燃烧动稳定度/(次/mm)	残留稳定度/%
SBS改性沥青	4632.4	3719.0	80.3
温拌SBS改性沥青	4436.8	3589.0	80.8
AMZ-Ti温拌阻燃沥青	5887.8	5046.6	85.7

由表4.7可以看出,三种沥青车辙板试件燃烧后其动稳定度均有下降,这是因为燃烧过程中试件由于高温燃烧其沥青内部组分分解,致使车辙板试件结构间的粘结力减小。AMZ-Ti温拌阻燃沥青车辙板试件燃烧后其残留稳定度可达到85.7%,而未添加阻燃剂的SBS改性沥青、温拌SBS改性沥青混合料燃烧后的残留度分别为80.3%和80.8%。由此可见,阻燃剂的添加能够有效阻止沥青参与燃烧,减小沥青的分解消耗,使AMZ-Ti阻燃改性沥青仍具备较高的残留稳定度。

综上所述,通过模拟沥青混合料燃烧试件可以得出,AMZ-Ti阻燃改性可以大幅度的缩减混合料的燃烧时间,减小沥青燃烧过程中的损耗,改善混合料燃烧后的稳定度,使沥青混合料具备较强的阻燃性能。

4.4 本章小结

(1)与SBS改性沥青相比,几种温拌阻燃沥青的热释放速率(HRR)、质量损失速率(MLR)以及有效燃烧热(EHC)等指标均明显下降,烟雾密度及烟雾累积量也显著降低,而且点燃时间明显延长,燃烧残留物质量明显增加,表明复合阻燃抑烟剂与阻燃增效剂的加入,明显提高了沥青的阻燃性能;

（2）相对于 AMZ 阻燃沥青，AMZ-Ti 温拌阻燃沥青的凝聚相阻燃得到了增强，具有典型的凝聚相阻燃机理的特征；

（3）TGA 与 CCT 的测试结果具有良好的相关性：在低分解率时，TGA 中的分解温度与相应的 CCT 中的点燃时间有着较好的相关一致性，即燃烧初期热分解和被引燃存在一定的相关性；TGA 中的高温炭层与 CCT 中的残炭量及热释放速率同样有着良好的一致性，即高温炭层多，残炭量就大，热释放速率相应降低；

（4）AMZ 阻燃沥青和 AMZ-Ti 温拌阻燃沥青的燃烧过程中，均有复合阻燃抑烟剂分解吸热、成炭等现象，表明其阻燃机理并不单一，AMZ-Ti 温拌阻燃沥青是以凝聚相阻燃机理为主，兼具协效阻燃和吸热阻燃机理；AMZ 温拌阻燃沥青则是吸热阻燃机理和凝聚相阻燃机理共同作用的结果，只是在不同的阻燃体系中，各种阻燃机理所占的比重不同。

第五章

温拌阻燃沥青混合料路用性能

沥青混合料能够准确地反应出沥青在实际工程使用中各方面的具体情况。从长大隧道沥青路面所呈现的病害研究可知,长大隧道沥青路面出现的破坏主要包括裂缝、变形和水损害破坏等等。首先变形破坏主要与沥青的高温稳定性有关,而隧道路面除了沥青长期老化后所产生的开裂外,其混合料低温稳定性的较弱也是隧道路面裂缝出现的原因之一[78];其次,特殊的地理环境,潮湿的地基环境以及丰富地下水的逐渐向上渗透,使隧道路面过早经受水损害的侵扰。因此对沥青混合料水稳定的研究也显得十分重要;此外,隧道路面也应具有优良的阻燃性能,良好的阻燃性能能够有效地降低隧道火灾的发生率,有助于保护人们的生命和财产安全。因此,开展隧道路段沥青混合料燃烧性能及各项路用性能的研究具有非常重要的现实意义。

本书选取AC-13I型级配进行沥青混合料设计,系统研究其路用性能。

5.1 沥青混合料配合比设计

5.1.1 原材料性质

本书选用强度高和耐久性好的玄武岩做为集料,混合料中所使用的集料尽量要求接近立体状,在试验使用前需检查是否满足无碎屑、干燥等要求。粗集料试验方法参照《公路工程集料试验规程》,其试验技术指标如表5.1所示。

表5.1　粗集料技术指标及测试结果

项目	规范要求	测试结果	试验方法
压碎值/%≤	26	14.2	T0316
表观相对密度/(t/m³)≥	2.6	2.791	T0304

续表

项目	规范要求	测试结果	试验方法
洛杉矶磨耗损失/%≤	28	17.3	T0317
针片状颗粒含量/%≤	15	9.3	T0312
粒径小于 9.5mm/%≤	18	11.2	T0312
粒径大于 9.5mm/%≤	12	8.2	T0312
吸水率/%≤	2	0.69	T0304
与沥青粘附性 ≥	4 级	5 级	T0616

细集料与粗集料的选取方法雷同,本章节选取玄武岩作为沥青混合料的细集料,在试验使用前需检查是否满足干净无杂物,干燥等要求。细集料试验技术指标如表5.2所示。

表5.2　细集料技术指标及测试结果

项目	规范要求	测试结果	试验方法
表观相对密度/(t/m³)≥	2.5	2.795	T0328
棱角性/s≥	30	46	T0345
砂当量/%≥	60	82	T0334
含泥量(<0.075mm 的含量)/%≤	15	8	T0333

本书选用石灰岩矿粉作为沥青混合料的填料,其选取要求与上述集料的选择相同,要求其满足干燥、干净无杂质等要求。矿粉相关技术指标如表5.3所示。

表5.3　矿粉质量技术规范要求及测试结果

项目	规范要求	测试结果	试验方法
表观相对密度(t/m³)≥	2.5	2.754	T0352
棱角性/s≥	30	93	T0351
含水量/%≤	1	0.33	T0103
外观	无团粒结块	无团粒结块	–

胶结料选用本研究研发的复合阻燃抑烟剂(掺量为沥青的8.0%)、温拌剂以及SBS复合改性的温拌阻燃沥青,其技术性能见表5.4。

表5.4　阻燃改性沥青检测试验数据

试验项目	温拌剂掺量/‰	针入度/0.1mm	5℃延度/cm	软化点/℃	135℃动力黏度/(Pa·s)	氧指数	烟密度/%
技术要求	——	30~60	≥20	≥60	≤3	≥23	≤70
SBS改性沥青	0	54.6	33.6	75.6	2.6	19.9	76.1
温拌SBS改性沥青	5.0	62.4	29.3	58.8	—	20.2	748
AMZ-Ti温拌阻燃沥青	5.0	61.7	21.7	59.1	—	28.4	62.7

5.1.2 级配设计

长大隧道路面受水影响较大,对沥青混合料的水稳定性能要求较高,经过查阅文献得知,AC-13I级配在隧道中较为潮湿的地基环境下,其性能表现较为良好[79],因此,选用AC-13I合成级配进行混合料组成设计。级配组成设计和曲线图如表5.5及图5-1所示。

表5.5　AC-13I型沥青混合料级配组成设计

	通过下列筛孔(mm)的质量百分率/%									
	0.075	0.15	0.3	0.6	1.18	2.36	4.75	9.5	13.2	16
级配上限	8	15	20	28	38	50	68	85	100	100
级配下限	4	5	7	10	15	24	38	68	90	100
级配中值	6	10	13.5	19	26.5	37	53	76.5	95	100
合成级配	5.5	9.5	13.2	19.5	27	36.5	54	76.8	95.6	100

5.1.3 最佳油石比的确定

首先拟确定三种沥青的油石比,经过查阅文献,采用4%、4.5%、5%、5.5%、6%五种不同的油石比进行标准马歇尔试件的制作,其试件如图5-2所示(直径101.6mm,高63.5mm)。采用水中重法和最大理论相对密度仪对标准马歇尔试件的毛体积密度和最大理论密度进行测定,进而通过一系列公式计算,得出混合料的孔隙率、沥青体积百分率、矿料间隙率和沥青饱和度等指标。最后通过马歇尔稳定度试验得出试件的流值和稳定度,其上述试验如图5-3和图5-4所示,其马歇尔试验数据如表5.6所示。

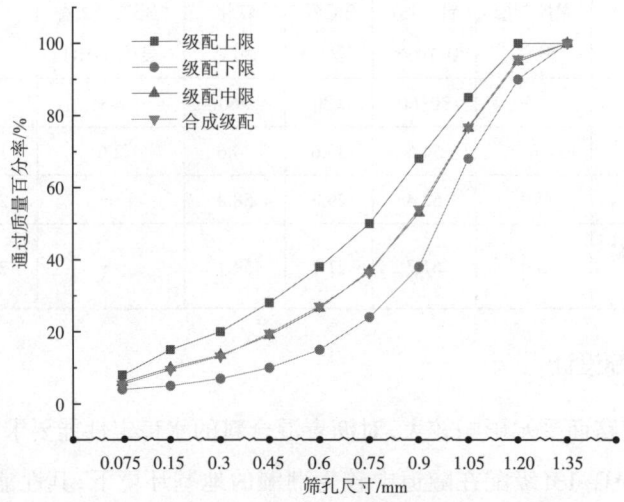

图5-1　AC-13 I 型级配曲线

图5-2　标准马歇尔试件

图5-3　沥青混合料最大相对密度仪

图5-4 马歇尔稳定度试验

表5.6 改性沥青马歇尔试验结果数据

沥青种类	油石比/%	稳定度/kN	流值/0.1mm	孔隙率/%	饱和度/%	毛体积相对密度	最大理论相对密度
SBS改性沥青	4.0	8.80	27.3	6.25	57.7	2.391	2.562
	4.5	9.71	29.7	5.12	65.4	2.398	2.543
	5.0	10.73	31.4	4.37	72.4	2.406	2.520
	5.5	9.92	33.5	3.6	80.4	2.414	2.502
	6.0	9.32	35.1	2.81	83.7	2.424	2.489
温拌SBS改性沥青	4.0	8.85	29.5	5.98	54.8	2.364	2.511
	4.5	9.63	31.5	5.2	64.4	2.371	2.498
	5.0	10.54	32.6	4.42	73.1	2.382	2.484
	5.5	9.86	34.7	3.62	80.1	2.391	2.472
	6.0	9.12	36.3	2.83	82.8	2.405	2.458
AMZ-Ti温拌阻燃沥青	4.0	10.13	26.4	7.03	52.9	2.384	2.561
	4.5	10.52	31.5	4.76	58.3	2.398	2.519
	5.0	11.20	36.8	3.58	70.4	2.422	2.505
	5.5	10.61	41.8	2.81	85	2.418	2.488
	6.0	9.87	44.7	2.71	90.2	2.408	2.475

　　本书以 AMZ-Ti 温拌阻燃沥青为例进行最佳油石比确定,首先做出沥青用量与上述物理力学指标的关系图,如图 5-6 所示。然后根据所得关系图确定沥青用量初始值和最佳用量初始值,根据上述各项指标沥青的用量范围确定最佳用量初始值,最后利用沥青用量初始值和最佳用量初始值的平均值得到最佳沥青用量值 OCA。

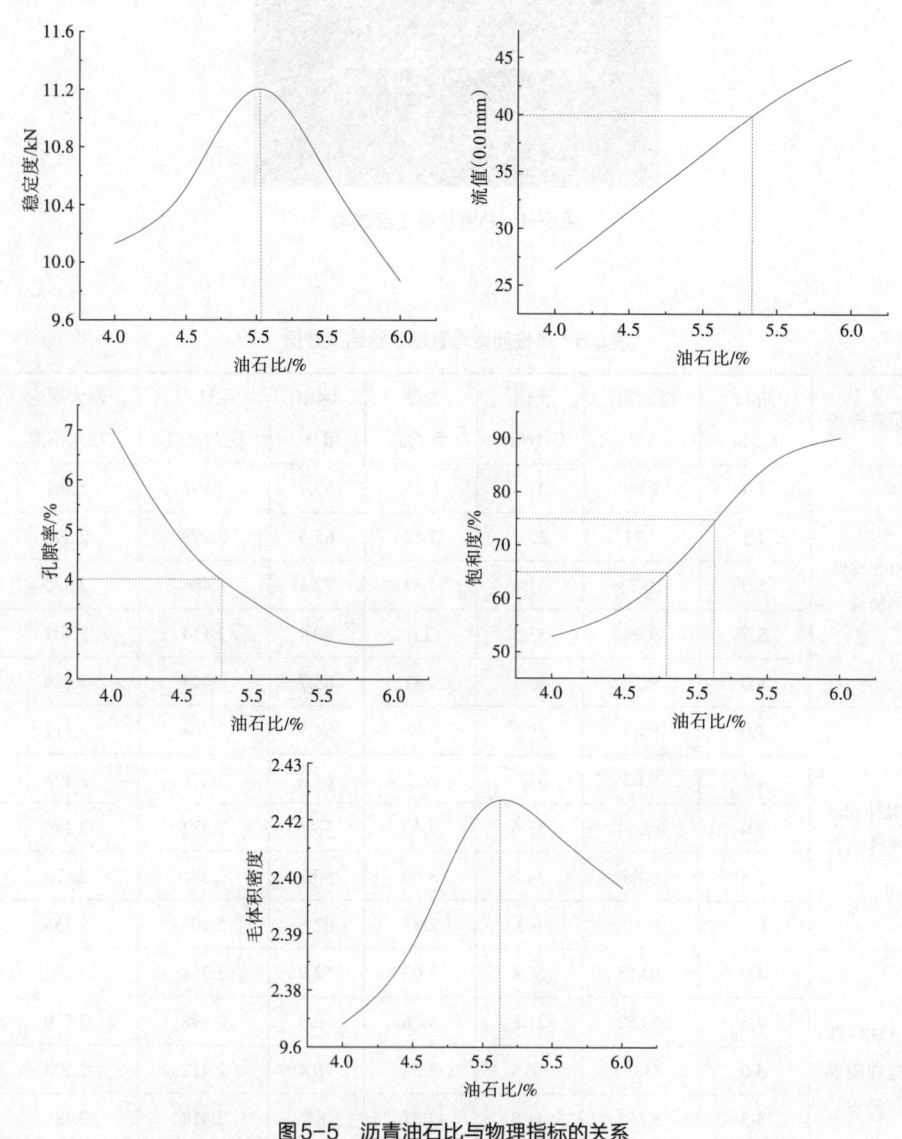

图 5-5　沥青油石比与物理指标的关系

从图5-5可以看出,对于AMZ-Ti温拌阻燃沥青所制备的马歇尔试件,最大毛体积密度、最大稳定度以及孔隙率范围中值所对应的沥青用量分别为a_1=5.224%,a_2=5.036%和a_3=4.821%,则沥青用量初始值=(a_1+a_2+a_3)/3=5.027%。

根据图5-5中各物理指标在规定范围内沥青用量的共同范围,可求得沥青混合料最小油石比和最大油石比分别为OAC_{min}=4.82%、OAC_{max}=5.31%,则最佳用量初始值(OAC_{max}+OAC_{min})/2=5.07%,因为沥青用量初始值5.027%在OAC_{min}和OAC_{max}之间,所以最佳沥青用量OAC=(沥青用量初始值+最佳用量初始值)/2=5.05%,考虑到隧道路面水稳定性不好,适当增加油石比有利于沥青混合料抗水损害性能[80],故确定AMZ-Ti温拌阻燃沥青混合料最佳油石比为5.1%。同上述算法,确定出SBS改性沥青混合料和温拌SBS改性沥青混合料的最佳油石比均为4.9%。

5.2温拌阻燃沥青路用性能

5.2.1高温稳定性试验

在高温环境下,沥青路面的抗变形能力由其沥青混合料的高温稳定性决定,沥青路面在长期经受汽车荷载的作用下,会容易出现车辙和推移等病害。这些病害一旦出现,其可修复性很差,将会浪费大量的人力财力,而这类病害的出现正是由沥青混合料抵抗高温变形能力所决定的。长大隧道虽然属于半封闭空间,夏季隧道内部气温低于外部,但隧道进出口附近气温近似于外部,仍会出现较强高温。近年来,随着西部基础建设的崛起,道路重载车辆愈来愈多,如若沥青混合料的高温稳定性不能达到实际使用要求,路面早期车辙、拥包等病害将会严重影响路面的使用情况。因此,针对长大隧道路面的使用情况,必须保证隧道路面中沥青混合料的高温稳定性能。

按照《公路工程沥青及沥青混合料试验规程》中规定进行车辙试验来验证三种沥青混合料的高温稳定性能,按规范要求成型300mm×300mm×50mm的标准试件,在60℃±1℃的恒温室中保温5h,试验温度为60℃,接触压强为0.7MPa。图5-7为车辙试验仪和车辙板试样,试验结果如表5.8所示。

图5-7　车辙试验仪及车辙板试样

表5.7　三种沥青混合料高温车辙试验结果

AC-13I 胶结料	油石比/%	d_{45min}	d_{60min}	动稳定度/(次/mm)	试验温度/℃	轮胎压力/MPa	规范要求
SBS改性沥青	4.9	1.648	1.784	4632.4			
温拌SBS改性沥青	4.9	1.749	1.891	4436..8	60	0.7	3000
AMZ-Ti温拌阻燃沥青	5.1	1.435	1.542	5887.8			

　　由表5.7数据可知,AMZ-Ti温拌阻燃沥青混合料在45min和60min时的变形量均小于其他两种沥青混合料,同时AMZ-Ti温拌阻燃沥青混合料最终的动稳定度最大,且远大于规范要求,这表明AMZ-Ti改性沥青混合料的高温稳定性最优。对比两种SBS改性沥青混合料,温拌SBS改性沥青混合料不同时间的变形量以及动稳定度与SBS改性沥青相近,这说明温拌剂的掺入会使混合料的动稳定度稍微降低,其高温稳定性有一定程度的下降。本次试验控制其他变量相同且保持不变,对比三者沥青混合料的动稳定度可知,AMZ-Ti改性沥青混合料具备最优良的高温稳定性能。

5.2.2 低温性试验

　　虽然隧道内部温度变化不大,但隧道进出口处路面仍会经历低温严寒天气,当路面温度较低时,沥青面层将会出现应力收缩现象,当收缩应力大于沥青自身最大容许力时,会出现低温裂缝,这种微裂缝在车辆荷载的作用下逐渐扩大,最终引起沥青路面的损坏。长大隧道路面所使用的沥青混合料必须满足其低温要求,防止低温开裂,否则会大大缩短路面的使用寿命,增加修补费用,不利于交通的正常通行。

将标准车辙板按规范切成立方体小梁用于低温小梁弯曲试验,试验前将切好的小梁试件放在-10℃冰箱中保温3h后取出,以50mm/min加载速率进行试验。记录试验得到的最大加载荷载及跨中挠度,利用公式计算小梁破坏时的抗弯拉强度与最大弯拉应变,再利用两者比值得到弯曲劲度模量。计算公式如式(5.1)所示:

$$\sigma = \frac{3 \times L \times F}{2 \times b \times h^2} \quad \varepsilon = \frac{6 \times h \times d}{L^2} \quad S_{(t)} = \frac{\sigma}{\varepsilon} \tag{5.1}$$

最终以最大弯拉应变作为三种沥青混合料低温抗裂性能的控制指标进行对比分析。试验如图5-8所示,根据上述计算公式得到的试验数据如表5.9所示。

图5-8 低温小梁弯曲试验

由表数据可知,AMZ-Ti温拌阻燃沥青混合料的最大抗拉强度与最大弯拉应变均小于其他两种沥青混合料。这是阻燃剂的掺入对混合料的低温性能造成了一定的影响,但减小幅度不大,同时,其弯曲劲度模量却大于两种SBS改性沥青混合料,满足规范要求。对比两种SBS改性沥青混合料,温拌SBS改性沥青混合料的最大弯拉应变较大,这表明Rediset®LQ1102的加入改善了混合料的低温性能。

综上,三种沥青混合料中温拌SBS改性沥青混合料低温抗裂性能最优,AMZ-Ti温拌阻燃沥青混合料与之相比较差,但均满足规范要求。

表5.8　沥青混合料-10℃弯曲试验结果

AC-13I胶结料	油石比/%	最大抗拉强度/MPa	最大弯拉应变/με	弯曲劲度模量/MPa	规范要求
SBS改性沥青	4.9	13.03	3647.67	3572.14	
温拌SBS改性沥青	4.9	13.45	3882.25	3464.49	>2500(με)
AMZ-Ti温拌阻燃沥青	5.1	12.13	3275.47	3703.28	

5.2.3 水稳定性试验

由于长大隧道特殊的地理环境,潮湿的地基环境条件以及丰富的地下水逐渐向上渗透,使隧道路面集料与胶结料间粘结力变差,导致隧道路面过早的经受水损害的侵扰。因此,隧道沥青混合料必须具备较强的水稳定性能以满足隧道路面的正常运营。本节选用浸水马歇尔和冻融劈裂试验对三种沥青混合料的水稳定性进行评价,以浸水残留稳定度 MS_0 和冻融劈裂强度比 TSR 对三种沥青混合料的水稳定性进行评价。其冻融劈裂强度试验如图5-9。

图5-9　冻融劈裂强度试验

(1)浸水马歇尔试验

浸水马歇尔具体操作流程如下所述:

●制备三种沥青混合料双面击实75次的AC-13I标准马歇尔试件,各取4个以作备用。

●将试件放置于60℃水中保温30min后,把试件转入试验设备中,以50mm/min±5mm/min的速率进行加载试验,测得试件稳定度MS;

●将保温后的试件再放回并连续保温48h,按上述相同操作测得稳定度值MS_1;

●把上述步骤所测得的数据按公式(5.2)进行计算得到残留稳定度MS_0。

$$MS_0 = \frac{MS_1}{MS} \times 100\% \tag{5.2}$$

按照以上所述试验流程,得出三种混合料试验结果如表5.9所示。

表5.9 沥青混合料浸水马歇尔试验结果

AC-13I胶结料	马歇尔稳定度/kN		残留稳定度MS_0/%
	仅保温30min MS	保温+浸水48h MS_1	
SBS改性沥青	12.18	11.17	91.7
温拌SBS改性沥青	12.82	11.83	92.3
AMZ-Ti温拌阻燃沥青	13.73	12.15	88.4

由表5.9中数据可知,AMZ-Ti温拌阻燃沥青混合料在保温30min后和保温且浸水48h后的稳定度均大于其他两种沥青混合料,这表明阻燃剂的掺加对沥青混合料的稳定度有一定的提升;对于三种沥青混合料的水稳定性而言,AMZ-Ti温拌阻燃沥青混料的残留稳定度小于其他两种沥青混合料,但三者差别并不大,且三者残留稳定度均大于85%,满足规范要求,这说明阻燃剂的掺加对沥青混合料的水稳定性影响并不大。

(2)冻融劈裂强度试验

取三种沥青混合料所制备的若干马歇尔试件,将其分为两组。取一部分在25℃恒温水浴保温2h,另一部分在真空箱中静止15min后进行-18℃低温冷冻16h和60℃恒温水浴保温24h,最后采用规定的加载速率测得其两组试件最大承受荷载值。依据试验前后得到的马歇尔试件高度以及最大荷载值,按下列公式(5.3)计算抗压强度R_{T1}、R_{T2}以及冻融劈裂强度比TSR。得到的试验结果如表5.10所示。

$$R_{T1} = 0.006287 \frac{P_{T1}}{h1} \quad R_{T2} = 0.006287 \frac{P_{T2}}{h2} \quad TSR = \frac{R_{T2}}{R_{T1}} \times 100 \qquad (5.3)$$

表5.10　三种沥青混合料冻融劈裂强度试验结果

AC-13I胶结料	冻融前R_{T1}/MPa	冻融后R_{T2}/MPa	劈裂强度比RTS/%
SBS改性沥青	0.959	0.865	90.18
温拌SBS改性沥青	0.957	0.846	89.36
AMZ-Ti温拌阻燃沥青	1.009	0.921	91.30

由表5.10中数据可知,无论是冻融前后的劈裂强度还是最终计算得到的劈裂强度比,AMZ-Ti温拌阻燃沥青混合料均略高于两种SBS改性沥青混合料,但三者均满足规范要求。对比两种SBS改性沥青混合料发现,Rediset®LQ1102温拌剂的掺加对混合料的劈裂强度比及其比值影响甚微。此外,由上述试验数据可知,AMZ-Ti温拌阻燃沥青混合料与SBS改性沥青混合料的冻融前后劈裂强度几乎相等,这说明温拌剂与阻燃剂的同时掺加相互抵消了强度方面的影响,但AMZ-Ti温拌阻燃沥青混合料的水稳定性有一定程度的减弱。

5.3 本章小结

选取AC-13I型级配,对三种沥青混合料的路用性能进行评价研究,主要结论如下:

(1)由马歇尔试验确定了三种混合料的最佳油石比,AMZ-Ti温拌阻燃沥青混合料最佳油石比为5.1%,而两种SBS改性沥青混合料均为4.9%。

(2)对比三种沥青混合料的路用性能,AMZ-Ti温拌阻燃沥青混合料高温稳定性和水稳定性能最优,低温性能相对较差,但相差不大;考虑到隧道具体的气候特征和水文环境,AMZ-Ti温拌阻燃沥青混合料满足隧道内沥青路面铺装技术要求,适合于长大公路隧道铺装。

(3)利用AMZ-Ti温拌阻燃沥青和温拌SBS改性沥青所制备的AC-13I混合料,其各项性能指标均满足规范使用要求,综合考虑各项路用性能,隧道路面下面层铺装推荐使用温拌SBS改性沥青混合料,上面层铺装推荐使用AMZ-Ti温拌阻燃沥青混合料。

第六章 | 长大公路隧道沥青路面铺装结构优化

在长大公路隧道复合式路面结构中,沥青混凝土面层通常是4cm上面层+6cm下面层的双面层铺装结构。然而考虑到隧道水泥混凝土基层的刚度大、变形小且温度变化幅度小等因素,本书拟对该铺装结构进行优化,即在加强层间粘结的基础上采用单层沥青砼铺装的结构型式,并通过有限元分析和室内试验相结合的方法论证了其可行性。相对于传统的双层沥青砼铺装方案,单层沥青砼铺装结构型式不仅可以节约成本,降低施工难度,而且还可释放隧道净空,具有重大的理论意义和工程应用价值。

6.1 隧道单层 AC+PCC 复合式路面层间力学分析

由于复合式路面兼具沥青混凝土(AC)良好的行车舒适性、降噪与抗滑性能和普通水泥混凝土(PCC)优良的承载能力、稳定与耐久性能,因此复合式路面是高速公路长寿命路面铺装结构的发展方向之一,也是目前新建隧道路面结构大多数采用复合式路面结构的原因[81]。

由于PCC基层具有很高的强度与刚度,与传统沥青路面相比,复合式路面的路表弯沉值很小[82-84];同时,PCC基层与AC面层的模量相差太大,AC面层层底是处于受压的状态[85-86]。显然,将路表弯沉值与AC层层底拉应变作为复合式路面的设计指标是不合理的。而现有研究表明,复合式路面结构大部分都因层间剪应力过大和粘结强度不足而产生推移、拥包等病害,将层间抗剪强度与拉拔强度作为复合式路面的设计指标是很有必要的[87-91]。

但是,目前关于隧道单层AC+PCC复合式路面的研究文献很少,有的也只是对其组合结构的路用性能进行研究,鲜有研究人员利用有限元软件对单层AC+

PCC结构层间剪应力与竖向拉应力进行分析[92]。鉴于此,本书利用有限元软件ABAQUS建立隧道单层AC+PCC复合式路面结构模型,对比研究不同因素对结构层间剪应力的影响,提出隧道单层AC+PCC复合式路面层间抗剪强度与拉拔强度指标,为隧道单层AC+PCC复合式路面结构设计提供一定参考。

6.1.1 分析模型

有限元法是一种数值分析方法,其最大特点就是把复杂问题简单化,将连续的求解区域划分成有限个离散的单元进行求解。因为各个单元的结合方式不一样,且单元可以是三面体、四面体等多种形状,所以有限元法可以模拟不同工程的复杂几何工况。其核心思想就是利用单元内的近似函数来表征连续求解域的未知函数。因此,各个节点函数及其导数的数值便成为未知量,即自由度。当已知未知量时,就能通过插值函数解出各个单元近似值,进而求出整个求解区域的近似解。

(1)基本假定

由于隧道基岩的存在,隧道单层AC+PCC复合式路面结构的基层条件相较于土基来说更好。合理的假定直接决定模型的受力状况是否符合实际,参考国内外相关的文献[93-94],对模型做出以下假定:

a. AC层、PCC层以及基岩都是均匀、连续、各向同性的弹性材料;

b. 在无特殊说明的情况下,各层层间的接触状态是完全连续的;

c. 坐标系规定沿 Z 轴正向为车辆行驶方向, Y 轴为竖直方向, X 轴为路面横向。

(2)材料参数

路面结构在荷载作用下,各层材料的变形大多数为弹性,但也存在不可忽视的塑性和黏性变形,阻尼系数即可表征材料在荷载作用下的粘弹性[95]。为充分利用PCC刚性基层的承载能力,单层铺装结构的面层厚度不宜过厚,太薄的话层间剪应力也会更大[96]。参考《公路沥青路面设计规范》(JTG D50-2017)及相关文献[97-98],拟定单层AC+PCC各结构层厚度和材料参数如表6.1所示。

表6.1　单层AC+PCC结构参数

结构层	厚度/cm	密度/（kg/m³）	弹性模量/MPa	泊松比	阻尼系数(α)	阻尼系数(β)
沥青面层	1–10	2350	1400	0.3	0.9	0.003
水泥混凝土板	25	2450	30000	0.15	0.8	0.005
混凝土基层	15	2360	25500	0.15	0.8	0.005
基岩	—	2630	5000	0.2	0.8	0.005

（3）模型建立

模型的尺寸为10m×7m×5m（长×宽×高），为了提高计算的准确性，该模型采用三维应力求解，单元结构类型中选择C3D8R八结点线性六面体单元。网格划分首先采用全局补种，近似全局尺寸为0.5，为了提高计算结果的精确性，对轮迹带、AC层、PCC层进行为边布种（局部加密），尺寸为0.01。由于隧道复合式路面的承载条件较好，因此对模型底部的边界设定为完全固定（U1=U2=U3=UR1=UR2=UR3=0）；限制模型横向两侧的水平位移（U1=UR2=UR3=0）；限制模型纵向两侧的水平位移（U3=UR1=UR2=0）。网格划分后的模型如图6-1所示。

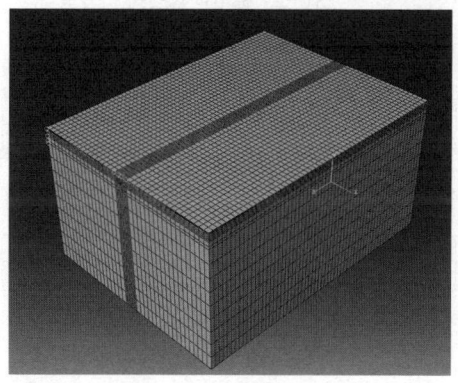

图6-1　模型网格划分图

6.1.2 荷载施加

（1）荷载图式

现行规范《公路沥青路面设计规范》（JTG D50-2017）采用100kN的单轴-双轮双圆、圆心距为3倍接地半径、接地压强为0.7MPa的荷载作用图式，见图6-2。图6-3中的K图式即为标准荷载图式；I图式表示轴载增加，轮压和接地面增加，圆心距不变;L图式表示接地半径和圆心距不变,轮压随荷载的增加而增加;M图式表示圆心距和轮压不变,接地半径随轴载增加而增加。L图式和M图式是两种比较理想的状态,因为在重载条件下,轮胎的接地面积会增大,轮压也会增大,所以荷载作用图式采用I图式更加接近重载条件下轮压与接地面积的真实情况[99]。

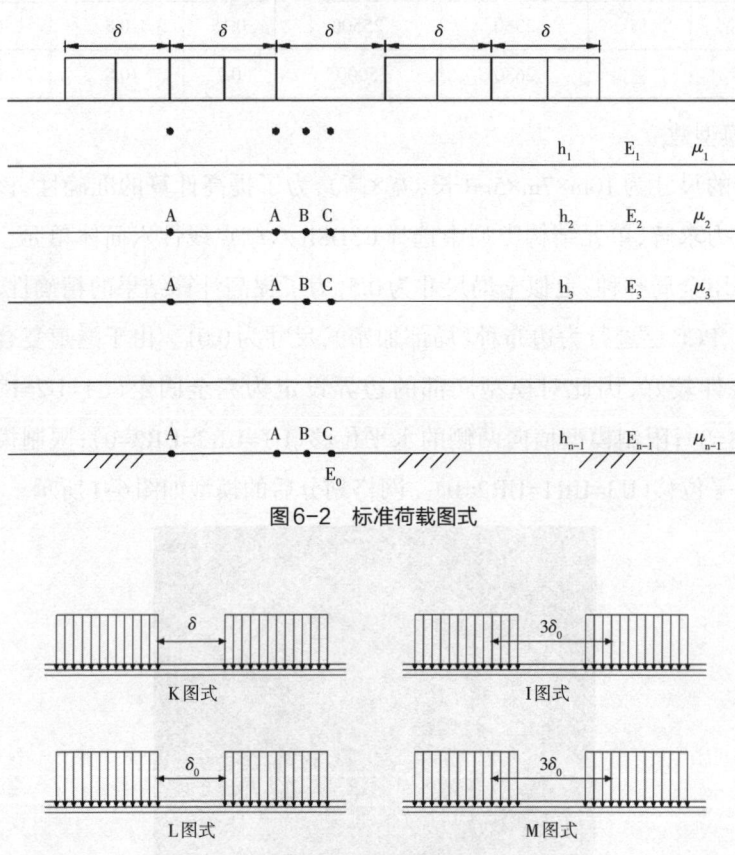

图6-2 标准荷载图式

图6-3 荷载图式

轮胎的接地压强与面积可由式(6.1)计算得出:

$$A=0.008P+152 \tag{6.1}$$

式中A表示接地面积,单位cm²;P表示单轮载,单位N。

轮胎的接地面积实际上是由0.4L×0.6L(L为轮胎接地长度)的矩形和两个半径为0.3L的半圆组成,为了将荷载有效的施加在模型上,图6-4中将轮胎的接地面积等效为0.8712L×0.6L的矩形[100],等效面积见表6.2。

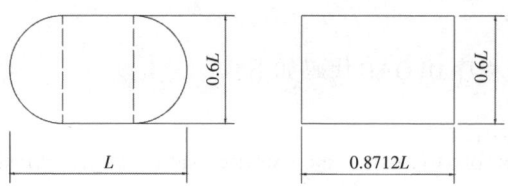

图6-4　荷载等效面积图式

表6.2　等效面积换算

轴载/kN	接地面积/cm²	接地压强/MPa	矩形长/cm	矩形宽/cm
100	352	0.710	22.6	15.6
120	392	0.765	23.9	16.4
140	432	0.810	25.0	17.2
160	472	0.847	26.2	18.0
180	512	0.879	27.3	18.8
200	552	0.906	28.3	19.5

　　车辆行驶过程中,路面同时受到压力和水平力的作用,国内外的规范一般把车辆荷载转化为静荷载,这与实际并不相符。本书对荷载的图式及施加方式进行了系统性的研究,利用Fortran语言编写子程序DLOAD和UTRACLOAD来施加竖向移动荷载(沿Y轴负向)和水平荷载(沿Z轴正向),如图6-5所示。

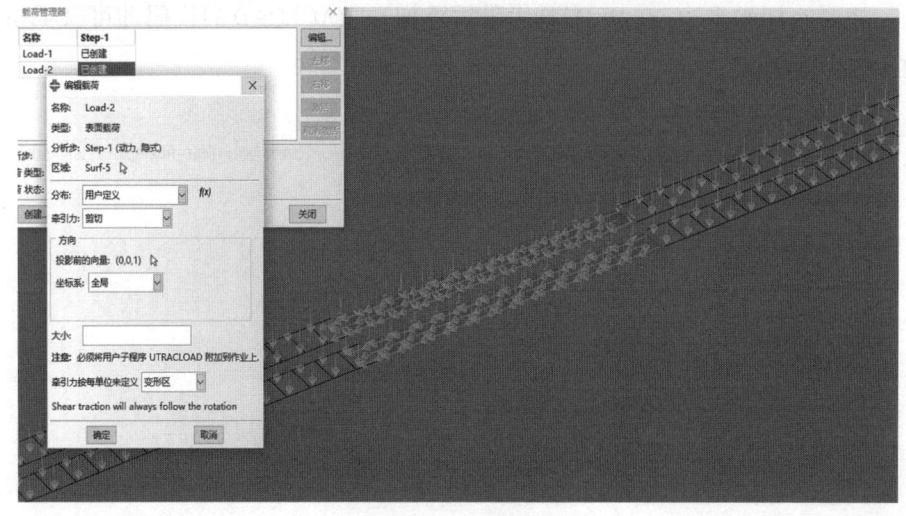

图6-5　荷载施加图

(2)子程序编写

标准轴载的子程序 DLOAD 代码如下：

```
C User subroutine DLOAD
        SUBROUTINE DLOAD(F,KSTEP,KINC,TIME,NOEL,NPT,LAYER,KSPT,COORDS,JLTYP,SNAME)
C
        INCLUDE 'ABA_PARAM.INC'
C
        DIMENSION TIME(2), COORDS (3)
        character*80 sname
        VEL=22.2
        PLENGTH=0.157
        ZSTART=10
        ZLEFT=ZSTART-VEL*TIME(1)
        ZRIGHT=ZLEFT+PLENGTH
        if(Coords(3).le.ZRIGHT.and.Coords(3).ge.ZLEFT) then
          F=0.7d6
        else
            F=0
        end if
            return
        end
```

其中 VEL 代表车速为 22.2m/s，PLENGTH 代表荷载矩形宽，ZSTART 代表车辆荷载起始点(0,0,10)，ZLEFT 和 ZRIGHT 代表荷载的上下边界，TIME(1)指的是车辆行驶时间(即分析步时间)。if(coords(3).le.ZRIGHT.and.Coords(3).ge.ZLEFT)then……end 表示如果荷载的 Z 坐标大于 ZLEFT，小于 ZRIGHT，那么在此区域内轮压大小为 0.7MPa(F=0.7d6)，否则为 0。

如要施加水平力，在 DLOAD 代码后添加 UTRACLOAD 的代码即可，UTRACLOAD 代码如下：

```
C User subroutine UTRACLOAD
        SUBROUTINE UTRACLOAD(ALPHA,T_USER,KSTEP,KINC,TIME,NOEL,NPT, COORDS,DIRCOS,JLTYP,SNAME)
C
        INCLUDE 'ABA_PARAM.INC'
C
        DIMENSION t_user(3), time(1), coords(3), dircos(3,3)
        character*80 sname
        VEL=22.2
        PLENGTH=0.157
        ZSTART=10
        ZLEFT=ZSTART-VEL*TIME(1)
        ZRIGHT=ZLEFT+PLENGTH
        if(Coords(3).le.ZRIGHT.and.Coords(3).ge.ZLEFT) then
            alpha=0.1*0.7d6
        else
            alpha=0
        end if
            return
        end
```

其中 Alpha 指的是水平力。以上代码实现了移动均布荷载和水平荷载的施加，通过改变相关参数，即可模拟超载和车辆启动、匀速行驶、刹车等不同状态下层间受力情况。

（3）计算点位选取

因两条荷载带关于轮迹中心对称，故只需选取其中一条荷载带进行分析即可。计算点位图如下图6-6，模拟车辆从 A 点行驶到 C 点过程中，中点 B 位置层间剪应力的变化规律。

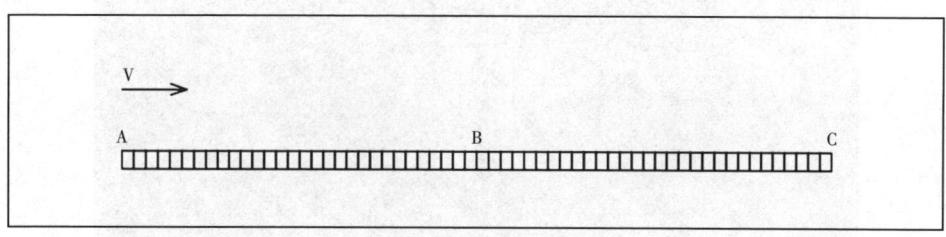

图6-6　计算点位图

6.1.3 层间力学分析

为确定单层 AC+PCC 复合式路面中 AC 层合理的厚度，在横坐标中以 AC 层厚度为变量，纵坐标为层间最大剪应力和层间最大竖向拉应力。分别研究轴载、水平力系数、面层模量、车速、隧道纵坡对两种应力值大小的影响，最后将不利组合情况下的层间最大剪应力和层间最大竖向拉应力作为层间抗剪强度与拉拔强度的控制指标。

（1）最大剪应力分析

Tresca 在 ABAQUS 中表示最大剪应力，是第一主应力（Max，Principal）与第三主应力（Min，Principal）差值的两倍。Tresca 反映出材料产生破坏时的极限切应力，当物体的最大切应力达到这个值的时候，材料则发生屈服。这与材料的性质有关，不受材料受力状态的影响，也称 Tresca 准则为最大切应力不变条件。从图6-7中我们可以看出，层间剪应力最大值的出现在轮胎中点的下方，两轮中心的层间剪应力较小，随着距轮胎中心的距离增加，层间最大剪应力逐渐减小；而在图6-8中可以看出，最大剪应力位于 AC 层表面下方2cm左右的地方，层间剪应力的大小产生了突变,是由于AC层与PCC层模量相差太大的缘故。

AC层因自身均匀、连续、各向同性的性质,抵抗外力作用下的变形能力较好,因此抗剪能力较强。层间是结构最薄弱的环节,受剪应力的影响十分显著,因此,研究不同因素对单层AC+PCC复合式路面结构层间剪应力的影响是十分必要的。

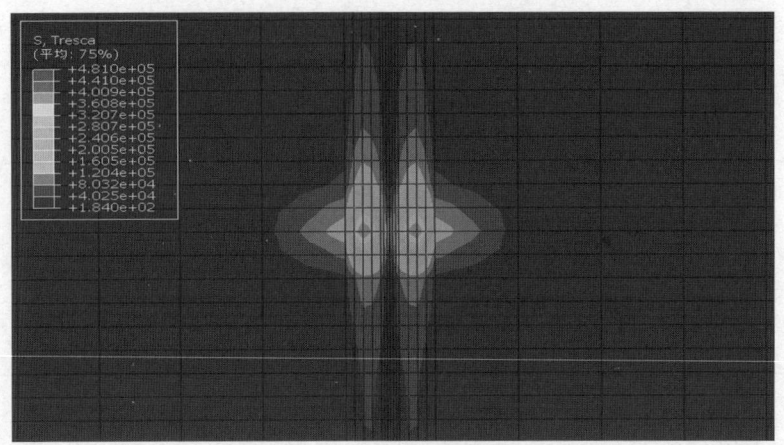

图6-7　层间剪应力云图

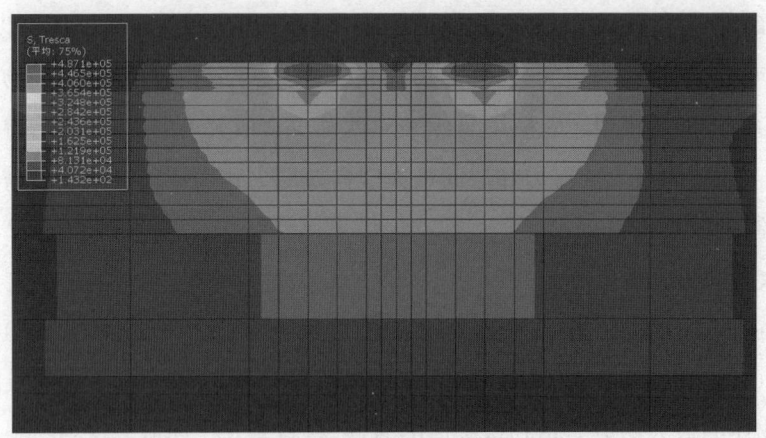

图6-8　结构层剪应力云图

(2)最大竖向拉应力分析

S22在ABAQUS中表征Y轴方向的应力,拉应力为正,压应力为负。从图6-9

来看,层间竖向应力在轮胎正下方为压应力,在轮胎前侧与后侧为拉应力;从图6-10来看,竖向拉应力最大值出现在AC层表面,AC层与PCC层界面的拉应力突然变大,说明层间竖向拉应力也会产生突变。如果单层AC+PCC复合式路面层间粘结效果较好,可避免层间脱空现象的产生,固将层间最大竖向拉应力作为层间粘结强度的控制指标。

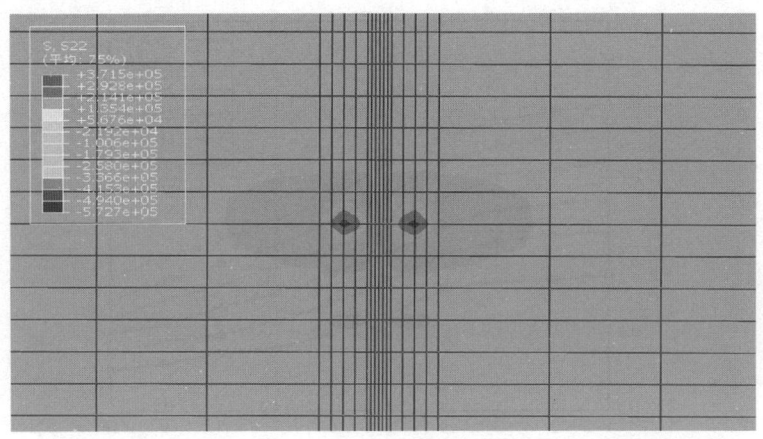

图6-9　层间竖向应力云图

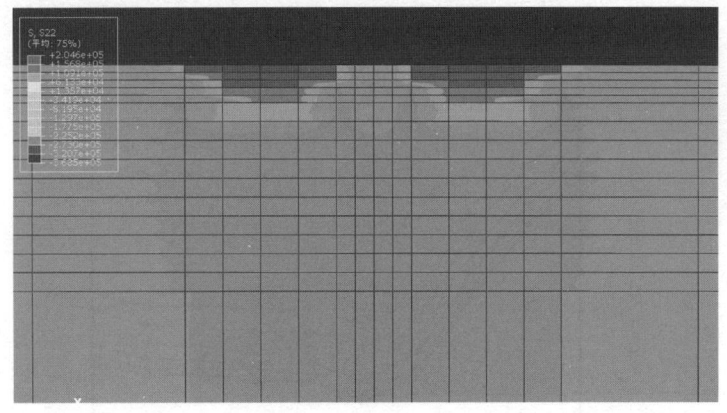

图6-10　结构层竖向应力云图

（3）轴载因素

由于复合式路面更多适用于重载交通,隧道单层AC+PCC复合式路面层间最大剪应力和层间最大竖向拉应力受轴载的影响十分显著。车辆轴载分布于

100~200kN 区间内的占比较大[101]，固定轴载为 100kN、120kN、140kN、160kN、180kN 和 200kN 情况下 B 点的层间最大剪应力和层间最大竖向拉应力进行分析。为模拟车辆在匀速行驶状态下对 B 点层间力学的影响，同时考虑到高速公路隧道内限速一般为 80km/h，固模拟参数为：车速 80km/h，水平力系数为 0，面层模量 1200MPa，隧道纵坡 0%。

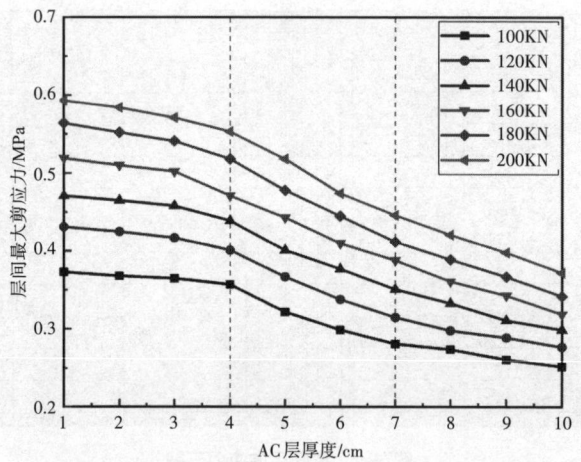

图6-11　层间最大剪应力随轴载的变化

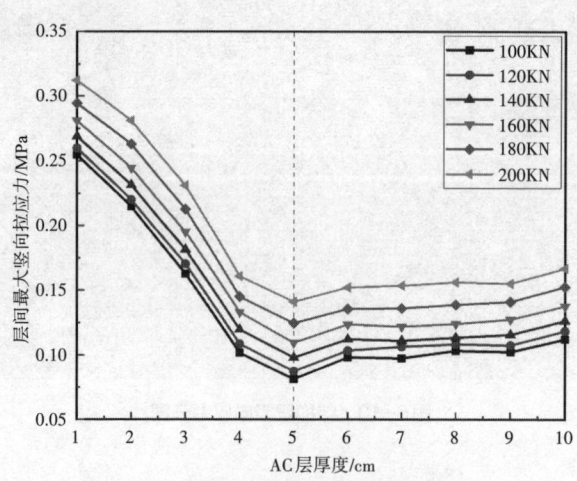

图6-12　层间最大竖向拉应力随轴载的变化

从图6-11中可以看出,层间最大剪应力随着AC层厚度的增加而逐渐减少。AC层厚度从1cm增至4cm,层间最大剪应力降幅较小,这是因为AC层厚度在1~4cm区间内,主要是水泥混凝土承受车辆荷载,层间最大剪应力受AC层厚度的影响较小;值得注意的是,AC层厚度从4cm增至7cm时,层间最大剪应力降幅很大,说明AC层厚在这个区间内增加对层间最大剪应力的影响十分显著;AC层厚度从7cm增至10cm,层间最大剪应力的降幅开始放缓,说明AC层厚在7~10cm区间内增加对层间最大剪应力的影响程度开始减小。轴载从100kN增至200kN,层间最大剪应力显著增加,不同轴载下的层间最大剪应力的变化规律相同。AC层厚在1~4cm区间内,200kN轴载下的层间最大剪应力与100kN轴载下的层间最大剪应力的差值几乎不变,这反映出在此区间内层间最大剪应力受轴载的影响十分显著;AC层厚从4cm增至7cm,层间最大剪应力的增值开始变小,说明在此区间内,AC层开始发挥抗剪的作用,对荷载作用下的应力分散效果较好;AC层厚在7~10cm的区间内,层间最大剪应力增值显著减小,表明轴载在此区间内对层间最大剪应力的影响程度相对较小。

从图6-12中可以看出,随着AC层厚度增加,层间最大竖向拉应力先显著下降,后缓慢增加,不同轴载下的层间最大竖向拉应力变化规律相同。AC层厚度从1cm增加到5cm,层间最大竖向拉应力降低了68.1%;AC层厚度从5cm增加到10cm,层间最大竖向拉应力增加了28.3%。说明AC层存在一个合理的厚度,即为5cm时,使得层间最大竖向拉应力最小。显然,轴载越大的情况下,层间最大剪应力和竖向拉应力相应增加,隧道单层AC+PCC复合式路面出现病害的可能性越大。为保障此结构的稳定性与使用耐久性,应严格限制车辆轴载。

(4)水平力因素

车辆在启动、缓慢刹车和紧急刹车情况下,产生与行驶方向相反的水平力,水平力系数则反映出车辆不同行驶状态下水平力的大小。车辆启动时水平力系数取0.1,缓慢刹车时取0.3,紧急刹车时取0.5[102],模拟计算了水平力系数为0.1,0.2,0.3,0.4和0.5时单层AC+PCC结构B点层间最大剪应力和层间竖向最大拉应力的大小,如图6-13、图6-14所示。模拟参数为:车速80km/h,轴载100kN,面层模量1200MPa,隧道纵坡0%。

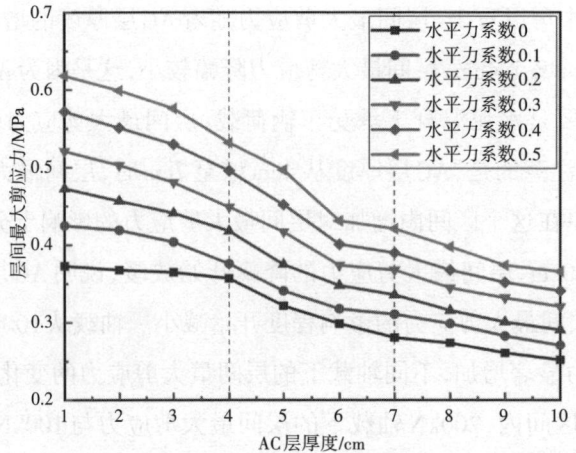

图6-13　层间最大剪应力随水平力系数的变化

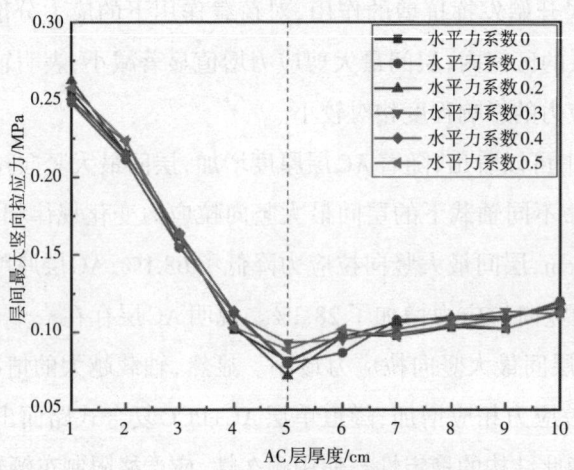

图6-14　层间最大竖向拉应力随水平力系数的变化

图6-12的有限元分析结果表明,AC层厚为1—4cm时,随着水平力系数的增加,层间最大剪应力增幅很大,且不同水平力系数下层间最大剪应力的差值较大,说明AC层厚在1—4cm区间内的层间最大剪应力受水平力系数的影响显著;随着AC层厚度从4cm增至7cm,层间最大剪应力的降幅最大,这也反映出AC层厚度在此区间内增加可以显著降低层间最大剪应力,且水平力系数对层间最大剪应力的影响程度开始变小;当AC层厚度在7—10cm区间内变化时,随着水平

力系数的增加,层间最大剪应力的增幅不大,这说明AC层厚度在7—10cm区间内的层间最大剪应力受水平力系数的影响程度相对较小。

由图6-13的结果可知,随着AC层厚度及水平力系数的增加,不同水平力系数下的层间最大竖向拉应力基本不变,六条曲线基本重合且数据波动幅度不大,说明层间最大竖向拉应力几乎不受水平力系数的影响。

（5）面层模量因素

面层模量的大小直接影响到结构应力的传递,由于在常温20℃条件下,面层材料如AC-13的弹性模量在1000～1400MPa范围内变化,SMA-13的弹性模量为1600MPa左右[103]。为研究面层模量对层间最大剪应力和层间最大竖向拉应力的影响,模拟了车辆在匀速行驶状态下,面层模量为1000MPa、1200MPa、1400MPa、1600MPa时,层间最大剪应力和层间最大竖向拉应力随面层厚度的变化。其余模拟参数为:车速80km/h,轴载100kN,水平力系数,隧道纵坡0%,模拟结果如图6-15,6-16所示。

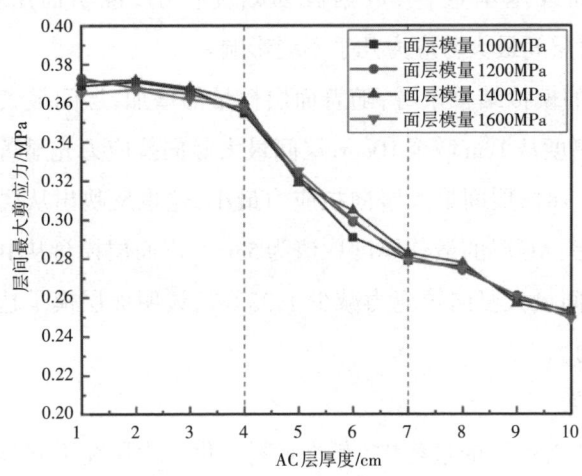

图6-15　层间最大剪应力随面层模量的变化

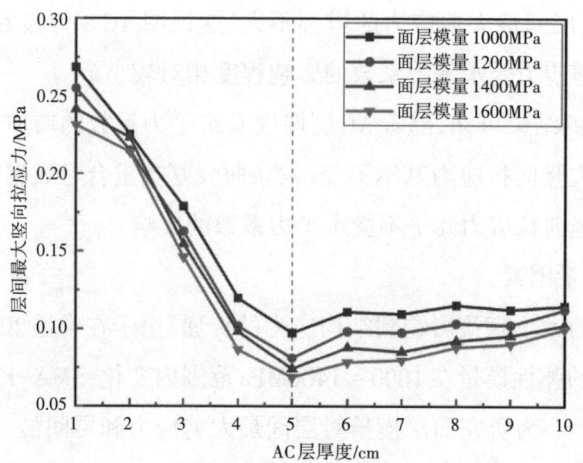

图6-16　层间最大竖向拉应力随面层模量的变化

从图6-15的有限元分析结果来看,不同面层模量下层间最大剪应力的变化规律相同,且曲线基本重合,数据波动幅度很小,说明面层模量在1000～1600MPa变化时层间最大剪应力几乎不受影响。

从图6-16的模拟结果来看,随着面层模量的增加,层间最大竖向拉应力略微降低。面层厚度从1cm增至10cm,层间最大竖向拉应力先显著降低后缓慢增加。AC层厚5cm时,层间最大竖向拉应力最小,这也反映出从层间最大竖向拉应力方面来考虑,AC层的最佳厚度取值为5cm。当面层模量从1000MPa增加到1600MPa时,层间最大竖向拉应力减少了33.6%,说明面层模量越高可减小层间最大竖向拉应力。

(6)车速因素

车辆在隧道内行驶的过程中,车速时刻变化。为研究不同车速对层间最大剪应力和层间最大竖向拉应力的影响,选取车速为60km/h、80km/h、100km/h、120km/h作为研究对象,模拟计算了不同面层厚度下,层间最大剪应力和层间最大竖向拉应力随车速的变化情况。其余模拟参数为:轴载100kN,水平力系数0,面层模量1200MPa,隧道纵坡0%,将所得的结果绘制于图6-17和图6-18。

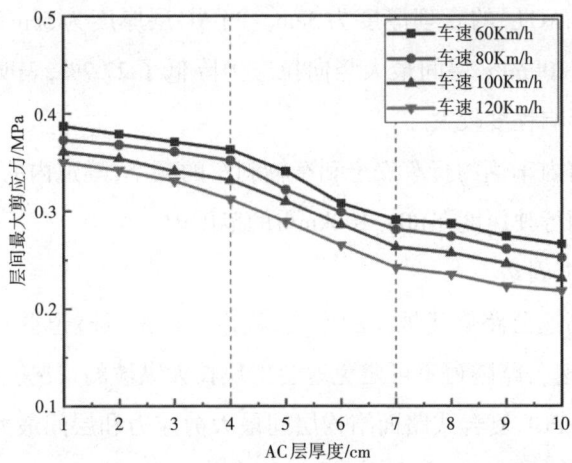

图6-17 层间最大剪应力随车速的变化

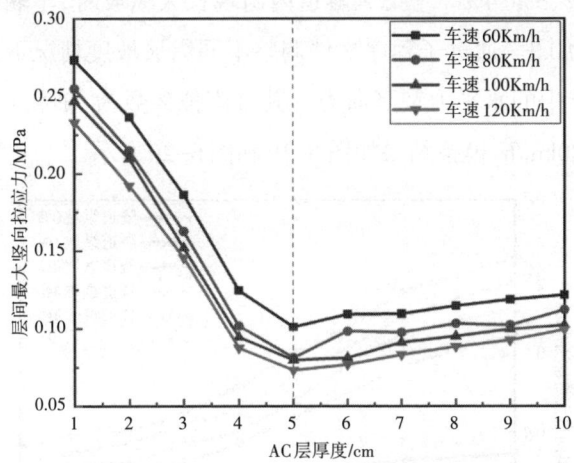

图6-18 层间竖向最大拉应力随车速的变化

从图6-17的有限元分析结果可知,层间最大剪应力随车速的增加而降低,AC层厚度越大时,层间最大剪应力降低的幅度越大。这说明车速越快,车辆荷载作用在路面的时间越短,应力在结构中扩散范围很小,故车速越快的情况下复合式路面结构的层间最大剪应力越小。

图6-18中的模拟结果表明,每条曲线的层间最大竖向拉应力均在AC层厚度为5cm时达到最小值,之后略微增加。说明从层间最大竖向拉应力来看,单层

AC+PCC结构中AC层的合理厚度为5cm。当AC层厚度为5cm时,随着车速从60km/h增加到120km/h,层间最大竖向拉应力降低了27.7%,表明车速对层间最大竖向拉应力影响程度较大。

考虑到隧道内车辆的行车安全和车辆刹车的频率,隧道内的车速不应过快,建议隧道内车辆行驶速度在80～100km/h的范围内。

(7)隧道纵坡因素

随着山区高速公路修建规模的增大,隧道往往是以隧道群和长大隧道的形式出现,山区高速公路隧道不可避免地会出现长大纵坡的情况。因此,研究隧道纵坡对单层AC+PCC复合式路面结构层间最大剪应力和层间最大竖向拉应力的影响,可以从理论上说明复合式路面产生病害的原因。

《公路隧道设计规范》(JTG D70-2004)规定隧道纵坡不宜大于4%,故选取纵坡为0%、1%、2%、3%、4%。考虑到隧道内出现长大纵坡时,车辆制动频繁,故水平力系数取值为0.3。通过子程序文件调整不同纵坡坡度情况下,车辆在隧道内行驶时对路面产生的水平力和竖向力。其余模拟参数为:轴载100kN,面层模量1200MPa,车速80km/h,模拟结果如图6-19和图6-20所示。

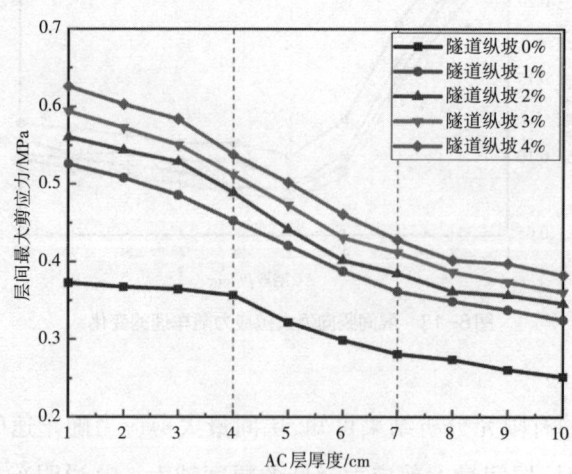

图6-19　层间最大剪应力随隧道纵坡的变化

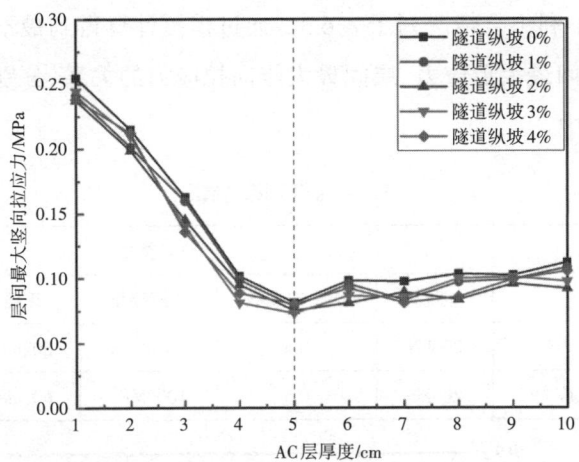

图6-20　层间最大竖向拉应力随隧道纵坡的变化

从图6-19中可以看出,随着隧道内纵坡坡度的增加,层间最大剪应力急剧增加。当纵坡坡度从0%变为1%时,层间最大剪应力最大增幅达到41.0%,这是因为在纵坡坡度不为零的情况下,隧道内车辆制动频繁的缘故。随着AC层厚度的增加,不同纵坡坡度下层间最大剪应力的变化规律一致。当隧道纵坡坡度为4%时,随着AC层厚度从1cm增加到4cm,4cm增加到7cm,7cm增加到10cm,层间最大剪应力分别降低了14.1%,20.4%,10.5%。以上数据再次表明AC层厚度在4~7cm这个区间内增加可有效降低层间最大剪应力。

从图6-20中可以看出,隧道纵坡坡度一定时,层间最大竖向拉应力在AC层厚为5cm处达到最小值,不同纵坡坡度下层间最大竖向拉应力的变化规律一致,可以认为隧道纵坡坡度对层间最大竖向拉应力影响很小。

这是因为单独考虑车重的影响,车辆下坡时对路面产生的竖向应力为$G\cos\theta$(G为汽车重力,θ为坡度),当纵坡为4%时,竖向应力为$0.99G$,可以认为车辆对路面产生的竖向应力不变。车辆下坡时,由于车辆匀速行驶时,沿路面水平方向上的力为$G\sin\theta$,当纵坡为4%时,水平力为$0.05G$。故纵坡坡度从0%变为4%,层间最大剪应力会增加,层间最大竖向拉应力基本不变。

(8)控制指标选择

为了研究最不利组合情况下,隧道单层AC+PCC复合式路面层间最大剪应力与层间最大竖向拉应力的大小,分别将层间最大剪应力和层间最大竖向拉应力对应下的最不利组合情况列于表6.3。通过模拟计算得到最不利组合情况下AC层厚度与层间最大剪应力、层间最大竖向拉应力的关系,分别将其绘制于图6-21和图6-22中。

表6.3　最不利组合情况

应力类型 组合情况	应力类型				
	轴载	水平力系数	面层模量	车速	隧道纵坡
层间最大剪应力	200kN	0.5	1200MPa	60km/h	4%
层间最大竖向拉应力	200kN	0.5	1000MPa	60km/h	0%

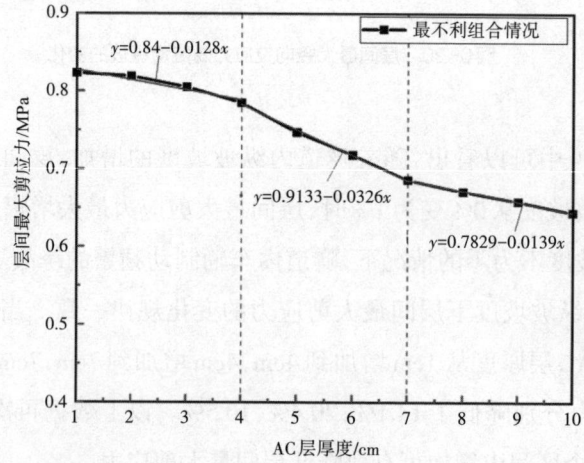

图6-21　最不利组合情况下层间最大剪应力

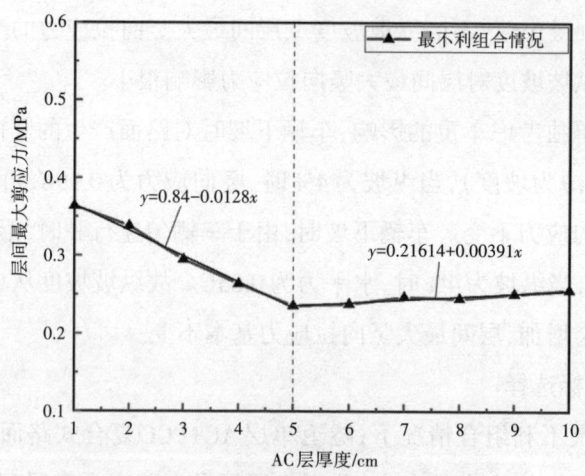

图6-22　最不利组合情况下层间最大竖向拉应力

由图6-21的模拟结果可知,在最不利组合情况下,AC层厚度在4～7cm这个范围的拟合曲线斜率的绝对值为0.0326,是图6-20中三段拟合曲线斜率绝对值中的最大值,说明AC层厚度在此区间内增加对层间最大剪应力的降低效果显著;而从图6-22的模拟结果可知,AC层厚为5cm时,层间最大竖向拉应力最小,当AC层厚度大于5cm时,层间最大竖向拉应力会略微增加。

正如文献[96]所言,为充分利用PCC刚性基层的承载能力,单层AC厚度不宜过厚,太薄的话层间剪应力也会更大。模拟结果表明AC层厚大于5cm时层间最大竖向拉应力会增加,说明从竖向拉应力来看,AC层厚为5cm时最合理;而AC层主要起抗剪的作用,固AC层越厚,层间最大剪应力越小。但AC层厚度大于7cm时,层间最大剪应力的降低幅度开始变小,说明再次通过增加AC层厚度来降低层间最大剪应力的效果不明显。

综合考虑经济、施工及模拟结果,确定单层AC+PCC复合式路面结构中AC层厚度为5cm。为此,需研发一种抗剪强度及粘结强度优异的防水粘结层材料,使其满足层间抗剪强度$\tau_{max} \geq 0.747MPa$,拉拔强度$\sigma_{max} \geq 0.236MPa$。

6.2 高强高渗防水粘结层材料制备

复合式路面因层间抗剪强度、粘结强度不足产生坑槽、推移、拥包等病害,大大降低了行车的舒适性,而性能优良的防水粘结层材料可以有效防止上述病害的产生[104]。在单层AC+PCC复合式路面结构中,对防水粘结层材料的抗剪强度和粘结强度要求更高。因此,对复合式路面结构中防水粘结层的研究十分必要。

已有研究表明,基质沥青中添加SBS改性剂的防水粘结层材料,用量在0.6～0.8kg/m²时有较高的抗剪强度与拉拔强度,但是受温度影响较大[105-106];为减少温度影响,同时增强防水粘结层的抗剪与拉拔强度,利用环氧树脂作为改性剂可满足要求[107-109];但这些防水粘结层材料的不足之处在于施工前需加热,施工中容易产生温度下降较快,材料过早固化而涂抹不均匀的现象。而利用乳化技术,将SBS、环氧树脂对沥青先改性后乳化即可有效避免上述问题的出现[110-112]。

基于此,本书在现有成果的基础上,研发一种高强高渗防水粘结层材料,系统研究其路用性能,为复合式路面防水粘结层的施工提供参考。

6.2.1 原材料

为研发一种高强高渗防水粘结层材料,不仅要求材料本身具有较高的抗剪强度和粘结强度,还需要其具备乳化沥青的"水性"特点,使其便于施工。目前应用于复合式路面的防水粘结层材料可分为两大类:一是需通过加热后再喷洒涂抹的热熔型防水粘结层材料,如SBS改性沥青、橡胶沥青等;二是可以在常温下便可直接涂抹在水泥基面上的水性防水粘结层材料,如乳化沥青、SBS改性乳化沥青等。本书一方面利用价格低廉、增粘效果好的改性剂来增加防水粘结层材料的强度;另一方面利用相似相溶原理,将所有材料配置成均匀稳定的溶液,增强防水粘结层材料的流动性与渗透性。

(1)沥青

沥青中的成分可分为沥青质、胶质、饱和分、芳香分,其中沥青质与胶质的极性较强,在沥青组分中充当增稠剂的作用。沥青质和胶质含量越高,可以使得沥青有较好的黏附性和较高的黏度。饱和分和芳香分在沥青中属于轻组分,其作用在于可以分散到沥青胶团中,对沥青胶体结构的稳定性有利[113]。如果选用延度小、沥青质和胶质含量高的沥青,那么在低温环境下防水粘结层材料容易脆断,使得材料的协调变形能力较差。因此,选用延度较大,沥青质和胶质含量相对较小的AH-70号基质沥青。按照《公路工程沥青及沥青混合料试验规程》(JTG E20-2011)测试其技术指标如下表6.4所示。

表6.4　AH-70号沥青指标

检测指标	检测结果	规范要求	试验方法
针入度(25℃,100g,5s)/0.1mm	64.8	60~80	T0604
软化点/℃	49.4	≥46	T0606
延度(5cm·min^{-1},15℃)/cm	>100	>100	T0605
针入度指数PI	-0.23	-1.5~1.0	T0604
135℃旋转黏度/(Pa·s)	0.76	3	T0625

(2)SBS

SBS是苯乙烯-丁二烯-苯乙烯嵌段共聚物,是一种与橡胶性能最为接近的热塑性弹性体。其拉伸强度较高,低温性能好,耐酸、碱腐蚀,通常应用于沥青改性、防水、黏合剂和聚合物改性领域中。将SBS应用于防水粘结层材料的制备，既增强材料的粘结强度和低温性能，又能提高材料的防水性能。SBS一般分为线型SBS和星型SBS两类，线型SBS断裂伸长率和拉伸强度高，与沥青的相容性好，黏度小；星型SBS由于分子量大和模量高的特点，可增强沥青的耐高温性能，但应用于沥青复合改性时相容性较差[114]。本书选中线型SBS(YH-792)作为其中一种增黏改性剂，如图6-23，其性质如下表6.5所示。

表6.5　线型SBS(YH-792)指标

检测指标	检测结果
熔体流动速率/(g/10min)	0.10 ~ 5.00
邵氏硬度(A)	≥85
扯断永久变形/(≤%)	55
扯断伸长率/(≥%)	730
拉伸强度/(≥MPa)	24.0
300%定伸应力/(≥MPa)	3.5
S/B比	30/70

SBS中的聚苯乙烯链段(PS)可以提高沥青的强度，聚丁二烯链段(PB)增强沥青的低温柔韧性。在SBS对沥青改性过程中，PB段因吸附沥青中的轻组分(饱和分、芳香分)而发生溶胀，分子链间距增大，从而使得SBS自身体积膨胀，增强了与沥青的相容性。PS段软化后呈现出流动性，对沥青起补强的作用。只有SBS在沥青中形成了网状的三维结构，SBS改性沥青才具有良好的拉伸强度、扯断伸长率及防水性能[115]。

（3）古马隆树脂

古马隆树脂是一种以乙烯、C9为原料，经人工合成的高分子聚合物，如图6-23。古马隆树脂通常是黑色或棕红色的块状固体，相对密度1.05 ~ 1.15g/cm³，软化点75 ~ 135℃，T_g为56℃。古马隆树脂与SBS的相容性好，两者复配改性后的沥青有良好的粘结性能，是溶剂型增黏剂[116]。由于古马隆树脂产量大，价格低廉，目前已广泛应用于橡胶行业、改性沥青等领域。

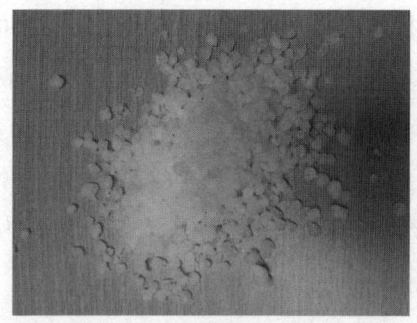
图6-23线型SBS(YH-792)

图6-24古马隆树脂

（4）溶剂

溶剂的选择决定了防水粘结层材料的流动性、渗透性,所选择的溶剂不仅对SBS、古马隆树脂和沥青的溶解性较好,挥发速率也得适中,否则不利于防水粘结层材料的储存和施工。

溶解度参数是表征液体材料相容性的一种物理常数,物理意义为材料内聚能密度的开平方[117],即

$$\delta = (E/V)^{1/2} \qquad (6.2)$$

式(6.2)中：

δ——溶解度参数；

E——内聚能,单位J；

V——体积,单位cm^3；

查阅相关文献[118],将不同溶剂的溶解度参数δ和以醋酸正丁酯为标准溶剂的相对挥发速度v列于表6.6。

表6.6　不同溶剂的溶解度参数

溶剂	δ	v	溶剂	δ	v
丙酮	19.94	5.7	二甲苯	18.10	0.77
丁酮	19.05	3.8	四氯化碳	17.60	1.8
氯仿	18.95	1.4	环己烷	16.80	4.7
甲苯	18.16	2	碳酸乙酯	16.73	2.1
乙酸乙酯	18.15	4	正己烷	14.90	7.8

溶质的溶解度参数如果与溶剂的溶解度参数相近,那么两者相溶效果良好。SBS 的 PB 段的溶解度参数为 $17.4341(J/cm^3)^{0.5}$,PS 段的溶解度参数为 $18.4670(J/cm^3)^{0.5[119]}$,AH-70 号基质沥青的溶解度参数为 $17(J/cm^3)^{0.5}$ 左右[120],古马隆树脂的溶解度参数为 $17.8(J/cm^3)^{0.5}$ 左右[121]。基于相似相溶原理,固所选溶剂的溶解度范围在 $17 \sim 18.4670(J/cm^3)^{0.5}$ 的范围内才具有与 SBS、AH-70 号基质沥青、古马隆树脂良好的相溶性。

溶剂挥发速率太快,对防水粘结层材料的渗透性不利;挥发速率太慢,不利于层间粘结和施工进度。综合考虑溶剂的溶解度参数、挥发速率、毒性等方面,选用溶解性能优异,毒性较低,挥发速率适中的二甲苯作为溶剂。

(5)其他一些助剂,如增溶剂、促进剂和稳定剂等。

6.2.3 高强高渗防水粘结层材料的制备

(1)高强高渗防水粘结层材料配比

查阅文献可知[122],SBS 改性防水沥青中 SBS 掺量宜在 6%—20% 范围内。古马隆树脂和 SBS 对沥青复合改性可以使沥青的黏性增大且具有很高的粘结强度。调配各材料所占比例,制备 15 种防水粘结层材料。配比如下表 6.7 所示。

表6.7　防水粘结层配比

配比	二甲苯/g	SBS/g	70#沥青/g	增粘树脂/g
A1	100	3	65	32
A2	100	6	65	29
A3	100	9	65	26
A4	100	12	65	23
A5	100	15	65	20
B1	110	3	60	27
B2	110	6	60	24
B3	110	9	60	21
B4	110	12	60	18
B5	110	15	60	15
C1	120	3	55	22
C2	120	6	55	19

续表

配比	二甲苯/g	SBS/g	70#沥青/g	增粘树脂/g
C3	120	9	55	16
C4	120	12	55	13
C5	120	15	55	10

通过将这15种防水粘结层材料进行基本性能试验,对比分析试验数据,选择防水粘结层材料最佳配方。

(2)制备工艺

本书研发的高强高渗防水粘结层材料的制备工艺工序简单,在常温下即可进行。首先将SBS、古马隆树脂、AH-70号基质沥青分别加入体积大于等于溶质体积的二甲苯溶剂中,待其充分溶解;其次,将三种充分溶解的溶液混合,搅拌均匀;最后,将混合均匀的溶液放置室温环境下发育即可。表6.8记录了高强高渗防水粘结层材料中不同溶质充分溶于二甲苯溶剂的时间,为保证高强高渗防水粘结层材料发育良好,即SBS、古马隆树脂、AH-70号基质沥青与二甲苯充分相溶,发育时间不少于12h。

表6.8 溶质溶解时间

溶液	溶解时间
SBS+二甲苯	9-10h
古马隆树脂+二甲苯	7-8h
AH-70号沥青+二甲苯	6-7h

6.2.4 高强高渗防水粘结层材料基本性能试验

(1)耐热性试验

隧道摊铺路面时,沥青混合料的初压温度在150℃左右,防水粘结层需要良好的耐热性才能避免路面摊铺带来的损伤。耐热性能参照《建筑防水涂料试验方法》(GB/T 16777-2008)进行测试,将所制备的15种防水粘结层材料均匀涂抹在100mm×100mm×50mm的水泥混凝土块上,规范规定涂抹厚度控制在1.5mm±0.2mm。放置室温环境下待其实干,之后按照45°倾角放于150℃烘箱中加热30min,观察其是否产生流淌、滑动和密集气泡的现象如图6-25,试验结果如下表6.9所示。

图6-25　耐热性试验

表6.9　耐热性试验结果

配方	结果	配方	结果	配方	结果
A1	略微流淌	B1	少量气泡	C1	无现象
A2	少量气泡	B2	无现象	C2	无现象
A3	少量气泡	B3	无现象	C3	无现象
A4	无现象	B4	无现象	C4	无现象
A5	无现象	B5	无现象	C5	无现象

从表6.9的试验结果可以看出,随着SBS掺量的增加,古马隆树脂的减少,防水粘结层材料的耐热性能越好。但是防水粘结层材料的耐热性能是两者共同作用的结果,古马隆树脂中的芳香环、双键与基质沥青和SBS形成了新的网状结构,当SBS和古马隆树脂掺量一定时,网状与网状之间的相互作用力限制了沥青的流动性,从而提高了防水粘结层材料的耐热性能[123]。

(2)低温柔韧性试验

性能优良的防水粘结层材料需要在低温环境下不开裂、不脆断,为验证所制备防水粘结层材料的低温柔韧性,低温柔韧性试验参照《建筑防水涂料试验方法》(GB/T 16777—2008)进行测试。将防水粘结层材料按1.5±0.2mm的厚度涂抹在100mm×25mm,厚2mm的铝片上,实干后将铝片与10mm直径的金属棒一同放入−15℃的冰箱中冷冻1h,随后迅速将铝片与金属棒取出,铝片需在3s之内绕金属棒弯曲180°,观察防水粘结层表面是否有裂纹,如图6-25。试验结果如下表6.10所示。

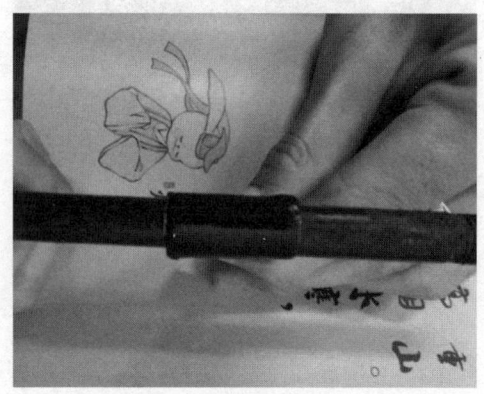

图6-25　低温柔韧性试验

表6.10　低温柔韧性试验结果

配方	结果	配方	结果	配方	结果
A1	较多裂纹	B1	轻微裂纹	C1	无裂纹
A2	轻微裂纹	B2	轻微裂纹	C2	无裂纹
A3	轻微裂纹	B3	无裂纹	C3	无裂纹
A4	无裂纹	B4	无裂纹	C4	无裂纹
A5	无裂纹	B5	无裂纹	C5	无裂纹

从表6.10的实验结果可以看出,随着SBS掺量的增加,防水粘结层的低温柔韧性越强,古马隆树脂反而削弱了沥青的低温柔韧性。这是因为增黏树脂的玻璃化温度T_g为56℃,SBS中的聚丁二烯的T_g为−80℃,而高聚物在玻璃化温度之上表现出弹性态,反之则表现出脆性态[124]。固低温状态下,只有SBS增强防水粘结层材料的柔韧性。

(3)防水性能试验

隧道复合式路面本身就处于一种潮湿的环境,车辆实际行驶过程中对路面产生动水压力较大,故对方式粘结层材料防水性能试验中的水压取值为0.3MPa。将防水粘结层制作成直径150mm,厚为1.5mm±0.2mm的试件,试件上放置滤纸,以便观察是否渗水。利用DTS-4不透水仪测试其防水性,试验条件为:温度

25℃,水压0.3MPa,持续时间30min,如图6-27所示。若水压突然下降或观察到防水粘结层背面潮湿则不满足要求,测试结果见表6.11。

图6-26 防水性能试验

表6.11 防水试验结果

配方	结果	配方	结果	配方	结果
A1	正常	B1	正常	C1	正常
A2	正常	B2	正常	C2	正常
A3	正常	B3	正常	C3	正常
A4	正常	B4	正常	C4	正常
A5	正常	B5	正常	C5	正常

试验结果表明,所制备的防水粘结层材料防水性能均为良好。这是因为一方面沥青、SBS、古马隆树脂都属于憎水性材料,材料本身也具备防水性能;另一方面,上述防水粘结层实干后,SBS、古马隆树脂与沥青之间形成了致密的网状结构,可有效防止水渗入。

(4)粘结强度试验

防水粘结层材料的粘结强度决定了沥青混凝土与水泥混凝土是否能有效粘结,对复合式路面结构的层间粘结至关重要。复合式路面产生推移、拥包等病害往往是因为沥青混凝土与水泥混凝土层间粘结失效,层间出现脱落现象后受水平力作用而产生滑移的现象。

把15种防水粘结层材料以0.2kg/m²的用量涂抹在100mm×100mm×50mm的水泥块儿上,待其实干后,利用XN-3000N粘结强度仪在25℃室温下测其粘结强度,如图6-27所示,所得结果见表6.11。

图6-27　粘结强度试验

表6.12　各配方粘结强度试验结果

配方	粘结强度/MPa	配方	粘结强度/MPa	配方	粘结强度/MPa
A1	0.855	B1	0.910	C1	0.858
A2	0.954	B2	1.001	C2	0.918
A3	0.968	B3	1.018	C3	1.021
A4	1.013	B4	1.212	C4	0.957
A5	0.941	B5	1.080	C5	0.959

从表6.12的测试结果来看,防水粘结层材料固含量相同时,随着SBS掺量的增加,古马隆树脂掺量的减少,粘结强度呈现出先增大后减小的变化规律,这说明防水粘结层材料粘结强度的增加是SBS与古马隆树脂共同作用的结果。随着固含量从40%增加到50%,防水粘结层的粘结强度也呈现出先增大后减小的规律,其中固含量为45%的B4防水粘结层粘结强度最高,几种防水粘结层材料粘结强度大小关系排序为B4>B5>C3>B3>A4>B2>A3>C5>C4>A2>A5>C2>B1>C1>A1。综合考虑这几种防水粘结层的耐热性能、低温柔韧性能、防水性能和粘结强度,选取B4作为防水粘结层材料的最佳配方,其中SBS∶古马隆树脂∶AH-70#沥青∶二甲苯=6∶9∶30∶55,将其命名为FJH-1。

（5）渗透性能研究

A.沥青标准黏度试验

性能优良的防水粘结层材料除了对抗剪、拉拔强度要求高之外，还需具备高渗透性。只有当防水粘结层充分浸润水泥混凝土表面的缝隙后再固化，才能形成致密的网状结构，加强沥青面层与水泥混凝土层间粘结效果。防水粘结层材料的渗透性可用沥青标准黏度来表征，黏度值越低，渗透性越好，反之则不佳。图6-28中利用沥青标准黏度试验器对FJH-1和乳化沥青黏度进行测试，测试结果见表6.13。

图6-28　沥青标准黏度试验器

表6.13　FJH-1和乳化沥青标准黏度值（25℃）

试验次数	FJH-1/s	乳化沥青/s
1	5.8	9.3
2	5.9	9.2
3	5.6	9.4
4	5.5	9.3
5	5.6	9.1
均值	5.68	9.26

FJH-1的黏度为乳化沥青的61.3%，说明FJH-1的渗透性优于乳化沥青的渗透性，而SBS改性沥青需要加热到160℃以上才能达到施工要求。但SBS改性沥青接触水泥混凝土时，温度降低很快，使其固化时间很短，不能充分浸润水泥混

凝土表面,故SBS改性沥青的渗透性较差。

B.组合试件层间扫描电镜(SEM)分析

为了进一步观察三种防水粘结层对水泥混凝土的渗透情况,对渗透界面进行SEM扫描电镜分析,所得结果见图6-29。

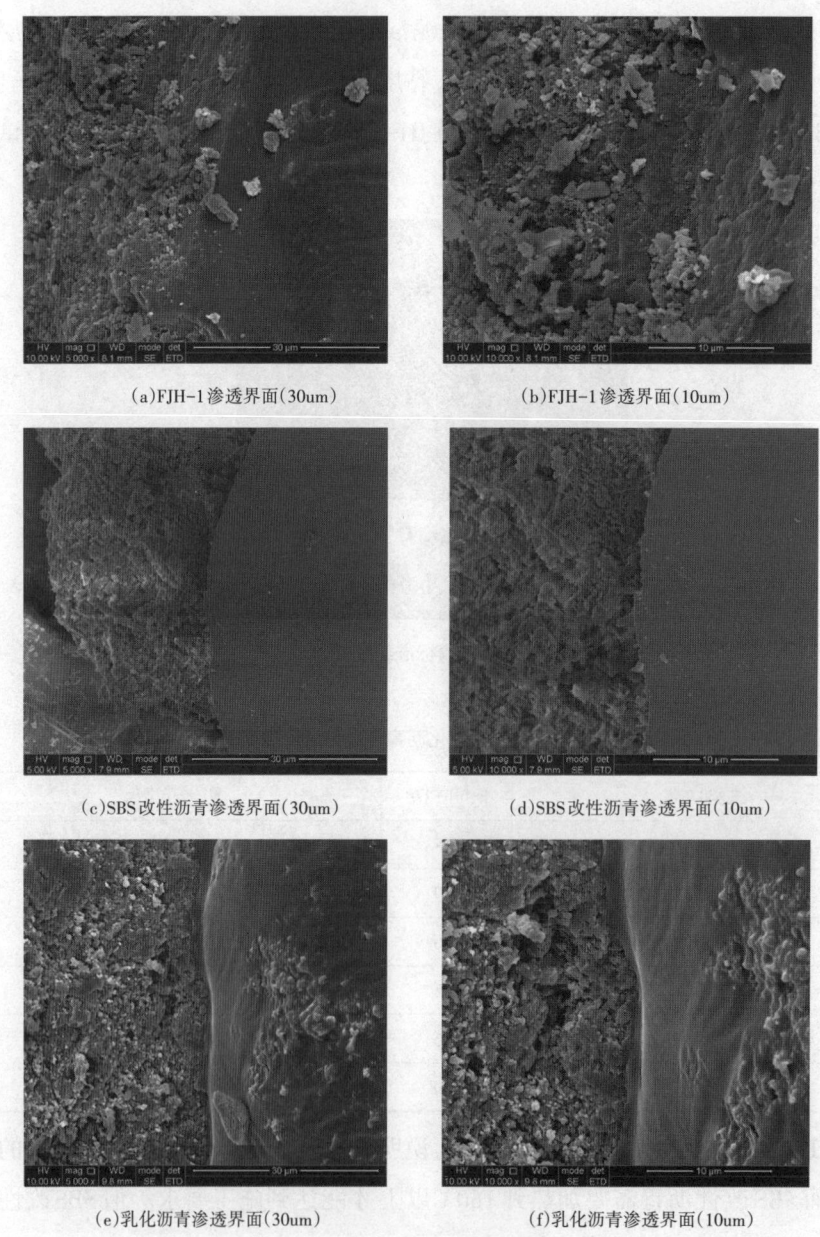

(a)FJH-1渗透界面(30um)　　　　　　(b)FJH-1渗透界面(10um)

(c)SBS改性沥青渗透界面(30um)　　　　(d)SBS改性沥青渗透界面(10um)

(e)乳化沥青渗透界面(30um)　　　　　(f)乳化沥青渗透界面(10um)

图6-29　不同防水粘结层渗透界面微观结构

从图6-29(a)中可以看出,在扫描电镜下,水泥混凝土表面呈现出颗粒状的晶体形式,但是孔隙较多;FJH-1防水粘结层材料表面相对光滑,两者区分度较高。图6-29(b)中我们也可以清楚看到FJH-1对水泥混凝土的孔隙有很好的填充作用。FJH-1表面有少许水泥混凝土的颗粒状晶体,这是FJH-1浸润水泥混凝土后的结果,且FJH-1与水泥混凝土的界面分布并不明显,说明两者之间形成了致密的膜结构。

图6-29(c)和(d)是SBS改性沥青的渗透界面图,可以看出SBS改性沥青对水泥混凝土表面裂缝的渗透效果很差,水泥混凝土与SBS改性沥青之间有很明显的分层效果。造成此现象的原因在于SBS改性沥青涂抹在水泥混凝土表面时,温度下降很快,导致SBS改性沥青固化时间很短,未能充分浸润水泥混凝土。

图6-29(e)和(f)是乳化沥青的渗透界面图,可以看出图中乳化沥青与水凝混凝土之间虽然有明显的分层,但是在分层界面偏左处,乳化沥青已经渗入水泥混凝土的孔隙中,形成了一层膜结构。通过图6-29,可以看出乳化沥青对水泥混凝土孔隙的填充效果优于SBS改性沥青,但不及FJH-1。

6.3 高强高渗防水粘结层材料路用性能

隧道单层 AC+PCC 复合式路面结构与桥面复合式路面结构不同之处在于,一方面隧道内温度恒定,有着"冬暖夏凉"的特点,而桥面复合式路面结构受温度影响较大;另一方面,隧道单层 AC+PCC 复合式路面结构在车辆荷载作用下层间剪应力较大,而桥面复合式路面结构中 AC 层通常采用4cm上面层+6cm下面层的缘故,层间剪应力相对较小。在第一章有限元分析结果中要求满足 AC 层厚度为5cm情况下,单层 AC+PCC 复合式路面结构层间抗剪强度 $\tau_{max} \geq 0.747$ MPa,拉拔强度 $\sigma_{max} \geq 0.236$ MPa。因此,对所制备的高强高渗防水粘结层材料的路用性能进行验证是十分必要的。本章通过大量室内试验,系统研究不同因素影响下 FJH-1 的路用性能,并与常用的 SBS 改性热沥青、乳化沥青防水粘结层材料做参比,系统研究高强高渗透防水材料的路用性能,最终将三者的试验结果与有限元模拟结果相比,验证高强高渗防水粘结层材料 FJH-1 的可行性。

6.3.1 组合试件的制备

（1）按照石柱至黔江高速公路第SQLM1合同段的设计要求拌合C30水泥混凝土，水泥：中砂：5-10碎石：10-25碎石：水：减水剂=3.46：8.45：4.40：6.57：1.12：0.03。按此配比将拌和后的水泥混凝土成型于300mm×300mm×50mm的模具中，如图6-30。将其放入标准养护室中养护28d，随后取出拆模。

图6-30制备水泥混凝土板

图6-31涂抹防水粘结层

（2）将水泥混凝土板表面的泥浆用水冲洗后再用砂纸打磨，等待其干燥之后把FJH-1防水粘结层材料按照不同用量涂抹在水泥混凝土板的表面。如果一次性涂抹过多的防水粘结层材料，那么二甲苯挥发时间较长，不利于室内试验的进行。因此，每层涂抹量控制在0.2kg/m²，待其实干后继续涂抹下一层即可，涂抹完防水粘结层的试件见图6-31。

（3）将涂抹完最后一层防水粘结层材料的试件放在通风处，等待24h后将其放入300mm×300mm×100mm规格的组合试件模具中，按照项目上所设计配合比拌和AC-13C型沥青混合料，将其倒入模具中并用碾压机成型组合试件，如图6-32。

图6-32 成型组合试件

（4）把成型的组合试件放在室内环境下冷却24h,使用切割机和钻芯机制备好剪切试件（50mm×100mm×100mm）和拉拔试件（φ50mm×100mm）,如图6-33。

（a）剪切试件　　　　　　　　　　　　　　　（b）拉拔试件

图6-33　切割后的试件

6.3.2 组合试件抗剪性能

（1）剪切试验方案

组合试件的层间抗剪强度受外界环境影响很大,包括温度、剪切角度、水泥混凝土界面处理方式、剪切速率、防水粘结层用量等。本书剪切试验统一采用剪切速率50mm/min,剪切角度为60°,系统研究不同防水粘结层用量、温度、基面处理方式、水对层间抗剪强度的影响。制定试验方案如下:

a.防水粘结层用量的影响。控制温度、基面处理方式不变,研究FJH-1、SBS改性沥青、乳化沥青的用量对组合试件层间抗剪强度的影响。

b.温度的影响。在确定完FJH-1、SBS改性沥青、乳化沥青最佳用量之后,保证防水粘结层最佳用量、基面处理方式不变,研究0℃,25℃,50℃温度下对组合试件层间抗剪强度的影响。

c.基面处理方式的影响。在25℃时最佳用量下,研究砂纸抛光、钢丝刷拉毛、铣刨这三种基面处理方式对组合试件层间抗剪强度的影响。

d.水的影响。保持三种防水粘结层材料在最佳用量和相同基面处理方式条件下,研究组合试件浸水和冻融对组合试件层间抗剪强度的影响。

（2）剪切试验过程

A.试验步骤

本书采用重庆交通大学MTS万能试验机进行剪切试验,该仪器操作简便,精度较高。目前对防水粘结层材料的抗剪试验一般采用直剪或垂直剪切来测试,但这不能模拟车辆实际行驶过程中出现车辆启动、刹车、紧急刹车的情况,与实际受力情况不符,而采用60°剪切角进行斜剪试验最能接近不利条件下路面实际受力情况[125],如图6-34所示。

图6-34 斜剪试验示意图

在进行剪切试验之前,先将制备好的试件放在所需环境下养护4h,达到要求之后便可进行剪切强度试验,主要试验步骤如下所示:

a.首先将万能试验机与电脑主机关联,关联成功之后便可通过电脑的界面进行相关操作;

b.将60°剪切模具安装完毕,同时调整好应力施加器的位置,通过电脑程序设置好试验模式、加载速率等相关参数;

c.启动剪切试验程序,观察试验数据的变化和试件的情况;当试件破坏时点击终止程序按钮,同时记录实验所得数据,将应力施加器归位,准备进行下一组试验。

试验完毕后可通过电脑导出试验数据,为了减小试验的差异性,保证试验结果的准确性,每一组试验至少进行三组平行试验,再求其平均值。如果同一组试验数据差别太大,应增加平行试验的次数。

B.数据处理

剪切强度计算公式见式(6.3)。

$$\tau = \frac{F}{A}\sin q \qquad (6.3)$$

式中:t—剪切强度,单位 MPa;

　　　F—试件破坏时的竖向应力,单位 N;

　　　A—截面面积,单位 mm²;

　　　θ—剪切角,60°。

(3)FJH-1剪切试验最佳用量对比

防水粘结层材料用量太少,层间粘结强度不足,防水性能也会大大降低;用量过多,在层间会形成一种滑移层,层间摩擦阻力反而降低,使得层间抗剪强度下降。这表明防水粘结层材料存在最佳用量,在此用量下可以最大程度发挥防水粘结层材料的抗剪性能。因此,通过室内试验确定FJH-1防水粘结层材料最佳用量意义重大,同时将SBS改性沥青和乳化沥青作为对照组,对比研究三种防水粘结层材料的用量与剪切强度的关系。

A.FJH-1最佳用量的确定

按照每层涂抹量为0.2kg/m²,拟定FJH-1的用量为0.2kg/m²、0.4kg/m²、0.6kg/m²、0.8kg/m²、1.0kg/m²,将剪切试件在25℃恒温箱中保温4h后,对以上不同用量的组合试件进行剪切强度试验,所得结果如下图6-35所示。

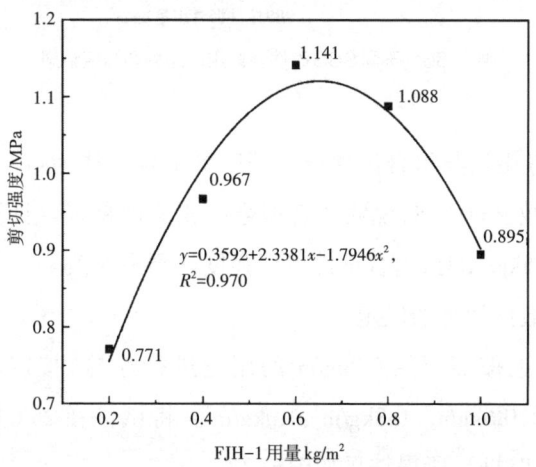

图6-35　不同FJH-1用量的剪切强度结果

对不同FJH-1用量下组合试件的剪切强度结果进行拟合,得到拟合曲线关系式为:$y=0.3592+2.3381x-1.7946x^2$,其中$R^2=0.970$,说明多项式拟合的相关性良好。计算可得此曲线取得最大值时,$x=0.62$,说明FJH-1的用量在$0.62kg/m^2$组合试件可以达到最高的剪切强度。

B.SBS改性沥青最佳用量的确定

因在常温下,SBS改性沥青固化速度较快,对于$0.2kg/m^2$的用量下,SBS改性沥青并不能完全布满水泥混凝土的表面。在第二章的前言中提到,SBS改性沥青的用量在$0.6—0.8kg/m^2$时有较高的抗剪强度,因此拟定SBS改性沥青的用量为$0.6kg/m^2$、$0.8kg/m^2$、$1.0kg/m^2$、$1.2kg/m^2$和$1.4kg/m^2$。将试件在25℃恒温箱中保温4h后,对涂抹SBS改性沥青的组合试件进行剪切试验,所得结果如图6-36所示。

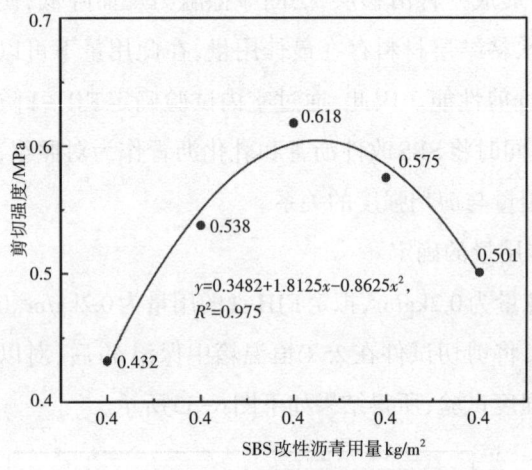

图6-36　不同SBS改性沥青用量的剪切强度结果

SBS改性沥青用量与组合试件剪切强度的拟合曲线为:$y=-0.3482+1.8125x-0.8625x^2$,相关系数$R^2=0.975$,说明两者拟合的相关性良好。计算可得,当SBS改性沥青用量为$1.05kg/m^2$时,组合试件剪切强度达到最大值。

C.乳化沥青最佳用量的确定

将乳化沥青也按照每层$0.2kg/m^2$的用量进行涂抹,拟定乳化沥青用量为$0.2kg/m^2$、$0.4kg/m^2$、$0.6kg/m^2$、$0.8kg/m^2$、$1.0kg/m^2$。将试件在25℃恒温箱中保温4h后对试件进行剪切试验,所得结果如图6-37。

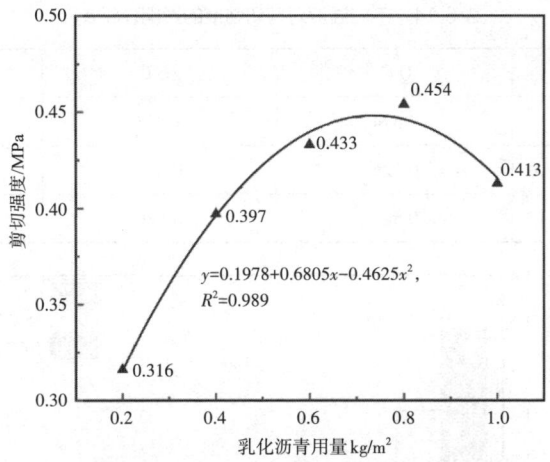

图6-37　不同乳化沥青用量的剪切强度结果

通过多项式拟合得到乳化沥青用量与组合试件剪切强度的拟合曲线为：$y=0.1978+0.6805x-0.4625x^2$，相关系数 $R^2=0.989$，表明乳化沥青用量与组合试件剪切强度相关性良好。当组合试件的剪切强度达到最大值时，通过计算可得到乳化沥青的用量为 0.74kg/m^2。

可以看出，随着 FJH-1、SBS 改性沥青、乳化沥青用量的增加，三者的剪切强度都呈现出先增加后降低的变化规律，说明三种防水粘结层材料剪切强度最大值所对应下的用量即为各自的最佳用量。通过对比分析可以看出，FJH-1、SBS 改性沥青、乳化沥青的最佳用量分别为 0.62kg/m^2、1.05kg/m^2、0.74kg/m^2，且 FJH-1 的剪切强度远大于另外两者，其最佳用量也是三者中最小值，说明 FJH-1 无论是从经济还是抗剪强度方面来看，都具有更大的优势。

（4）温度对剪切强度的影响

为研究温度对三种防水粘结层抗剪强度的影响，将 FJH-1、SBS 改性沥青、乳化沥青分别按照各自的最佳用量制备成组合试件，将其放入 0℃、25℃、50℃这三种温度条件下保温4h后进行剪切强度试验。将测试所得的结果汇总于表6.14和图6-38中。

表6.14　不同温度对剪切强度的影响(MPa)

防水材料	0℃	25℃	50℃
FJH-1	1.574	1.218	0.294
SBS改性沥青	0.826	0.647	0.156
乳化沥青	0.584	0.486	0.041

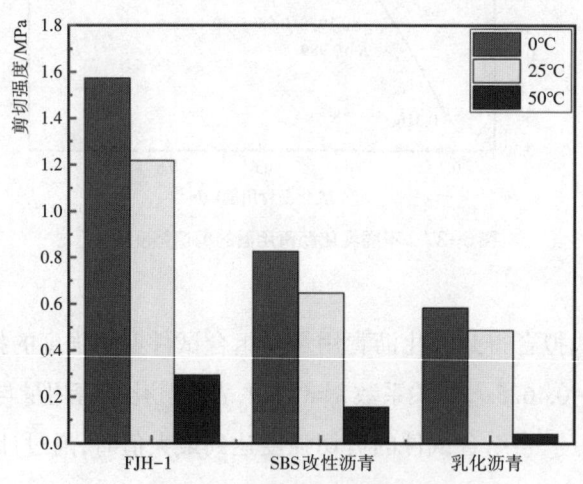

图6-38　温度对剪切强度的影响

从表6.14和图6-38中可以看出,在三种温度下,FJH-1的抗剪强度都远大于SBS改性沥青和乳化沥青。当温度从0℃增至25℃,三种防水粘结层材料的抗剪强度出现了不同程度的降低,但降幅不大;但从25℃常温升至50℃高温时,防水粘结层材料的抗剪强度急剧下降,与0℃的抗剪强度相比,FJH-1抗剪强度下降了81.3%,SBS改性沥青抗剪强度下降了89.1%,乳化沥青的抗剪强度下降了93.0%,说明三种防水粘结层材料受温度的影响十分显著。对比三者抗剪强度的下降幅度,可以看出FJH-1抗剪强度相对而言受温度的影响较小,在高温下也具有较高的抗剪强度。

(5)界面处理方式对剪切强度的影响

界面处理方式的不同,水泥混凝土界面的粗糙度也不同,层间的粘结效果也有差异。为研究不同界面处理方式对FJH-1、SBS改性沥青和乳化沥青抗剪强度的影响。本书采用砂纸抛光、钢丝刷拉毛、铣刨这三种界面处理方式,如图6-39

所示。研究了在常温25℃下,不同界面处理方式对防水粘结层抗剪强度的影响,
试验结果见表6.15和图6-40。

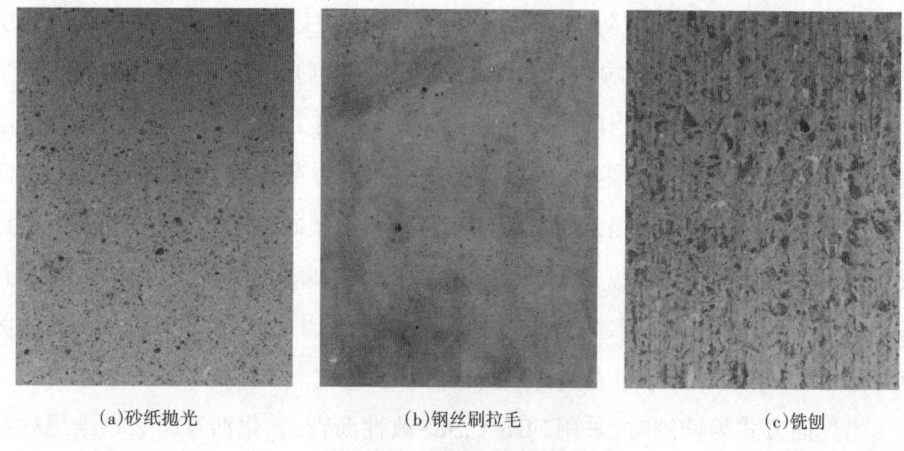

(a)砂纸抛光　　　　　　　(b)钢丝刷拉毛　　　　　　　(c)铣刨

图6-39　不同界面处理方式

表6.15　不同界面处理对剪切强度的影响(MPa)

材料 界面	砂纸抛光	钢丝刷拉毛	铣刨
FJH-1	1.218	1.247	1.586
SBS改性沥青	0.647	0.689	0.762
乳化沥青	0.486	0.489	0.587

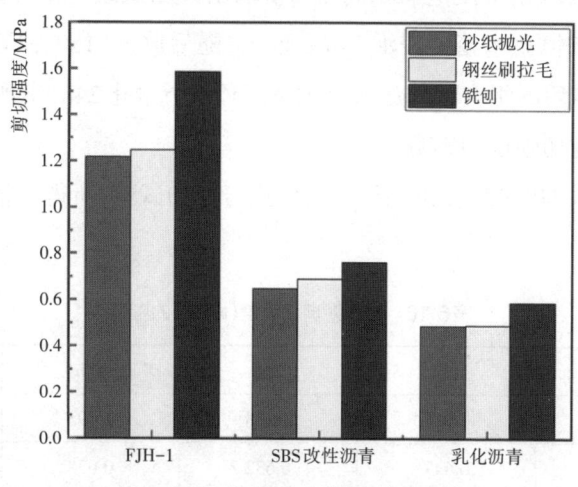

图6-40　界面处理对剪切强度的影响

结合表6.15和图6-40我们可以看出,防水粘结层材料相同时,不同界面处理方式下层间抗剪强度的大小顺序为:铣刨>钢丝刷拉毛>砂纸抛光。这是因为决定层间抗剪强度除了与防水粘结层材料类型有关以外,层间的摩擦阻力对层间抗剪强度也有很大的影响。根据摩尔-库伦理论可知,层间抗剪强度受摩擦阻力和粘结力的相互作用,当防水粘结层相同时(粘结力相同),摩擦阻力越大,层间抗剪强度也就越大。显然,层间摩擦阻力受水泥混凝土表面的构造深度、表面纹理的影响。对水泥混凝土界面进行砂纸抛光、钢丝刷拉毛和铣刨,主要是增加表面纹理和加深构造深度。在混合料铺装的过程中,使得水泥混凝土表面的石料与沥青混凝土相互嵌挤,两者形成稳定的结构。当层间受到水平方向上的剪应力作用时,较大的摩擦阻力使得层间抗剪强度提高。

当界面方式为铣刨时,采用FJH-1、SBS改性沥青、乳化沥青防水粘结层材料的层间抗剪强度与界面采用砂纸抛光的处理方式相比分别增加了39.0%,23.3%,29.3%。说明当水泥混凝土界面的构造深度增加时,FJH-1防水粘结层材料对界面浸润效果最好,当材料固化后形成的网状结构可将水泥混凝土与沥青混凝土紧密粘结成一个整体。

(6)水对剪切强度的影响

隧道内部结构复杂,有时会出现渗水甚至涌水的现象。为了研究水对组合试件层间抗剪强度的影响,将涂抹了三种防水粘结层的组合试件分为两组。一组放入25℃恒温水箱中浸泡72h,每隔24h取出并测试组合试件的抗剪强度;另一组先放入25℃恒温水箱中浸泡24h后取出,随后放入-18℃±2℃的冰箱中冷冻24h,之后将冷冻后的组合试件放入25℃室温环境下融化24h,实现一次冻融。

A.浸水对剪切强度的影响

分别将浸水24h、48h、72h的组合试件进行剪切试验,所得结果如表6.16和图6-41所示。

表6.16　浸水对剪切强度(MPa)的影响

材料浸水时间	0h	24h	48h	72h
FJH-1	1.218	1.228	1.193	1.237
SBS改性沥青	0.647	0.632	0.638	0.621
乳化沥青	0.486	0.471	0.454	0.418

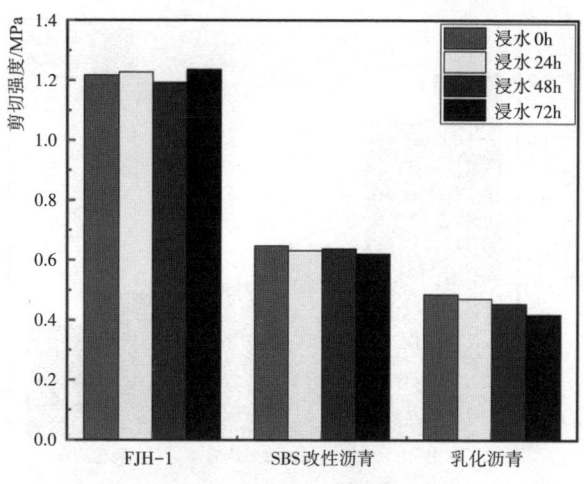

图6-41　浸水对剪切强度的影响

从表6.16和图6-41可知,在浸水之后FJH-1的抗剪强度几乎持平,可以认为浸水对FJH-1的抗剪强度没有影响;SBS改性沥青的抗剪强度略微降低,但总体来说变化不大;乳化沥青的抗剪强度明显下降,在浸水72h后,其抗剪强度降低了13.9%,表明浸水对乳化沥青抗剪强度不利。这是因为FJH-1和SBS改性沥青本身胶结料内部的黏聚力较高,对水泥混凝土和沥青混凝土的黏附性能较好,固化后的膜结构的致密性很高,可有效防止水分的侵入;而乳化沥青的性能不及两者,在水分侵入后使得乳化沥青的粘结性能下降,使得试件的抗剪强度降低。

B.冻融对剪切强度的影响

将冻融后的试件进行剪切强度试验,试验结果见表6.17和图6-43。

表6.17　冻融对剪切强度(MPa)的影响

材料	冻融前	冻融后
FJH-1	1.218	1.067
SBS改性沥青	0.647	0.516
乳化沥青	0.486	0.378

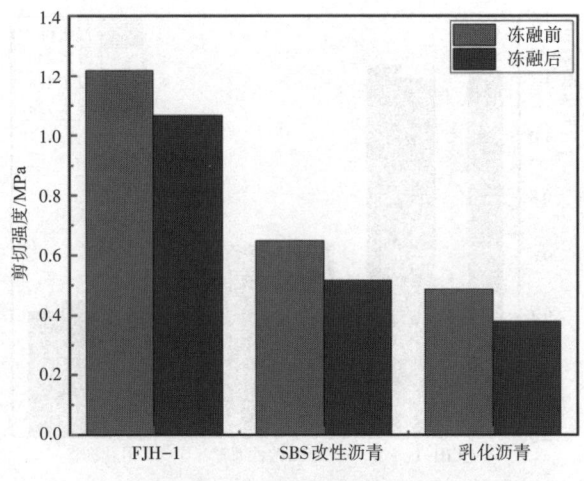

图6-42 冻融对剪切强度的影响

从表6.16和图6-42中可以看出,冻融后三种防水粘结层材料的抗剪强度出现了不同程度的下降。冻融后,乳化沥青的抗剪强度降低了22.2%,SBS改性沥青的抗剪强度降低了20.2%,FJH-1的抗剪强度降低了12.4%。显然,冻融后FJH-1的抗剪强度下降幅度最小,且FJH-1冻融后的抗剪强度也远大于另外两者,说明FJH-1相对来说有着更好的抗冻融能力。

6.3.3 组合试件拉拔性能研究

（1）拉拔试验方案

组合试件的拉拔强度同样受温度、水泥混凝土界面处理方式、拉伸速率、防水粘结层用量等因素的影响。本书拉拔试验统一采用拉伸速率50mm/min,系统研究不同防水粘结层用量、温度、基面处理方式、水对拉拔强度的影响。制定试验方案如下：

a.防水粘结层用量的影响。控制温度、基面处理方式不变,研究FJH-1、SBS改性沥青、乳化沥青的用量对组合试件拉拔强度的影响。

b.温度的影响。在确定完FJH-1、SBS改性沥青、乳化沥青最佳用量之后,保证防水粘结层最佳用量、基面处理方式不变,研究0℃、25℃、50℃温度下对组合试件拉拔强度的影响。

c.基面处理方式的影响。在25℃、最佳用量下,研究砂纸抛光、钢丝刷拉毛、铣刨这三种基面处理方式对组合试件拉拔强度的影响。

d.水的影响。保持三种防水粘结层材料在最佳用量和相同基面处理方式条件下,研究组合试件浸水和冻融对组合试件拉拔强度的影响。

(2)拉拔试验过程

A.试验步骤

本书同样采用重庆交通大学MTS万能试验机进行拉拔试验,拉拔试验可以有效地评价防水粘结层材料的粘结性能,在试验前需要在拉拔试件上安装螺丝帽,通过拉杆将拉拔试件固定在万能试验机上后才能进行拉拔试验,如图6-43所示。

图6-43　拉拔试验示意图

同样,在进行拉拔试验前也需要将试件放入所需环境下养护4h,试验步骤如下所示:

a.首先将万能试验机与电脑相关程序联机;

b.将拉拔试件安装在万能试验机上,注意上下拉杆在固定的时候需要先固定上侧或下侧的拉杆,同时固定容易产生扭矩力而破坏试件;

c.选择拉拔试验程序,点击启动程序后观察试件情况和试验数据分布情况;

d.当试件破坏时点击终止程序,记录试验数据,将破坏的试件卸下后安装另一组试件准备重复试验。

为了保证拉拔试验结果的准确,同样每组拉拔试验需进行三组平行试验,将所得结果取其平均值,如果实验数据结果相差太大,需进行多组平行实验后再进行数据筛分。

B.数据处理

拉拔强度计算公式见式6.4,

$$\sigma = \frac{F}{A} \tag{6.4}$$

式中:σ—拉拔强度,单位 MPa;

F—试件破坏时的竖向应力,单位 N;

A—截面面积,单位 mm^2。

(3)FJH-1拉拔试验最佳用量对比研究

组合试件拉拔强度取决于防水粘结层材料的内聚力和防水粘结层材料对水泥混凝土和沥青混凝土的粘结力。当防水粘结层材料渗入水泥混凝土界面和沥青混凝土界面的孔隙中时,此时拉拔强度的大小受粘结力的影响较大;随着防水粘结层材料用量的增加,此时在水泥混凝土和沥青混凝土之间形成了一种滑移层,拉拔强度受材料的粘结力影响程度逐渐减小,其强度主要受材料的内聚力大小的影响,破坏面处于防水粘结层材料内部[126]。因此,将拉拔强度达到最大时防水粘结层材料的用量与剪切强度达到最大时防水粘结层材料的用量相比较,可以得出在某个用量范围内使得组合试件的剪切强度和拉拔强度达到较高的水平。

A.FJH-1最佳用量的确定

选择 FJH-1 防水粘结层材料,用量为 $0.2kg/m^2$,$0.4kg/m^2$,$0.6kg/m^2$,$0.8kg/m^2$,$1.0kg/m^2$,将试件在25℃恒温箱中保温4h后进行拉拔试验,所得结果绘制于图6-44中。

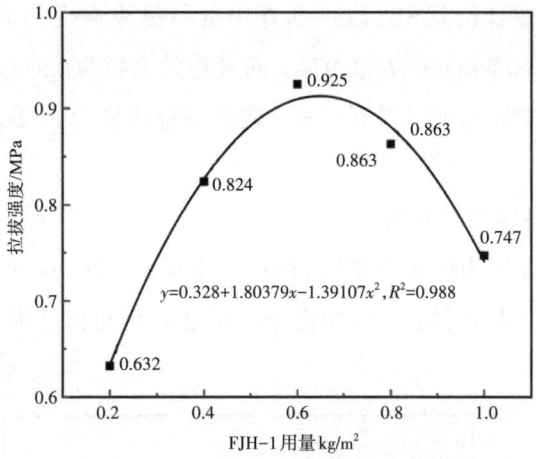

图6-44 不同FJH-1用量的拉拔强度结果

将FJH-1用量与不同FJH-1用量下的拉拔强度结果进行拟合,得到拟合曲线为：$y = 0.328+1.80379x-1.39107x^2$, $R^2=0.988$。其相关系数$R^2=0.988$,说明拟合后拉拔强度与FJH-1用量的相关性良好。进一步得到该曲线取得最大值时,FJH-1的用量为0.64kg/m²。

B.SBS改性沥青最佳用量的确定

SBS改性沥青的用量为0.6kg/m²、0.8kg/m²、1.0kg/m²、1.2kg/m²、1.4kg/m²。将试件在25℃恒温箱中保温4h后进行拉拔试验,所得结果如图6-45。

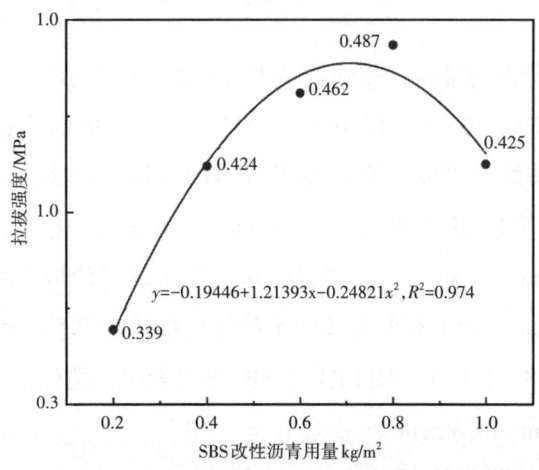

图6-45 不同SBS改性沥青用量的拉拔强度结果

通过多项式拟合得到SBS改性沥青用量与拉拔强度的拟合曲线为：$y = -0.19446+1.21393x-0.54821x^2$，$R^2$=0.974。两者相关系数为0.974，说明拟合后的线性关系良好。通过计算可以得到当SBS改性沥青用量为1.12kg/m²时，拉拔强度可以达到最大值。

C.乳化沥青最佳用量的确定

选用乳化沥青作为防水粘结层材料，其用量为0.2kg/m²、0.4kg/m²、0.6kg/m²、0.8kg/m²、1.0kg/m²。将试件在25℃恒温箱中保温4h后对试件进行拉拔试验，所得结果如图6-46。

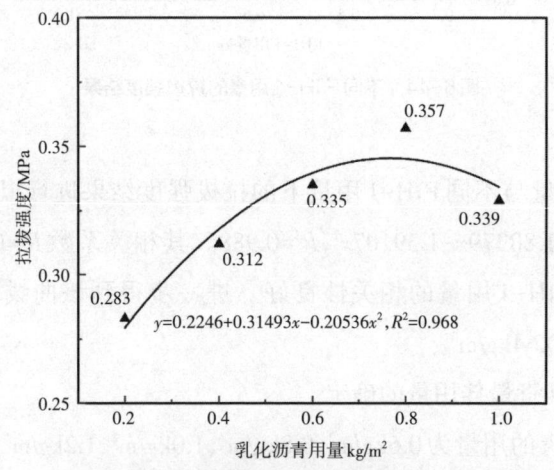

图6-46　不同乳化沥青用量的拉拔强度结果

同样对乳化沥青用量和拉拔强度结果进行多项式拟合，所得曲线关系式为：$y=0.2246+0.31493x-0.20536x^2$，$R^2$=0.968。显然，拟合后的曲线相关性依然良好，进一步计算得到曲线取得最大值时，乳化沥青的用量为0.78kg/m²。

通过拉拔试验所确定的FJH-1、SBS改性沥青、乳化沥青的最佳用量为0.64kg/m²、1.12kg/m²、0.78kg/m²，而通过剪切试验所确定的最佳用量为0.62kg/m²、1.05kg/m²、0.74kg/m²。为了充分发挥防水粘结层的抗剪和粘结性能，取两种试验所得最佳用量的中值即可。固FJH-1、SBS改性沥青、乳化沥青的最佳用量为0.63kg/m²、1.08kg/m²、0.76kg/m²。

(4)温度对拉拔强度的影响

为了具体研究不同温度下三种防水粘结层材料的拉拔强度的变化规律，将

三种防水粘结层材料按照最佳用量制成组合试件,将其放入0℃、25℃、50℃这三
种温度条件下保温4h后进行拉拔强度试验。将测试所得的结果汇总于表6.18和
图6-47中。

表6.18　不同温度对拉拔强度(MPa)的影响

材料	0℃	25℃	50℃
FJH-1	1.118	0.937	0.18
SBS改性沥青	0.642	0.475	0.11
乳化沥青	0.334	0.361	0.04

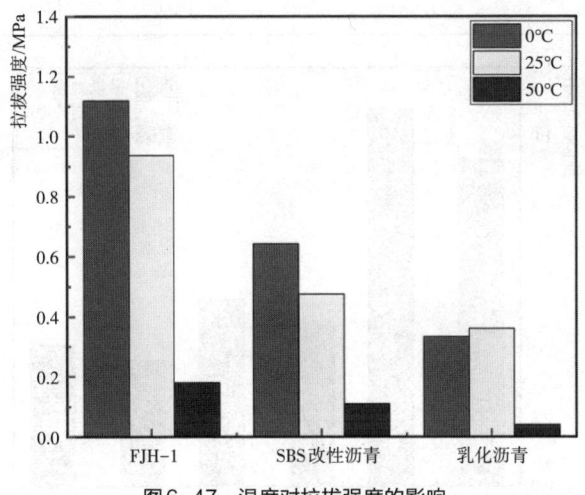

图6-47　温度对拉拔强度的影响

结合表6.18和图6-47可以看出,FJH-1防水粘结层材料在0℃下的拉拔强度
最高,是SBS改性沥青的1.74倍,是乳化沥青的3.35倍;常温25℃下和高温50℃
FJH-1的拉拔强度也明显高于其他两者。随着温度升至50℃时,三种防水粘结
层材料的拉拔强度急剧下降,说明温度对其影响十分显著,乳化沥青在0℃温度
下的拉拔强度略低于常温25℃下的拉拔强度,可能是因为乳化沥青在低温下产
生了脆断的现象。

(5)界面处理方式对拉拔强度的影响

界面处理方式主要是通过增加水泥混凝土表面的构造深度,使得防水粘结
层材料充分渗入水泥混凝土表面的裂缝和沥青混凝土的孔隙中再固化,固化后

的网状结构使得防水粘结层材料的粘结力增加,从而提高组合试件的拉拔强度。将水泥混凝土界面经过砂纸抛光、钢丝刷拉毛、铣刨后制成的组合试件放入常温25℃的恒温箱中保温4h,之后将其取出进行拉拔试验,所得结果见表6.19和图6-48。

表6.19 不同界面处理对拉拔强度的影响(MPa)

材料	砂纸抛光	钢丝刷拉毛	铣刨
FJH-1	0.937	0.983	1.082
SBS改性沥青	0.475	0.496	0.537
乳化沥青	0.361	0.369	0.406

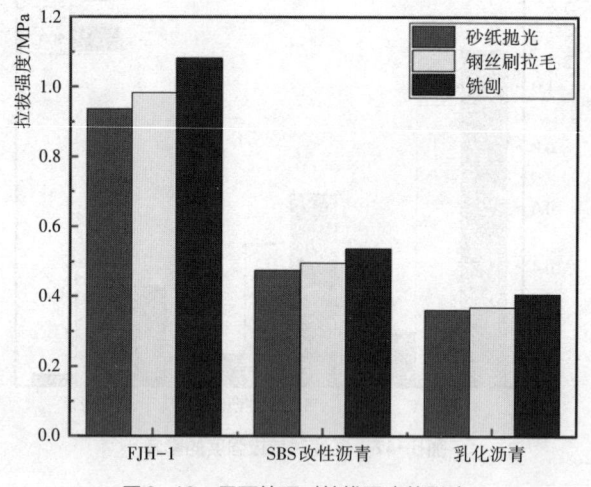

图6-48 界面处理对拉拔强度的影响

从表6.20和图6-48中可以看出,相对于砂纸抛光而言,钢丝刷拉毛和铣刨后对防水粘结层拉拔强度略有提升,这是因为通过钢丝刷拉毛和铣刨后增加了水泥混凝土表面的构造深度,利于沥青混凝土与水泥混凝土的粘结。三种界面处理方式对拉拔强度提升程度排序为:铣刨>钢丝刷拉毛>砂纸抛光,说明界面方式采用铣刨之后更加利于防水粘结层形成致密的膜结构,从而最大程度地提升拉拔强度。

(6)水对拉拔强度的影响

为了研究水对防水粘结层材料拉拔强度的影响,将经过浸水和冻融的拉拔试件进行拉拔试验(浸水和冻融条件与3.2.6一致)。

A.浸水对拉拔强度的影响

测试浸水24h、48h、72h后组合试件的拉拔强度,所得结果如表6.20和图6-49所示。

表6.20 浸水对拉拔强度的影响(MPa)

材料浸水时间	0h	24h	48h	72h
FJH-1	0.937	0.942	0.933	0.916
SBS改性沥青	0.475	0.462	0.431	0.447
乳化沥青	0.361	0.369	0.346	0.318

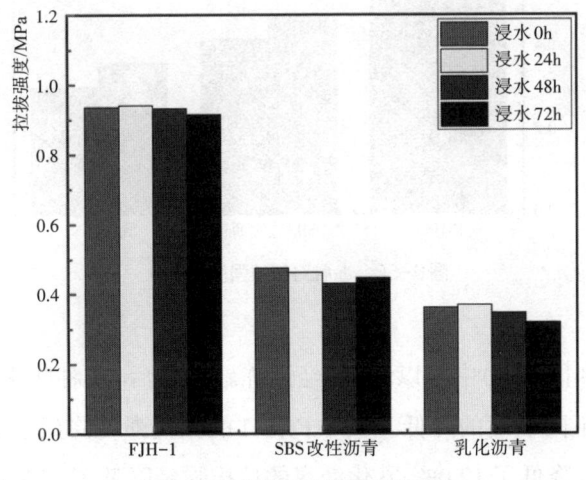

图6-49 浸水对拉拔强度的影响

由表6.21和图6-49可知,浸水72h后FJH-1的拉拔强度几乎持平,考虑到试验的差异性,可以认为浸水对FJH-1的拉拔强度没有影响;浸水72h后SBS改性沥青拉拔强度降低幅度不大,为5.9%,表明浸水对其影响程度很低;而浸水72h后乳化沥青的拉拔强度降低了11.9%,可以认为浸水对乳化沥青的拉拔强度影响程度较大。

B.冻融对拉拔强度的影响

将冻融后的试件进行拉拔强度试验,试验结果见表6.21和图6-50。

表6.21 冻融对拉拔强度的影响(MPa)

材料	冻融前	冻融后
FJH-1	0.937	0.893
SBS改性沥青	0.475	0.418
乳化沥青	0.361	0.302

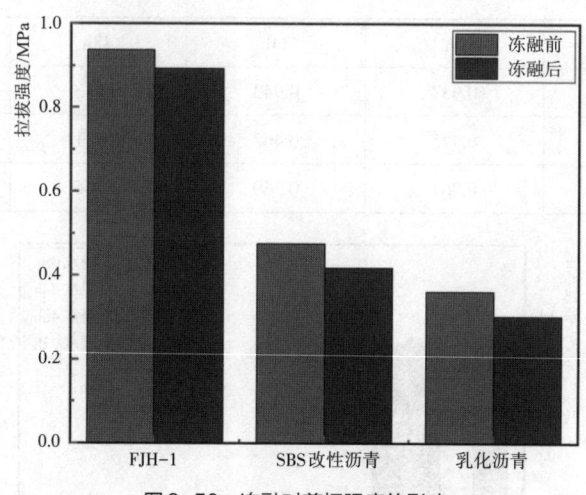

图6-50 冻融对剪切强度的影响

从表6.20和图6-50中可以看出,经过冻融循环后,三种防水粘结层的拉拔强度也出现了不同程度的降低。其中FJH-1的拉拔强度降低了4.7%,SBS改性沥青的拉拔强度降低了12.0%,乳化沥青的拉拔强度降低了16.3%。几种防水粘结层材料拉拔强度降低幅度大小排序为:乳化沥青>SBS改性沥青>FJH-1,说明FJH-1的抗冻融能力为三者中最优,且FJH-1在冻融后的拉拔强度也远大于SBS改性沥青和乳化沥青的拉拔强度。

6.3.4 防水粘结层性能指标分析

从有限元分析的结果可知,隧道单层AC+PCC复合式路面防水粘结层材料的控制指标为抗剪强度$\tau_{max} \geq 0.747$MPa,拉拔强度$\sigma_{max} \geq 0.236$MPa。因为隧道内的环境的特点是"冬暖夏凉",固只需要考虑常温25℃的情况即可。通过路用性能相关试验的结果可以看出,SBS改性沥青和乳化沥青的抗剪强度达不到指标要求,粘结强度能够满足指标要求;但FJH-1的抗剪强度和粘结强度远远高于控制指标的$\tau_{max}\geq0.747MPa$,$\sigma_{max}\geq0.236MPa$,显然,可将FJH-1防水粘结层材料应用于隧道单层AC+PCC复合式路面结构中。

6.4 本章小结

本章首先通过有限元软件ABAQUS对不同因素影响下的隧道单层AC+PCC复合式路面层间应力进行了分析;其次研发了一种适用于隧道单层AC+PCC复合式路面结构的高强高渗防水粘结层材料,并测试了它的基本性能;最后对高强高渗防水粘结层材料的路用性能试验进行了系统性研究,得到如下结论:

(1)层间最大剪应力受轴载、水平力系数、隧道纵坡坡度的影响显著,面层模量在1000~1600MPa内变化时,层间最大剪应力几乎不受其影响。层间最大竖向拉应力随轴载的增加而增加,面层模量和车速的增加会略微降低层间最大竖向拉应力,水平力系数和隧道纵坡坡度对层间最大竖向拉应力几乎没有影响(最大竖向拉应力几乎没有影响)。在最不利组合情况下,通过拟合曲线可以看出AC层厚度在4~7cm这个范围增加对层间最大剪应力的降低效果最明显,AC层厚为5cm时层间最大竖向拉应力达到最小值。从经济、施工和模拟结果这几方面考虑,确定单层AC+PCC结构中AC层的厚度为5cm。

(2)单层AC+PCC复合式路面结构中,普通防水粘结层材料不能满足层间抗剪强度指标,需研发一种高强高渗防水粘结层材料,满足AC层厚度为5cm情况下层间抗剪强度$\tau_{max}\geq0.747MPa$,拉拔强度$\sigma_{max}\geq0.236MPa$。

(3)基于相似相溶原理,提出了常温下高强高渗防水粘结层材料的制备工艺,该方法操作简便、安全可靠,即"分别溶解+混合溶解"就能完成高强高渗防水粘结层材料的制备。通过对所制备的15种不同配方的高强高渗防水粘结层材料进行基本性能试验,选取了耐热性能较好、低温柔韧性优异、防水性能出色、粘结强度最高、渗透性能最好的B4作为防水粘结层材料的最佳配方,其中SBS:古马隆树脂:AH-70#沥青:二甲苯=6:9:30:55,将其命名为FJH-1。

(4)通过剪切试验和拉拔试验得出FJH-1、SBS改性沥青、乳化沥青的最佳用量相吻合,为了使剪切强度和拉拔强度都具有较高的数值,最佳用量应取其平均值，即 FJH-1、SBS 改性沥青、乳化沥青的最佳用量为 0.63kg/m²、1.08kg/m²、0.76kg/m²。

（5）在温度相同的条件下，三种防水粘结层材料的抗剪强度、拉拔强度大小关系为：FJH-1＞SBS 改性沥青＞乳化沥青。随着温度接近 50℃，三种防水粘结层材料的抗剪强度和拉拔强度都急剧下降，但 FJH-1 相对而言耐高温的性能更好。界面处理方式可提高组合试件的抗剪强度和拉拔强度，提升幅度由高到低的界面处理方式为铣刨＞钢丝刷拉毛＞砂纸抛光。

（6）与有限元模拟的结果相比，只有 FJH-1 在 0℃和 25℃下能满足单层 AC+PCC 结构防水粘结层的抗剪强度、拉拔强度的指标要求。虽然在 50℃条件下，FJH-1 达不到控制指标的要求，但隧道内的温度属于"冬暖夏凉"的特性，因此可将 FJH-1 防水粘结层材料用于隧道单层 AC+PCC 结构。

第七章 基于表面活性的温拌阻燃沥青在实际工程中的应用

7.1 工程概况及铺装方案

7.1.1 工程概况

渝黔高速公路扩能项目起于绕城高速巴南忠兴,止于小张坝附近省界,并与贵州省崇遵高速扩能工程相接,路线全长99.948公里,与渝黔高速构成重庆向南经贵州直达广西的出海高速"双通道",长大隧道3座(折算双洞)。全线按六车道高速公路标准建设,设计速度100km/h。整体式路基宽度33.5m,分离式路基宽度16.75m;本项目桥梁总长20935m/63座(其中特大桥7913m/5座,大、中桥13022m/58座),按单幅计;桥隧占本项目41.5%。全线设置11处互通式立交,服务区2处,停车区1处,天桥6座,涵洞及通道166道。概算总投资约179.60亿元,其中建安费约126.66亿元。本项目的依托工程为藻渡隧道和兴隆台隧道。(图7-1和图7-2)

图7-1 依托工程的卫星云图地图位置

(a)藻渡隧道　　　　　　　　　　　(b)兴隆台隧道

图7-2　依托工程的现场情况

（1）藻渡隧道

藻渡隧道设计为分离式+小净距组合式隧道,左线起止里程:ZK85+113-ZK87+615,全长2502m;右线起止里程:K85+107-K87+623,全长2516米。隧道为岩质隧道,围岩体多较完整,局部为较破碎,其中IV围岩4544单延米,V围岩474单延米,双向六车道,隧道最小曲线半径1300m,主洞净宽14.75m,隧道进口为削竹式明洞门,出口为端墙式洞门,共设置6个人行横通道和3个车行横通道。隧道进出口段均为浅埋隧道,且出口端存在地形偏压,项目施工时严格按照"早进洞"的原则,进洞采用30m长管棚辅助进洞。隧道轴线与岩层走向夹角偏小,洞身段存在一定的顺层偏压。结合隧道工期等情况综合考虑,由进口和出口双洞共4个工作面双向掘进施工,隧道按新奥法原理组织施工,于2020年7月3日,藻渡隧道完成双幅贯通。

（2）兴隆台隧道

兴隆台隧道设计为分离式+小净距组合式隧道,左线起止里程:ZK90+464-ZK93+159,全长2695m;右线起止里程:K90+507-K93+167,全长2660m,是全标段最长隧道。其中IV围岩4180单延米,V围岩1175单延米。隧道进口为单压明洞门,出口为削竹式洞门,主洞净宽14.75m,共设置7个人行横通道和3个车行横通道。施工过程中遇到不同岩性交界处、岩溶发育区、地下水富集段及下穿打脚沟水库、岩口山坪水塘等地表水体段,施工相应段落时出现了多次涌水,项目采取注浆封堵、增加集水井集中引流等方式进行处理。结合隧道工期等情况综合考虑,由进口和出口双洞共4个工作面双向掘进施工,隧道按新奥法原理组织施工,于2020年11月26日,兴隆台隧道完成双幅贯通。

7.1.2 依托工程铺装方案

依托工程藻渡隧道和兴隆台隧道均采用双层沥青混凝土铺装方案。该方案的结构形式可描述为:水泥混凝土+GS溶剂型防水材料+6cmAC20+4cm温拌阻燃沥青混凝土AC2013,铺装结构示意图见图7-3。

铺装层	铺装上层:温拌阻燃改性沥青混合料AC13,厚度4cm
	铺装下层:SBS改性沥青混合料AC20,厚度6cm
防水层	GS溶剂型防水材料
水泥混凝土	水泥混凝土:打砂,干燥,洁净

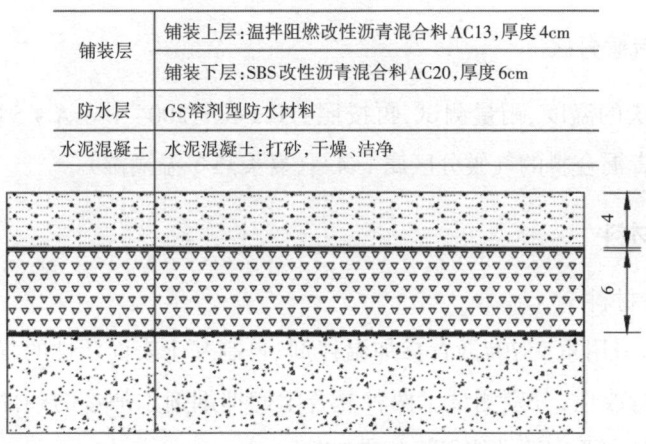

图7-3 依托工程铺装方案结构示意图

7.2 AMZ-Si温拌阻燃沥青混合料AC13的配合比设计

7.2.1. 设计说明

本报告对渝黔二期依托工程隧道铺装上面层温拌阻燃AC-13C改性沥青混合料进行目标配合比设计。

7.2.2. 设计依据

试验设计遵循如下技术规范及设计文件:

1)《公路沥青路面设计规范》(JTG D50—2017);

2)《公路沥青路面施工技术规范》(JTG F40—2017);

3)《公路工程集料试验规程》(JTG E42—2005);

4)《公路工程技术标准》(JTG B01—2014);

5)《重庆高速公路沥青路面技术规范》(CQJTG/T A01—2015);

6)《公路沥青路面施工技术规范》(JTG F04—2004);

7)《公路工程沥青及沥青混合料试验规程》(JTG E20—2011);

8)《公路工程质量检验评定标准》(JTG F80/1—2017);

9)《公路工程集料试验规程》(JTG E42—2005);

7.2.3 气候分区

根据重庆的温度、雨量测试,再按照JTG F40—2004中表A.4.5划分,重庆地区沥青及沥青混合料的气候分区属1-4-1(夏炎热冬温潮湿)。

7.2.4 材料

(1)沥青材料

AC-13C采用重交70#沥青掺加温拌剂、自制基于表面活性的复合阻燃抑烟剂及SBS进行改性,分别测试了两种复合阻燃抑烟剂添加量的条件下对应的改性沥青性能其主要实测性能指标如表7.1。

表7.1 改性沥青的基本性能

试验项目		温拌阻燃沥青A	温拌阻燃沥青B	技术要求
温拌剂掺量(外掺)		0.5%	0.5%	---
复合阻燃抑烟剂剂掺量(外掺)		5.0%	7.0%	---
针入度(25℃,100g,5s)/0.1mm	25℃	49.2	46.4	40~60
延度(5cm/min)/cm	5℃	24.1	22.3	≥20
软化点(R&B)/℃		73.4	77.6	≥70
弹性回复(25℃)/%		91.6	88.8	≥75
氧指数LOI		25.9	29.1	≥25
烟密度/%		73.4	64.6	<75%

显然,尽管两种温拌阻燃沥青的极限氧指数均大于25,烟密度均小于75%,满足设计要求,但阻燃剂掺量为5.0%时,极限氧指数和烟密度技术指标只能基

本满足设计要求,而阻燃剂掺量为7.0%时,极限氧指数和烟密度技术指标远高于设计要求,为保险起见并考虑经济性,推荐复合阻燃抑烟剂的合理掺量范围为5.0%～7.0%,建议掺量为6.0%(以沥青为基准),既能确保隧道运营的安全性,又能满足经济指标要求。

(2)集料的颗粒组成

AC-13C混合料的粗集料采用玄武岩,规格有:S10和S12,细集料S15采用玄武岩轧制机制砂,矿粉采用细磨石灰石粉,各种集料的颗粒组成见表7.2。

表7.2　各种集料的颗粒组成

规格	通过下列筛孔的(重量)百分率 /%										
	19	16	13.2	9.5	4.75	2.36	1.18	0.6	0.3	0.15	0.075
S10	100	100	97.1	18.1	0.3	0.2	0.2	0.2	0.2	0.2	0.2
S12			100	98.0	11.4	0.3	0.3	0.3	0.3	0.3	0.3
S15				100	97.0	68.1	42.9	31.3	21.8	16.4	7.8
矿粉								100	96.7	91.3	81.5

实测上述集料的各种性能见表7.3。

表7.3　各种集料的实测性能

指标	石料压碎值/%	洛杉矶磨耗损失/%	毛体积相对密度	表观相对密度	针片状含量/%		吸水率/%	砂当量
					粒径>9.5mm	粒径<9.5mm		
S10	19.2	21.4	2.686	2.716	8.1		0.4	
S12	——	——	2.671	2.693		7.4	0.4	
S15	——	——	——	2.725				72
矿粉	——	——	——	2.713				
技术要求	≤26	≤28	——	≥2.600	≤12	≤18	≤2.0	≥65

7.2.5 AC-13C沥青混合料设计

(1)级配及配合比

根据级配要求,由表7.2中各种集料的颗粒组成设计出矿料合成级配见表7.4。

表7.4　AC-13C合成级配计算表

孔径/mm	19	16	13.2	9.5	4.75	2.36	1.18	0.6	0.3	0.15	0.075
设计值/%	100	100	99.1	74.2	47.5	33.2	22.7	18.0	13.9	11.4	7.4
要求范/%	100/100	100/100	90/100	68/85	38/68	24/40	15/38	10/28	7/20	5/15	4/8

选用的AC-13C混合料配合比为S10∶S12∶S15∶矿粉=31∶23∶41∶5。

（2）混合料最佳油石比试验

根据各集料的毛体积相对密度计算混合料的合成毛体积相对密度为2.712，再根据混合料的合成毛体积相对密度，参照已建类似工程沥青混合料标准油石比4.8%，预估最佳油石比为4.8%。以预估的最佳油石比为中值，按0.5%的间隔取3.6%、4.1%、4.6%、5.1%、5.6%共5个不同的油石比分别成型马歇尔试件。

实测不同油石比时混合料试件的各项技术指标，取满足技术指标要求的油石比为最佳设计油石比。试验结果如表7.5

表7.5　不同油石比混合料马歇尔试验结果

油石比/%	理论最大相对密度	毛体积相对密度	空隙率/%	饱和度/%	矿料间隙率/%	稳定度/kN	流值/mm
3.9	2.560	2.389	6.7	57.2	15.0	18.42	1.70
4.2	2.541	2.405	5.4	63.6	14.8	17.13	2.3
4.5	2.522	2.414	4.3	71.2	14.9	18.4	2.8
4.8	2.504	2.421	3.3	78.2	15.1	15.2	3.4
5.1	2.486	2.423	2.6	83.5	15.4	17.4	4.0
设计要求	—	—	3～6	65～75	≥14	≥8.0	1.5～4

根据马歇尔试验结果综合分析，确定最佳油石比为4.8%。

（3）AC-13C目标配合比设计性能检验

①水稳定性检验

按JTJ052-2000 T0709—2000进行浸水马歇尔(48h)稳定度试验，检验其残留稳定度，检验结果满足设计要求，检验结果见表7.6。

表7.6　残留稳定度检验结果

油石比/%	稳定度/kN		残留稳定度比/%	设计要求/%
	浸水前	浸水后		
4.8	18.4	16.6	90.0	≥85

②高温性能检验

按T0703—2011成型试件,在试验温度为60℃,轮压为0.7MPa的条件下,进行车辙试验,检验结果满足设计要求。检验结果见表7.7。

表7.7　车辙试验检验结果

检验项目	检测结果	设计要求	试验方法
动稳定度/(次/mm)	3714	≥3000	T0719—2011

综上所述,AC-13C混合料目标配合比为:S10:S12:S15:矿粉=31:23:41:5,油石比4.8%。推荐基于表面活性的温拌剂掺量为沥青的0.5%,复合阻燃抑烟剂的掺量为沥青的5.0%~7.0%,建议掺量为沥青的6.0%(外掺)。

7.3温拌阻燃沥青混合料AC13的生产

根据不同的现场条件,可以选择采用干法和湿法两种不同的工艺制备温拌阻燃沥青混合料。

7.3.1湿法

湿法的生产工艺为:在拌和生产前,先将沥青阻燃复合改性剂、温拌剂及SBS橡胶改性剂投入到沥青制得温拌阻燃沥青,再将制备好的温拌阻燃改性沥青与集料一起投入拌和锅中进行正常的拌和生产。

(1)温拌阻燃改性沥青的制备:在改性之前,提前准备好至少一个空的沥青储罐,以单独储存所使用的温拌沥青。新沥青导入储罐的同时,将复合改性剂按比例一次性投入沥青储罐中。加入后,使用低速搅拌装置进行充分的搅拌,使复合改性剂与沥青混合均匀。搅拌完成后,将改性沥青置于135±5℃的温度下储存。在连续生产或者大规模生产时,需配备两个以上带搅拌装置的沥青储罐。

如果没有带搅拌装置的沥青储罐,则至少准备两个空的沥青储罐,先将温拌剂随沥青加入其中一个沥青储罐后,通过泵送装置将该罐中沥青全部导入另一个储罐中,再按照相同的操作方法将沥青泵回第一个储罐,并以此为一个循环,依次往复至少3个循环以保证温拌剂与沥青充分混合。

图7-4　沥青储罐与搅拌装置

(2)温拌阻燃沥青混合料的拌制:按生产配合比称取各类集料,通过履带传送至加热炉中,并将其加热至175℃±10℃。加热过程中产生的一切废气烟尘由加热炉上方的除尘装置收集并处理,加热好的集料卸至位于下方的热集料提升机,通过提升机提升至热集料筛分及储存仓。之后将符合温度要求的骨料、沥青、矿粉等通过传输装置加入拌和锅中进行拌和,每锅混合料拌和时间控制在55~65s,出料以拌和均匀、所有矿料颗粒全部裹覆沥青结合料、无花白料、不出现结团为量度,温拌阻燃混合料的拌制过程见图7-5。

(a)冷料仓　　　　　　　　　　　　　　　　(b)传送带

(c)集料加热炉

(d)热集料提升机

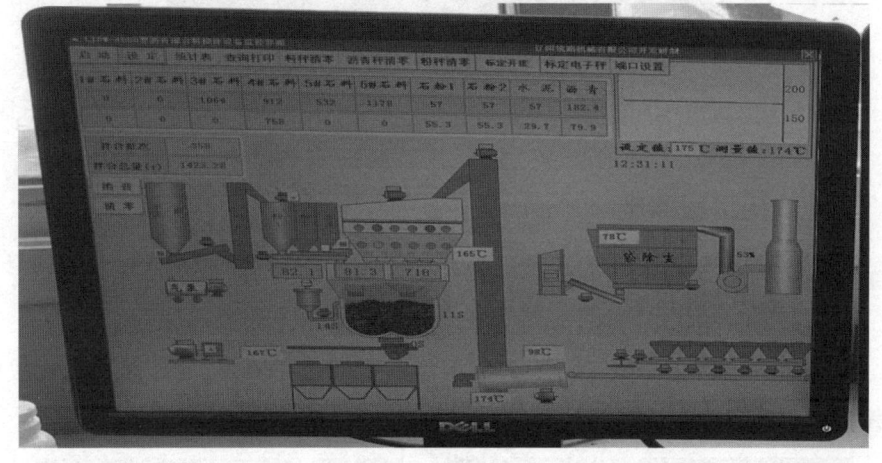
(d)控制流程

图7-5　混合料的拌制

7.3.2 干法

干法就是复合阻燃抑烟剂拌和锅直投法。不提前使用AMZ复合阻燃抑烟剂剂,只是先通过SBS与温拌剂制备温拌改性沥青,在混合料的拌和过程中通过机械或人工的方式,将指定剂量的AMZ复合阻燃抑烟剂剂直接投入到拌和锅里,拌和得到温拌阻燃沥青混合料AC13。

当采用通过人工添加的方式时(如图7-6),通过拌和锅观察口或侧面开口,按比例一次性投入拌和锅与混合料一起搅拌。复合阻燃抑烟剂应比粗集料稍延迟数秒后投入,再加入沥青湿拌不少于45s,总拌和时间应不少于55s。当采用机械投放时,可使用设备吹入、皮带运输、安装特定喷洒杆等投放方式。在投放过程中,应保证投放设备计量精度准确、稳定,确保连续生产时能按时按量地投入。

图7-6 干法的人工添加

7.4 依托工程实施

7.4.1 依托工程选址

所选工程项目为中铁二十三局集团渝黔扩能路面项目,实施路段为标段中的藻渡隧道和兴隆台隧道两处隧道沥青路面。

(a)沥青砼拌和楼   (b)拌和站

图7-7 所选工程项目

路面结构为:4cm SBS温拌阻燃改性沥青混凝土 AC13+6cm SBS改性中粒式沥青混凝土 AC20+GS-I溶剂型粘结剂防水层+26cm水泥混凝土结构层+15cm C20混凝土基层(仰拱段)。

7.4.2 前场施工

7.4.2.1 混合料运输

温拌阻燃混合料AC13运输是前后仓保持均衡施工的关键,施工中温拌阻燃混合料AC13的运输采用载重10吨以上自卸车8~12辆,以保证施工的连续进行。运输过程中加盖篷布保温、防雨、防污染,进入施工现场前用高压水将底盘和车轮清洗干净,防止泥土杂物掉落在摊铺施工范围内。(图7-8)

运输车辆清洗干净后,为防止沥青与车厢粘结,在车厢四周涂一层隔离剂或水油混合物(水与植物油按4:1的比例配置),混合物涂刷均匀不堆积。

卸料完成后运输车需尽快驶离摊铺现场,在冷却前清理残留在车厢上的残余混合料,并避免其掉落在摊铺施工范围内。

（a)自卸车　　　　　　　　　　　　　（b)车队等待装料

图7-8 混合料的运输

7.4.2.2 前场机械

主要使用的机械:在摊铺和碾压过程中,主要采用了福格勒1880-3L型摊铺机共两台、悍马(HAMM)钢轮压路机HD138共4台、轮胎压路机XP303K共3台。

（a)钢轮压路机　　　　　　　　　　　（b)胶轮胎压路机

(c)摊铺机

图7-9 主要使用的机械

　　如图7-9,为保证施工质量和改善施工环境条件,除了必要的机械外,还必须使用一系列辅助机械。如,为保证施工过程中光线充足,除压路机、摊铺机自带光源外,还需准备LED投光灯2组,型号选用QDLED-T008;为辅助排风,需准备轴流风机3个,型号采用JGFS4-4;为保证上述两种机械在隧道内正常使用,还需准备小型发电机TO9000ET共6台、可搭载轴流风机的皮卡车一辆。

7.4.2.3前场施工

A水泥混凝土施工缝处理

长大隧道的水泥混凝土基面的施工缝采用防水卷材进行防水处理,见图7-10。

图7-10 用防水卷材处理水泥砼基层伸缩缝

B 摊铺

开始摊铺前30min摊铺机就位于起点,前端伸出横杆吊垂球于行走基线上,基线于铺装前画好。自卸车在对准摊铺料斗倒退至后轮离摊铺机20~50cm处停下,挂空挡。摊铺机前进时逐渐靠近自卸车,并推动自卸车一起前进,此时汽车边移动边卸料于摊铺机料斗内。

在摊铺机推进过程中通常采用两台摊铺机前后错开10~20m,呈梯队方式同时展开施工。两幅之间留出30~60mm避开车道轮迹带的搭接。摊铺起步速度控制在1~2m/min,待正常后以2~3m/min速度向前均匀连续不断摊铺,摊铺时保持温度不宜低于135℃。

（3）碾压

采用"紧跟、慢压、高频、低幅"的原则进行碾压,开始碾压时沥青混合料内部温度不得低于130℃,碾压终了的表面温度不得低于70℃。

碾压过程分为三步:初压、复压、终压。初压采用追随式碾压,压路机紧跟在摊铺机后面碾压,并保持较短的初压区长度,以求尽快将表面压实,减少热量散失。使用钢轮压路机来回碾压一遍,碾压方式为前静后震,速度控制在1.5~2km/h。碾压时将压路机的驱动轮面向摊铺机,从外侧向中心碾压,在超高段则由低向高碾压,在坡道上应将驱动轮从低处向高处碾压。初压后检查路面平整度、路拱,有严重缺陷时进行修整乃至返工。复压应紧跟在初压后开始,由于隧道内路面宽度一般窄于露天的路段,所以轮胎压路机采用两前一后的原则同步碾压,确保在合适的温度下碾压成型。复压压路机的前进后退的标准是,前行不超过光轮稳压的表面,后退不进入已收迹的最终路面,一般控制在不超过60~80m的距离内。通常复压4~6遍即可完全达到密实度的要求,达到复压标准的表面需尽快采取收迹碾压的措施,以免温度过低无法消除复压痕迹。

复压优先采用重型的轮胎压路机进行揉搓碾压,以增加密水性,其总质量不小于25t,吨位不足时需要附加重物,使每个轮胎的压力不小于15kN。冷态时轮胎充气压力不小于0.55MPa,轮胎发热后不小于0.6MPa,且各个轮胎的气压大体相同,相邻碾压带应重叠1/3~1/2的碾压轮宽度,碾压至要求压实度为止。对于边、角等大型压路机难以压实的部位还需采用小型振动压路机做补充碾压。

终压应紧跟在复压后进行,由双钢轮振动压路机静压2遍以上,直至无明显轮迹为止。如经复压后已无明显痕迹时可免去终压(如图7-11和图7-12)。

图7-11 温拌阻燃AC13在藻渡隧道和兴隆台隧道的施工情况

图7-12 热拌AC13在某高速公路隧道的施工情况

7.5现场检测

7.5.1检测设备

(1)气体检测:为检测温拌阻燃沥青混合料AC13在施工过程中烟气的释放量,选用爱德克斯ADKS-1气体检测仪,规格3.7VDC(如图7-13)。该设备适用于实时检测单一气体在空气中的浓度值,因此准备两台同型号的检测仪,用以检测空气中VOC(挥发性有机化合物)和CO(一氧化碳)气体浓度。其中,VOC量程为1~1000ppm,分辨率1ppm;CO量程为0~1000ppm,分辨率1ppm而ppm是表示所测气体在整体环境中所占的质量百分比,即parts per million,又称百万分比浓度。

(2)温度检测:为检测施工过程中沥青混合料的温度,采用非接触式红外测温仪对温度进行测定,型号为DL333380,测量温度范围为-30℃~380℃,测量精度±2℃。

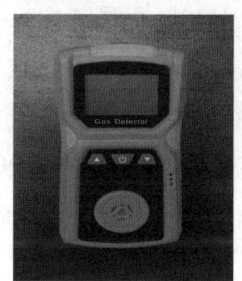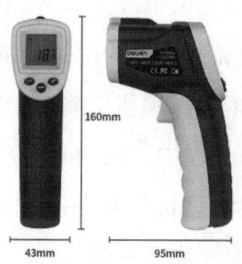

图7-13　依托工程藻渡隧道和兴隆台隧道施工中气体检测设备

(3)照度检测:为探究气体浓度对光线充裕度的影响,采用兰泰照度计LX-9621(如图7-14)对隧道内部环境的照度值进行检测,照度计测量范围为0~50000lx。

(4)其他工具:为保证检测工作的顺利进行,还需要配备测距用的卷尺、口罩或防护面具、手电筒等辅助工具设备。

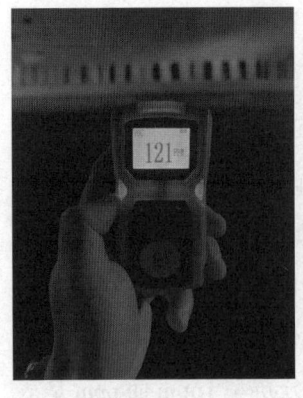
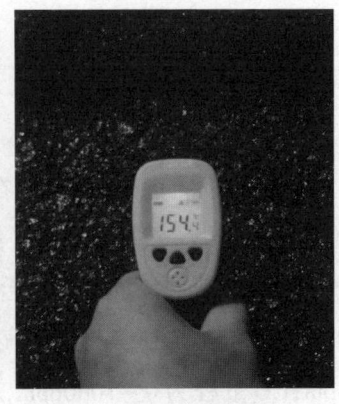

(a)气体检测仪　　　　　　　　(b)非接触式红外测温仪　　　　　　　(c)照度计

图7-14　检测设备在工作中

7.5.2 现场数据采集

(1)通风条件的差异是导致隧道内气体浓度出现显著变化的重要原因,根据隧道现场通风情况的差异,对于通风条件较好的隧道洞口处(距洞口100~200m的范围)和通风较为困难的隧道中部(距洞口1.1~1.2km的范围)进行重点分析。从自卸车向摊铺机喂料、摊铺机向前推进开始,以摊铺机熨平板处为原点,对摊铺、碾压过程中,混合料释放的烟气进行检测和数据采集。纵向以每10m为一个间隔,检测总长为100m;竖向以0.5m为一个间隔,总高度为2m(即一般人所能感受到的烟气浓度范围)。

(2)对隧道中部进行长距离的烟气浓度检测。对于施工前进到隧道中部附近时(距洞口1~1.2km),一个完整的施工环节(包括自卸车向摊铺机喂料、混合料在螺旋布料机中搅拌摊铺、钢轮压路机进行初压、轮胎压路机进行复压、终压成型)进行烟气释放浓度和混合料温度的检测。纵向距离以每10m为一个间隔,总长约300m;烟气采集点竖向高度维持在1.75m±0.25m;检测温度为混合料及路面表面温度。

(3)使用照度计计量分析沥青烟气对作业处光线充裕度的影响。以摊铺机熨平板处为原点,沿路线方向,每2.4m作一测量点,记录该点处的照度数据,水平高度一律保持在1.75m±0.25m,并以照度值降为1lx为最终检测点。

7.6 结果分析

7.6.1 VOC气体浓度

（1）隧道洞口

主要检测对象为施工队进入隧道后，距洞口100～200m范围内的VOC气体浓度。纵向距离以摊铺机作业处为零点，每10m为一个间隔，共检测100m的距离；竖向高度以路面为零点，每0.5m为一个间隔，共检测2m的高度。将测试的结果列于表7.8，并绘制得到VOC浓度与摊铺机的距离关系图，见图7-15。

表7.8　距洞口100～200m的VOC浓度/ppm

距离/m	高度/m											
	0	5	10	20	30	40	50	60	70	80	90	100
0	93	92	83	80	76	68	62	58	57	56	53	51
0.5	91	91	82	78	70	66	61	61	60	55	52	50
1	90	89	80	75	67	65	65	56	55	54	50	49
1.5	93	90	78	72	62	60	62	53	52	51	49	47
2	98	90	81	71	61	61	55	52	52	49	50	48

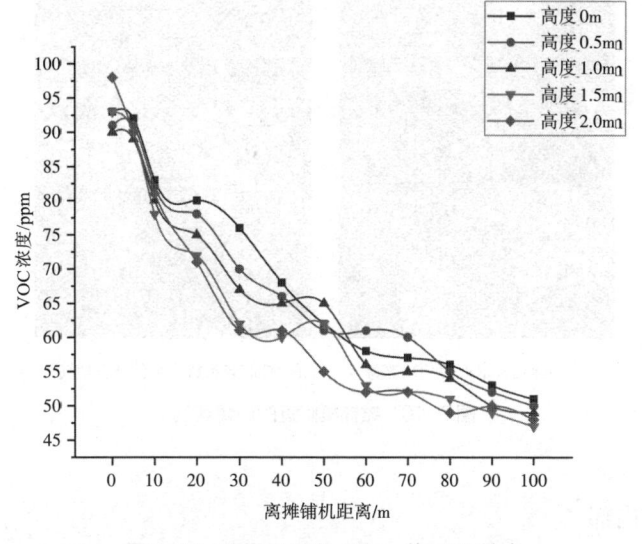

图7-15　距洞口100～200m的VOC浓度

可以看出,在纵向距离上,隧道洞口附近的浓度曲线呈现出一个先陡峭、后平缓的趋势,总变化范围在47~98ppm,最大差值为51ppm,降幅52.0%。可见,当通风条件良好时,沥青烟气将很快被其他气体稀释,迅速下降至一个较为安全的水平,人体不会长时间处于浓烟环境。而后VOC的释放和稀释逐渐达到平衡状态,VOC浓度再难有下降。

在竖向扩散上,VOC气体的扩散趋势整体上符合"高度越高,浓度越低"的规律。在同一纵向距离下,VOC气体浓度的最大差值为15ppm,降幅19.7%。说明在洞口附近,因为通风条件良好,VOC会向四周各个方向迅速扩散,并被空气中的其他气体充分稀释,这也是工人在洞口进行施工时较少感到不适的原因之一。

另外,我们可以注意到,在摊铺机附近10m距离内,高1.5~2m处的VOC浓度明显高于路表处的VOC浓度。这是因为,高度为1.5~2m这个区间内的沥青烟气是由两部分组成的,一个是路表混合料所释放的沥青烟气,另一部分是来自于摊铺机内螺旋布料机所产生的沥青烟气。螺旋布料机位置略高于路面,横向又受到熨平板的隔挡,其产生的烟气只能向上方或斜上方扩散。当两股烟气延扩散方向交汇,就导致了摊铺机附近的VOC浓度出现"上高下低"的现象(如图7-16)。

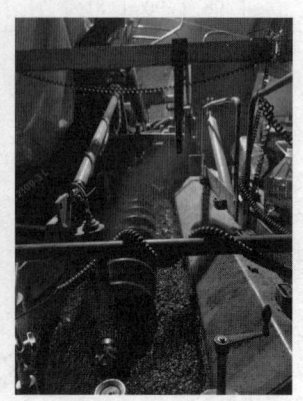

(a)摊铺机附近的VOC来源　　　(b)螺旋布料机产生的沥青烟气

图7-16　摊铺机附近的沥青烟气

(2)隧道内部

主要检测对象为施工队进入隧道后,距洞口1.1~1.2km范围内的VOC气体浓度。纵向距离以摊铺机作业处为零点,每10m为一个间隔,共检测100m的距离;竖向高度以路面为零点,每0.5m为一个间隔,共检测2m的高度。将测试的结果列于表7.9,并绘制得到VOC浓度与摊铺机的距离关系图,见图7-17。

表7.9 距洞口1.1~1.2km的VOC浓度/ppm

距离/m	高度/m										
	0	10	20	30	40	50	60	70	80	90	100
0.0	152	152	148	142	140	138	126	130	128	128	126
0.5	150	150	146	142	136	136	120	127	127	126	126
1.0	153	148	143	140	135	137	124	125	124	123	124
1.5	155	151	140	140	136	133	122	122	123	124	122
2.0	157	152	141	136	134	135	121	125	122	123	121

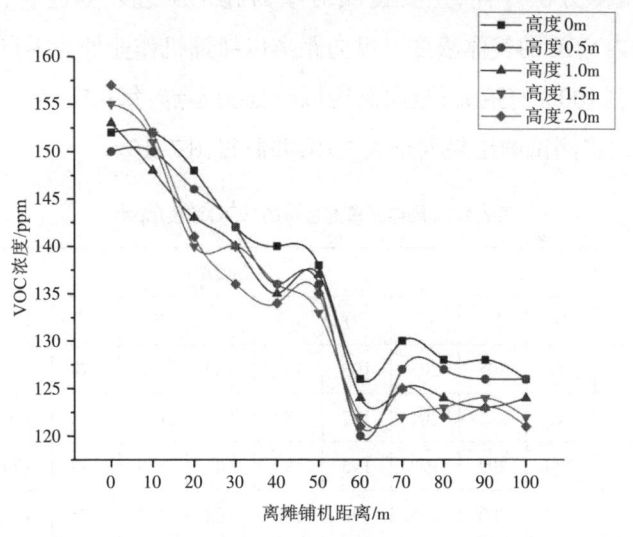

图7-17 距洞口1.1~1.2km的VOC浓度

可以看出,当施工队前进到隧道内一个较深的位置时,VOC的浓度随纵向距离下降得较为平缓,整体趋势可近似看作一条直线,总变化范围在121~157ppm,最大差值为36ppm,降幅22.9%。在竖向上,VOC气体浓度的最大差值为8ppm,降幅6.2%,同样出现气体扩散缓慢的趋势。说明当施工进行到这一部位时,因通风条件的恶化,沥青烟气浓度将始终处于一个较高的水平,并需要花更长的时间来下降到一个与洞口同样安全的水平,这种持续的影响将大大增加工人身体受损害的风险。

不难发现,在距离摊铺机60m处,VOC气体浓度出现突然的骤降,随后又再次升高,若除去此处数据点,整体变化趋势平滑连续并不受影响。因此可知,此处所测得的数值应是受到了误差或外在条件影响,在理论分析时可以剔除。究其原因,乃是此处正处于隧道的人行联络通道附近,两条隧道温度和气体浓度均有较大差异,形成了一定的气体压差,另一条隧道的洁净空气由联络通道进入到本隧道内,并与本隧道内的沥青烟气发生了气体交换,最终降低了VOC浓度值。

(3)热拌沥青混合料的VOC浓度

为对照分析长大公路隧道温拌阻燃沥青混合料AC13的气体释放规律,检测了同项目上其他隧道铺装中热拌沥青混合料AC13施工过程中的沥青烟气浓度。

与上述检测方法一样,主要检测对象为施工队进入隧道后,距洞口1.1~1.2km的范围内VOC的气体浓度。纵向距离以摊铺机作业处为零点,每10m为一个间隔,共检测100m的距离;竖向高度以路面为零点,每0.5m为一个间隔,共检测2m的高度。将测试的结果列于表7.10,并制得图7-18。

表7.10　热拌沥青混合料的VOC浓度/ppm

距离/m	高度/m										
	0	10	20	30	40	50	60	70	80	90	100
0.0	210	205	203	198	193	186	182	178	175	168	173
0.5	212	202	201	197	188	184	180	178	176	172	171
1.0	209	202	198	195	191	183	178	177	174	176	172
1.5	210	203	196	194	190	182	177	176	173	175	170
2.0	212	202	197	193	188	182	177	177	172	176	170

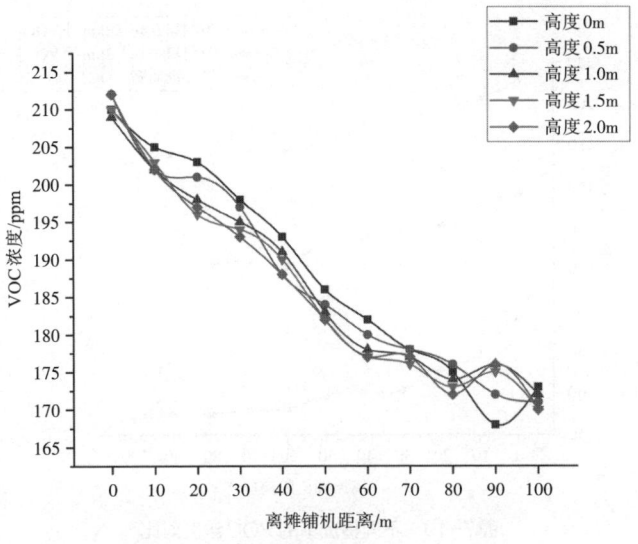

图7-18　热拌沥青混合料的VOC浓度

　　在纵向距离上,热拌沥青产生的VOC气体浓度整体下降平缓,呈现出较强的线性变化规律。其总变化范围在212~168ppm,最大差值为44ppm,降幅20.8%。在竖向上,VOC气体浓度的最大差值为8ppm,降幅4.5%。

　　与上述分析一致,因通风条件恶化等原因,热拌沥青混合料在纵向距离上的变化并不显著,整体呈现出一个缓慢下降的趋势。在纵向上,靠近摊铺机附近的VOC浓度出现"上高下低"的规律,但一定距离后便变得越靠近混合料,VOC浓度越高。说明热拌沥青混合料和温拌阻燃沥青混合料在相似的环境条件下,总体的烟气的释放规律是一致的。

　　(4)对照分析

　　为了便于分析,取人体呼吸高度范围1.5~2m内的平均气体浓度作为代表值,将上述三种情况下测得的VOC气体浓度按同样的方法制得图7-19。

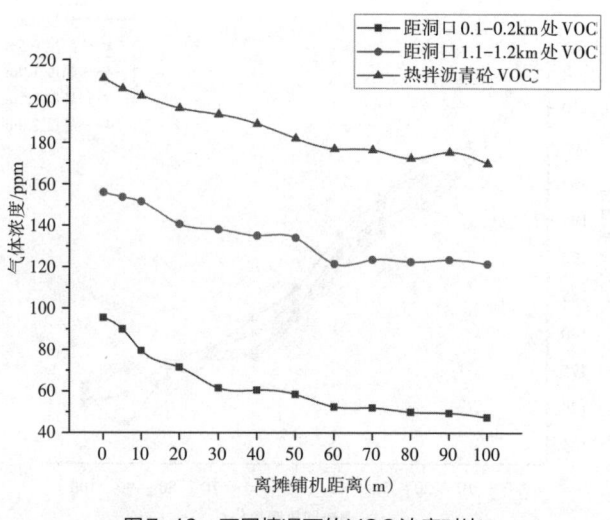

图7-19　不同情况下的VOC浓度对比

　　首先,三种情况下所测得的VOC浓度值大小存在很明显的区别。在100m的检测区间内,三种VOC浓度的最大代表值分别为211ppm、156ppm和95.5ppm,最小代表值分别为170ppm、121.5ppm和47.5ppm。由此可以看出:

　　相比于洞口附近,隧道内部距洞口1.1～1.2km处的VOC浓度明显增高,浓度值增加60.5ppm,增幅达到了63.4%。可见,在隧道洞口,因为紧邻大气环境,通风条件好,有庞大的外环境与隧道口处的气体做气体交换,VOC被其他气体充分稀释,整个沥青烟气的浓度处于一个较能接受的范围。而到了隧道中部,因空气流动性变差,失去了可持续的气体交换,VOC不断堆积,导致其在空气中的质量占比(即ppm值)不断增加,最终危害工人的身体健康。

　　一般情况下,如表7.11,VOC气体浓度的低报警值为200ppm,人长时间处于VOC浓度超过200ppm的环境时将感到明显不适、头晕恶心,并引发一系列病症;高报警值为500ppm,VOC浓度超过这一水平时将导致人呼吸困难、感到强烈不适、不能继续正常的生产工作,应该迅速离开所处环境。可以看到,温拌阻燃沥青释放的VOC浓度始终保持在一个安全的水平,而热拌沥青混合料在距摊铺机处的VOC浓度值为211ppm,且后10m的范围内都高于低报警值,不适于工人长时间施工作业,对人体潜在危害性大。

表7.11　VOC气体浓度报警值

	正常施工范围	低报警值	高报警值
VOC浓度	0 ~ 200ppm	200ppm	500ppm

在距洞口 1.1 ~ 1.2km 处,温拌阻燃沥青混合料的VOC浓度明显低于热拌沥青混合料,其浓度值减少55ppm,降幅26.0%。可见,在相似的条件下,温拌阻燃沥青混合料将比热拌沥青混合料释放更少的沥青烟气,在难以改善通风条件时,能够有效地减少VOC气体的浓度,保证施工环境的安全(如图7-20)。

(a)热拌沥青混合料施工现场　　　　　　　　　(b)温拌阻燃沥青混合料施工现场

图7-20　现场效果对比

其次,从VOC气体浓度纵向变化率上来看,距洞口 1.1 ~ 1.2km 处的热拌沥青混合料和温拌阻燃沥青混合料的变化率基本保持一致,而洞口附近的VOC浓度变化曲线呈现出一个先陡峭后平缓的趋势。热拌沥青混合料总变化范围在 212 ~ 168ppm,最大差值为44ppm,降幅20.8%;距洞口 1.1 ~ 1.2km 的温拌阻燃沥青的总变化范围在 121 ~ 157ppm,最大差值为36ppm,降幅22.9%;位于洞口附近的温拌阻燃沥青的总变化范围在 47 ~ 98ppm,最大差值为51ppm,降幅52.0%。可以看出:

热拌沥青混合料虽然在数值上下降了44ppm,略大于温拌阻燃沥青混合料的下降量,但其降幅较小,且100m处的VOC浓度168ppm,仍大于温拌阻燃沥青混合料的初始VOC浓度157ppm。说明热拌沥青混合料在VOC污染方面是远超于温拌阻燃沥青混合料的,即使增加通风手段,也较难达到后者的环保水平。

相比于距洞口 1.1～1.2km 处的 VOC 浓度,洞口 100～200m 范围内的 VOC 浓度值比较低,而且下降迅速,降幅为前者的两倍有余;而前者不仅初始浓度较高,下降也较为缓慢,VOC 浓度值长时间居高不下。这说明了隧道内部特殊环境对烟气的扩散具有显著的影响:因通风不畅导致的 VOC 浓度增加是持续性的,沥青烟气会在隧道内部不断堆积,工人将持续处于高浓度的 VOC 气体环境中。因此,采取多种措施处理隧道内部的沥青烟气问题是十分有必要的。

7.6.2 CO 气体浓度

(1)隧道洞口

主要检测对象为施工队进入隧道后,距洞口 100～200m 范围内的 CO 气体浓度。纵向距离以摊铺机作业处为零点,每 10m 为一个间隔,共检测 100m 的距离;竖向高度以路面为零点,每 0.5m 为一个间隔,共检测 2m 的高度。将测试的结果列于表 7.12,并制得图 7-21。

表7.12 距洞口 100～200m 的 CO 浓度/ppm

距离/m	高度/m											
	0	5	10	20	30	40	50	60	70	80	90	100
0.0	17	16	18	12	14	13	12	12	14	12	11	12
0.5	15	18	17	10	13	13	13	11	13	12	12	11
1.0	19	18	16	13	14	13	12	12	13	13	12	12
1.5	20	20	15	12	13	12	12	11	13	12	11	12
2.0	21	18	18	11	15	11	13	12	12	11	11	11

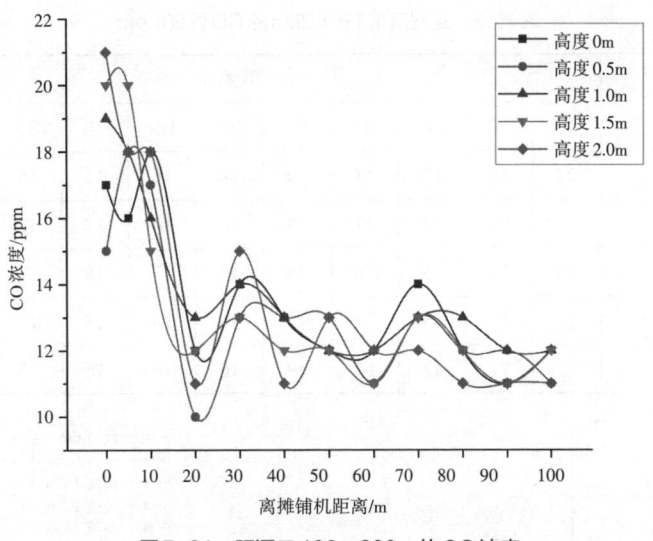

图7-21　距洞口100~200m的CO浓度

CO浓度的变化值区间为11~21ppm,变化幅度较小,这主要是因为CO本身的分子量较小,所以当用ppm作为计量单位时,CO的气体浓度一般由一个较小的数值表示,同时也可以说明人对CO浓度的变化是十分敏感的。

在100m的检测区间内,CO浓度最大减量为10ppm,降幅达到47.6%。可见在洞口附近,受良好的通风条件影响,CO和VOC都能够被迅速稀释,浓度值能够较快地下降。

当按不同高度分类时,图7-21所示的CO浓度变化在起始时较为无序,但最后基本还是满足越靠近路表浓度越大的规律。再从纵向距离上看,与VOC在洞口处的变化类似,CO浓度曲线整体上呈现出一个先陡峭后平缓的趋势。特别地,后50m的CO浓度主要集中在11~14ppm之间,在测量误差范围内可以看作是几乎没有变化,认为其基本达到了沥青烟气稀释和产生的平衡状态。

(2)隧道内部

主要检测对象为施工队进入隧道后,距洞口1.1~1.2km范围内的CO气体浓度。纵向以摊铺机作业处为零点,每10m为一个间隔,共检测100m的距离;竖向以路面为零点,每0.5m为一个间隔,共检测2m的高度。将测试的结果列于表7.13,并制得图7-22。

表7.13　距洞口1.1～1.2km的CO浓度/ppm

距离/m	高度/m										
	0	10	20	30	40	50	60	70	80	90	100
0.0	24	20	16	18	19	18	16	15	16	17	18
0.5	23	22	14	17	18	16	14	17	17	17	18
1.0	20	20	15	20	20	17	17	18	17	17	18
1.5	23	19	15	19	18	16	13	13	17	18	17
2.0	25	21	17	17	19	16	16	16	18	18	17

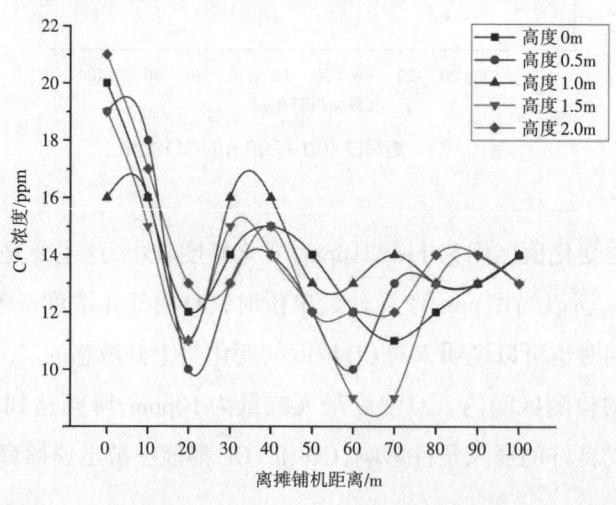

图7-22　距洞口1.1～1.2km的CO浓度

由图示曲线可知,在距洞口1.1～1.2km附近CO浓度的变化较为无序,但仍可以看出,整体呈现出一个下降的趋势。检测的起始两端浓度差为8ppm,全段浓度范围维持在13～25ppm,处于正常水平。

在距离摊铺机20m,35m,65m处我们可以看到,CO浓度出现了较大的起伏,浓度曲线变化幅度大。讨论出现这样情况的原因,可能是因为在施工过程中,CO气体的来源并不只有沥青混合料,包括前文所提到的小型发电机、轴流风机载具、压路机等机械都是CO的潜在来源。在距洞口1.1～1.2km这样一个位置,因VOC等污染气体浓度的增加,氧气浓度减小,就会导致机械发动机内燃料的不完全燃烧,产生比开阔地带更多的CO。因此,当这些机械作为多个个体在隧道内移动时,不可避免地引起CO气体浓度的变动。再者,CO本身所占的质量比就比较小,这样的变化在数值上仅为几个ppm,所以在误差范围内是可以被接受的。

（3）热拌沥青混合料的CO浓度

为对照分析长大公路隧道温拌阻燃沥青混合料AC13的气体释放规律,检测了同线路上热拌沥青混合料AC13在长大隧道中沥青烟气浓度。

与上述检测方法一样,主要检测对象为施工队进入隧道后,距洞口1.1~1.2km的范围内CO的气体浓度。纵向距离以摊铺机作业处为零点,每10m为一个间隔,共检测100m的距离;竖向高度以路面为零点,每0.5m为一个间隔,共检测2m的高度。将测试的结果列于表7.14,并制得图7-23。

表7.14　隧道中热拌沥青混合料CO气体浓度浓度/ppm

距离/m	高度/m										
	0	10	20	30	40	50	60	70	80	90	100
0.0	32	30	31	31	28	27	27	26	25	24	24
0.5	30	30	30	30	29	28	28	26	24	25	24
1.0	30	29	30	28	28	27	29	24	23	25	24
1.5	32	30	29	29	27	26	30	25	23	24	25
2.0	31	26	28	28	25	24	31	24	24	25	25

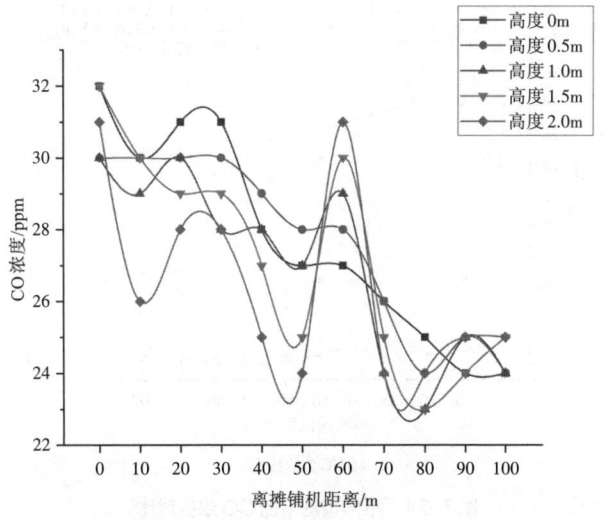

图7-23　热拌沥青混合料的CO浓度

图7-23表明,CO全段浓度范围维持在23～32ppm,检测的起始两端浓度差为8ppm,降幅为25.0%。竖向CO浓度最大差值为4ppm。考虑到仪器分辨率为1ppm,可以认为CO浓度在竖向上的变化很小,在纵向上整体变化趋势较平缓。

(4)对照分析

为了便于分析,取人体呼吸处(高度范围1.5～2m)内的平均气体浓度作为代表值,为方便分析,将上述三种情况下测得的CO气体浓度分别制得样条曲线图和拟合曲线图,见图7-24。

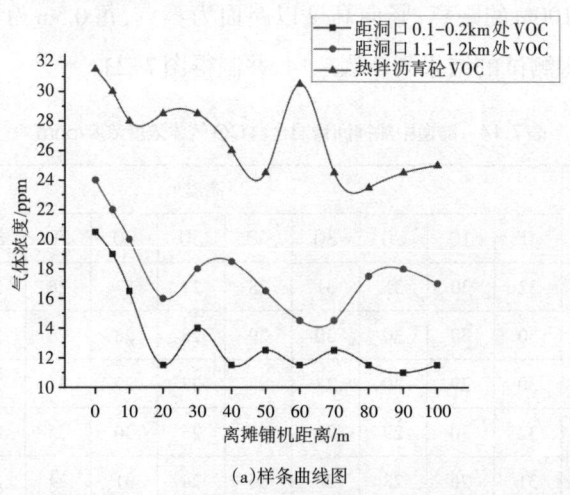

(a)样条曲线图

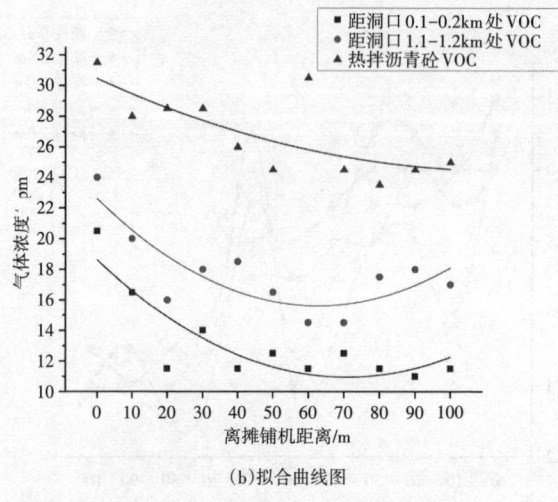

(b)拟合曲线图

图7-24　不同情况下的CO浓度对比

首先,在检测范围内,热拌沥青混合料、温拌阻燃在距洞口1.1～1.2km处、温拌阻燃在距洞口100～200m附近等三种情况下CO浓度的最大浓度值分别为32ppm、25ppm和21ppm;最小浓度值分别为23ppm、13ppm和11ppm。可以看出:

在气体浓度大小上,依然是洞口附近CO浓度最小,距洞口1.1～1.2km处CO浓度次之,热拌沥青混合料释放的CO浓度最大。且热拌沥青混合料的最小CO浓度23ppm,也仅仅略小于1.1～1.2km处温拌阻燃沥青混合料的最大CO浓度25ppm。说明温拌阻燃改性剂对CO的释放有良好的抑制效果,能大大减小CO气体的释放量,减小幅度达到21.9%。

一般规定,在考虑体力消耗的情况下,当人体置于36ppm的CO气体中超过一小时时,便会有明显的中毒反应。在一般情况下,成年人允许置身其中的最大CO含量为50ppm,超过200ppm则会导致轻微的头痛、头晕、恶心。在使用热拌沥青混合料时,CO浓度32ppm,明显已经非常接近36ppm的临界值,存在较大的安全隐患;而使用温拌阻燃沥青混合料的时候,无论是在洞口还是在隧道内部,其CO浓度都远小于危险值,是十分安全的路面材料。

表7.15　不同CO浓度对人体的影响

空气中CO的含量	对人体的影响
36ppm	进行体力作业超过1h,会出现明显中毒反应
50ppm	一般成年人允许置身其中的最大含量
200ppm	静置其中2～3h后,有轻微的头痛、头晕、恶心
400ppm	2h内前额疼痛,3h后有生命危险

其次,在浓度变化方面,热拌沥青混合料、温拌阻燃在距洞口1.1～1.2km处、温拌阻燃在距洞口100～200m附近等三种情况下CO浓度的变化范围分别为23～32ppm、13～25ppm和11～21ppm,最大最小浓度的差值分别为9ppm、12ppm和10ppm,降幅28.1%、48.0%、47.6%。拟合曲线表现出:热拌阻燃沥青混合料的CO浓度曲线较为平缓,而温拌阻燃沥青混合料所得的两条曲线具有较为相似的趋势,都呈现出先陡峭后平缓的趋势。

虽然三种情况下CO浓度的在差值上几乎没有区别,但是在降幅上出现了明显的不同,而且热拌沥青混合料在CO浓度的衰减上明显低于温拌阻燃沥青混合料。这说明了温拌阻燃沥青对CO气体释放的控制是长效的、持续的;恶化的通风环境使温拌阻燃沥青释放的CO浓度略有增长,但并不影响温拌阻燃改性剂对CO的抑烟效果。

7.6.3 长距离下气体浓度和温度的变化

从摊铺机作业面起,检测纵向长度约260m内的路表温度、VOC气体浓度和CO气体浓度,竖向高度维持在1.75m±0.25m,纵向以每10m为一个间隔,测试结果见图7-25。其中,在检测范围内,VOC浓度变化区间为94~152ppm,CO浓度变化区间为17~27ppm,温度变化区间为56.4~147.3℃。

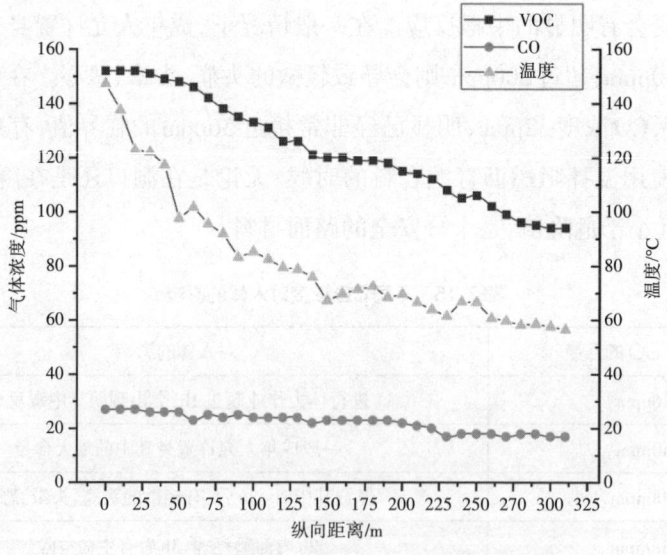

图7-25 隧道内长距离烟气释放量和温度的变化

由图7-25可以得到,温拌阻燃沥青混合料的摊铺温度为147.3℃,初压开始时的温度在142.3℃。相比于一般的热拌沥青混合料,此温拌阻燃沥青混合料的施工温度可降低15~20℃。

在混合料刚开始摊铺和碾压时,路表温度下降的速率较快,这是因为面层温度与下卧层温度存在较大的温差,面层混合料携带的热量迅速向下扩散。在距离摊铺机100m再往后的路段中,面层温度维持在60~90℃的范围内,整体下降趋势持续放缓,这是因为混合料与下卧层、空气环境间的温差已经极大地缩小,热量传递速率减缓,沥青路面的温度开始缓慢降低至常温。

可以看到,在260m的检测范围内,VOC浓度变化区间为102～152ppm,CO浓度变化区间为18～27ppm,两种气体的变化趋势都较为平缓。特别地,在距摊铺机270m之后的路段里,两种气体浓度几乎没有太大变化:VOC浓度以1ppm/10m的速度下降,CO浓度维持在18pm±1ppm上波动。可以说,此时气体的释放和扩散已经趋于平衡,再难有较大变化。分析其原因,在于:第一,此处沥青混合料温度已经变得很低,沥青几乎不再大量释放沥青烟,也就是说没有新的沥青烟气生成;第二,之前施工过程中产生的沥青烟气还没有得到有效的排解,污染性气体与外界空气的置换显得缓慢而漫长。这就使得此时的沥青烟气处于一个相对的静态平衡状态中,气体浓度变化小。

7.6.4 隧道内的环境照度

为排除自然光线对检测结果的影响,在距隧道口1.1～1.2km处,以摊铺机作业面为原点,每2.4m为一个间隔,测得多组照度沿施工方向变化的数据,将其列于表7.16,并作其拟合曲线,见图7-26。

表7.16　隧道内的环境照度/lx

检测组数	纵向距离/m						
	0	2.4	4.8	7.2	9.6	12	14.4
温拌阻燃第一组	62	51	23	6	4	2	1
温拌阻燃第二组	63	50	20	9	5	2	1
温拌阻燃第三组	62	49	22	8	4	2	1
温拌阻燃第四组	62	51	22	7	5	2	1
热拌第一组	31	19	8	5	2	1	1
热拌第二组	29	20	9	6	2	1	1
热拌第三组	27	19	10	7	3	2	1
热拌第四组	29	18	10	6	3	1	1

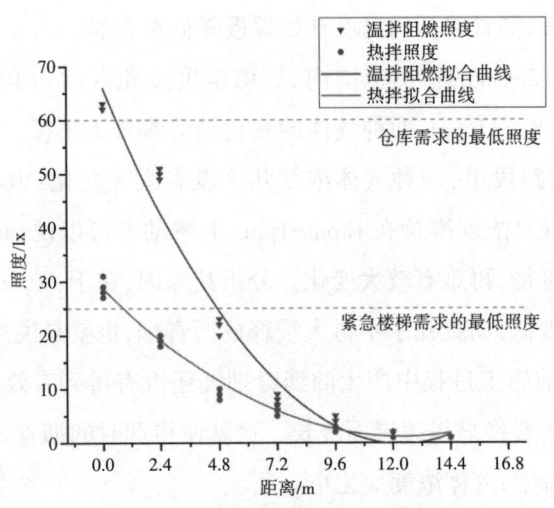

图7-26　隧道内部环境的照度值变化

一般情况下,室内紧急楼梯需求的光线充裕度为25～60lx,仓库及出口需求量为60～100lx。由现场实测数据我们可以看出:在摊铺机作业面处,使用温拌阻燃沥青混合料时照度值约为62lx,勉强可以满足一般仓库所需的最小照度;而使用热拌沥青混合料时的照度值约为29lx,仅为前者的46.8%,刚好满足室内紧急楼梯需求的照度。分析其原因,在于:沥青烟气中存在较多微小颗粒物,这些颗粒物会对经过的光线产生散射作用,致使光线的穿透力减弱,光照度随之降低。当空气中的颗粒物越多时,光线经过多次散射,最终到达照度计的光强就越低。而热拌沥青混合料显然比温拌阻燃沥青混合料产生更多的沥青烟,会导致施工作业时照度下降,环境能见度降低。

在两条拟合曲线中,热拌沥青混合料在距摊铺机12m处就已经下降到了1lx,视觉上为几乎不可见,而温拌阻燃沥青混合料在14.4m处才下降到1lx。说明后者能够在更长的距离下为施工提供光照支持,给施工质量带来有效保证。

可以注意到的是,相比于热拌沥青混合料的照度曲线,温拌阻燃沥青混合料的照度曲线下降速度更快。这说明了距离对照度的影响是巨大的,能满足紧急楼梯最低照度需求的,仅局限于热拌沥青混合料在摊铺机处,或者温拌阻燃沥青混合料在距摊铺机0～5m的范围内。因此,为满足施工过程中对照度的需求,减少沥青烟气对光线的散射作用和增加隧道内部光源的数量是必不可少的。

7.7 本章小结

实地工程实施表明,本项目研发的"用于隧道沥青路面铺装的温拌阻燃低烟型复合改性剂"在抑烟、降温、提高工程质量等多个方面都体现出了优秀的性能和功效,其混合料相比于一般热拌沥青混合料具有更出色的环保性、安全性和经济性。根据现场实施的效果,小结如下:

(1)通风不畅会引起环境中沥青烟气浓度的显著增加。相比于隧道洞口100~200m附近,距隧道1.1~1.2km处的VOC气体浓度增加了63.4%,CO气体浓度增加了19.0%。若不采取措施治理隧道中的沥青烟气,将极大地损害工人的身体健康,污染周边环境。

(2)温拌阻燃复合改性沥青对VOC气体的释放有良好的抑制作用。热拌沥青混合料在隧道内释放的VOC浓度高达211ppm,超过了一般低报警值,严重威胁工人的身体健康和影响正常施工进程。而使用温拌阻燃沥青混合料进行施工时,VOC浓度仅为156ppm,相比前者减少了55ppm,降幅达到26.0%。

(3)温拌阻燃复合改性沥青对CO气体的释放有良好的抑制作用。一般人在超过36ppm的CO浓度下进行体力工作1h,便会有明显的中毒反应,而热拌沥青混合料在隧道内的CO浓度最大值为32ppm,已经十分接近危险水平。温拌阻燃沥青混合料在隧道内释放的CO浓度为仅为25ppm,相比前者下降了7ppm,减小幅度达到21.9%。

(4)温拌阻燃沥青混合料可在更低的温度下施工。温拌阻燃沥青混合料的摊铺温度为147.3℃,初压开始时的温度在142.3℃。相比于一般的热拌沥青混合料,此温拌阻燃沥青混合料的施工温度可降低15~20℃。

(5)使用温拌阻燃沥青混合料施工时,隧道内部有更高的照度。使用热拌沥青混合料施工时,隧道环境照度最高为31lx,勉强达到仓库及出口的最低照度需求。而在使用温拌阻燃沥青混合料施工时,隧道环境照度最高为63lx,比前者提高了103.2%,且在5m长的范围内均可满足仓库及出口的最低照度需求。

因此可以得出这样的结论:温拌阻燃复合改性沥青对隧道施工作业来说必不可少,且其在抑烟、降温、提高能见度等方面表现卓越性,能有效地保证施工安全、保护环境和对资源的有效利用,保证施工质量和工程效益。

主要结论及展望

一、主要结论

（1）经过钛酸酯偶联剂和硅烷偶联剂对中间体 AMZ 进行表面化学改性制得的复合阻燃抑烟剂 AMZ-Ti 和 AMZ-Si，具有优良亲油性和疏水性，与沥青具有较优良的相容性；

（2）复合阻燃抑烟剂 AMZ-Ti 和 AMZ-Si 分别与基于表面活性的温拌剂 Redi-set®LQ1102 对 SBS 改性沥青进行复合改性制备得到的两种温拌阻燃沥青，不仅阻燃性、抑烟性能、热稳性优良，而且高温性能、低温性能、流变性能及抗老化性能等路用性能也相当突出，适合用作长大公路隧道沥青路面铺装的胶结料；但总体而言，AMZ-Ti 温拌阻燃沥青的综合性能较好。

（3）钛酸酯偶联剂表面改性的复合阻燃抑烟剂，显著降低了复合阻燃抑烟剂的表面极性，改善了复合阻燃抑烟剂与沥青的界面形态，与温拌剂共同改性制得的温拌阻燃沥青具有更加优良的贮存稳定性。

（4）长大公路隧道沥青路面铺装可以通过制备高强高渗透的层间防水粘结层来解决单层沥青层铺装层间剪应力大的问题，从而实现隧道铺装由双层到单层的结构优化；

（5）基于表面活性的温拌阻燃改性沥青混合料对于降低长大隧道施工过程中的烟雾浓度起着至关重要的作用，尤其对于施工人员作业区的浓度降低十分显著，不仅可以有效保护施工人员的身心健康，而且可以提升工程质量，具有重大的工程实际意义。

二、下一步工作展望

通过 FLUENT 和 COMMOS 等软件，模拟隧道沥青路面施工过程中烟气尤其是其中的有毒气体的运移规律，提出安全施工的阈值，并将其与施工质量与施工安全相关联，为以后的长大公路隧道施工提供理论依据。

参考文献

[1] 交通运输部. 2018年交通运输行业发展统计公报[N]. 中国交通报, 2019-04-12(2).

[2] 赵勇, 田四明. 截至2018年底中国铁路隧道情况统计[J]. 隧道建设(中英文), 2019, 39(2):324-335.

[3] 交通运输部. 2019年交通运输行业发展统计公报[N]. 中国交通报, 2020-05-12(2).

[4] 马建兵, 曹贵, 王强. 基于现场检测试验的温拌阻燃沥青混合料碾压方案[J]. 中国建材科技, 2013, (5):81-83.

[5] 于华洋, 马涛, 王大为等. 中国路面工程学术研究综述·2020[J]. 中国公路学报, 2020, 33(10):1-66.

[6] 李波. 隧道沥青路面温拌降粘材料和粘结型式研究[D]. 南宁: 广西大学, 2018.

[7] Stacey Diefenderfer, P.E, and Amy Hearon. Labortory Evaluation of a Warm Asphalt Technology for Use in Virginia[R]. 2008, 36-39.

[8] 黄志勇. Sasobit WMA 及 Aspha-min 添加剂对沥青性能的影响[J]. 2011, (145):103-105.

[9] 汪海年, 姜鑫, 张然等. 温拌剂对生物沥青结合料高温流变性能的影响[J]. 公路交通科技, 2018, 35(1):1-7.

[10] 时敬涛, 范维玉, 赵品晖等. Sasobit温拌剂对高黏沥青流变性能的影响[J]. 中国石油大学学报(自然科学版), 2020, 44(6):141-148.

[11] Graham C.Hurley, Brian D.Prowell. Evaluation of Aspha-min Zeolite for use in warm mixasphaIt[R]. NCAT Report 05-04, 2005.

[12]Graham C. Hurley，Brian D.Prowell. Evaluation of Evotherrn for use in warm mix asphalt[R]. NCAT Report06-02,2006.

[13]张霞,黄刚,刘昭等.热、光、水耦合老化条件对温拌沥青性能的影响[J].公路交通科技,2019,36(7):10-19.

[14]王春,郝培文,张喜艳.基于加速加载试验的温拌沥青混合料长期性能研究[J].沈阳建筑大学学报(自然科学版),2020,36(5):860-868.

[15]李渠源,梁乃兴,杨卓林等.不同类型温拌剂对沥青混合料性能影响研究[J/OL].武汉理工大学学报(交通科学与工程版):1-8[2021-04-01].

[16]Chandra Kiran Kumar Akisetty.Evaluation of warm asphalt additives on performance properties of CRM binders and mixtures[D].US: Clemson University,2008.

[17]吴新锋.Sasobit温拌改性沥青流变性能研究[J].公路交通科技(应用技术版),2017,13(11):90-92.

[18]雷俊安,郑南翔,许新权等.温拌沥青高温流变性能研究[J].建筑材料学报,2020,23(4):904-911.

[19]王贤良,陈尚,刘昭.温拌橡胶沥青混合料级配路用性能试验研究[J].西安建筑科技大学学报(自然科学版),2018,50(6):895-900

[20]吴金荣,陈海燕,王峥.温拌剂对SMA-10沥青混合料高低温性能的影响[J].科学技术与工程,2019,19(2):239-242.

[21]刘素梅,周泽宁,徐礼华等.EC130温拌剂掺量对温拌沥青混合料性能影响研究[J].武汉大学学报(工学版),2019,52(05):414-418.

[22]宋云连,吕鹏,张扬等.温拌沥青混合料高温性能试验研究[J].公路工程,2018,43(05):69-73.

[23]Brown Steve, Mead Natalie, et. Bauxite fiame-tardant flllers for insulators or sheathing[P]. US Patenl,06252173,2001.

[24]WALTERS ROBERT B, SCHMIDTLINE PAUL J. Flame retarded asphalt composition[P]. US5462588,1995-10-31.

[25]Alice Bonati, Filippo Merusi, Giovanni Polacco, Sara Filippi, Felice Giuliani. Ignitability and thermal stability of asphalt binders and mastics for flexible pavements in highway tunnels[J]. Construction and Building Materials,2012,37.

[26]Alice Bonati, Sara Rainieri, Giovanna Bochicchio, Barbara Tessadri, Felice Giuliani. Characterization of thermal properties and combustion behaviour of asphalt mixtures in the cone calorimeter[J]. Fire Safety Journal, 2015, 74.

[27]Alice Bonati, Filippo Merusi, Giovanna Bochicchio, Barbara Tessadri, Giovanni Polacco, Sara Filippi, Felice Giuliani. Effect of nanoclay and conventional flame retardants on asphalt mixtures fire reaction[J]. Construction and Building Materials, 2013, 47.

[28]陈辉强,陈仕周.沥青阻燃改性技术研究[J].公路交通技术,2003(02):19-20+39.

[29]陈辉强,唐伯明,郝培文.BFR-Ti和ZB协同阻燃隧道路面沥青的阻燃性能及机理[J].重庆大学学报,2013,36(3):53-58.

[30]盛燕萍,乔云雁,薛哲等.阻燃剂表面改性对阻燃沥青性能的影响[J].硅酸盐通报,2018,37(3):961-966.

[31]余剑英,吴少鹏,罗小锋等.一种无卤阻燃聚合物改性沥青及其制备方法[P].湖北:CN1861689,2006-11-15.

[32]谭忆秋,蓝碧武,纪伦等.隧道路面沥青常用阻燃剂改性技术研究方法[J].重庆交通大学学报(自然科学版),2010,28(4):711-714+719.

[33]李立寒,邹小龙,陈春羽.阻燃沥青混合料阻燃抑烟性能及路用性能研究[J].建筑材料学报,2012,15(5):648-653.

[34]魏建国,谢成,付其林.阻燃剂对沥青与沥青混合料性能的影响[J].中国公路学报,2013,26(06):30-37.

[35]王朝辉,李蕊,赵娟娟等.两种新型无机复合阻燃改性沥青的流变性能及其阻燃机制[J].复合材料学报,2014,31(06):1597-1603.

[36]吴犟.阻燃剂对隧道阻燃沥青混合料技术性能的影响[J].公路工程,2018,39(6):180-185.

[37]刘俊华.阻燃沥青及混合料的阻燃性能试验研究[J].公路工程,2016,41(1):207-210.

[38]刘文娟,周婷,李瑞霞等.新型无机复合复合阻燃抑烟剂的制备及其阻燃机理[J].实验室研究与探索,2019,38(12):10-15+64.

[39]俞文生,李昶.阻燃温拌沥青混合料性能及其应用[J].公路,2010(1):129-134.

[40]王春,郝培文,徐婷等.Sasobit对沥青混合料阻燃性能的影响[J].武汉理工大学学报,2012,34(8):55-60.

[41]蒋玮,沙爱民,赵辉等.温拌阻燃沥青混合料设计与性能评价[J].合肥工业大学学报(自然科学版),2018,41(5):671-676.

[42]王大伟,罗根传,邓祥明等.温拌阻燃沥青与沥青混合料应用性能研究[J].中国公路学报,2017,30(5):59-66.

[43]乔建刚,李志刚,程璨等.温拌阻燃SMA沥青混合料应用性能研究[J].新型建筑材料,2019,46(4):140-143.

[44]何立平,申爱琴,梁军林等.阻燃沥青及沥青混合料的阻燃性能及路用性能[J].公路交通科技,2013,30(12):15-22.

[45]杨宇,王洪国,廖克俭等.铝镁系阻燃剂对沥青的影响及其阻燃机理研究[J].应用化工,2016,45(4):691-695.

[46]熊剑平,彭文举,陈宇等.基于热分析的阻燃沥青阻燃机理[J].长安大学学报(自然科学版),2019,39(2):47-56.

[47]刘文娟,周婷,李瑞霞等.新型无机复合沥青阻燃剂的制备及其阻燃机理[J].实验室研究与探索,2019,38(12):10-15+64.

[48]杨宇,王洪国,廖克俭等.铝镁系阻燃剂对沥青的影响及其阻燃机理研究[J].应用化工,2016,45(4):691-695.

[49]李小玲.阻燃沥青的制备及其混合料性能研究[D].兰州:兰州交通大学,2014.

[50]袁飞.不同掺量SBS改性沥青的粘附与愈合性能研究[J].新型建筑材料,2020,47(12):157-162.

[51]谢维新,李静静,倪春霞等.两种牌号SBS改性茂名70A基质沥青性能的研究[J].石油沥青,2016,30(5):53-58.

[52]陈文生.稳定型橡胶粉/SBS复合改性沥青的制备及混合料性能研究[J].新型建筑材料,2020,47(10):103-107.

[53]黄亚东,朱凯,吴珂等.基于氢氧化镁的沥青阻燃机理研究[J].消防科学

与技术,2013,32(11):1263-1266.

[54]陈辉强,郑智能,郭鹏等.硼酸锌对隧道阻燃沥青的阻燃增效作用及机理[J].建筑材料学报,2017,20(4):635-639.

[55]张钟楷,汪进前,盖燕芳等.钛酸酯偶联剂对纳米氧化锌表面改性研究[J].现代纺织技术,2013,21(4):8-10.

[56]陈辉强,郝培文.钛酸酯偶联剂对沥青阻燃剂表面改性的研究[J].武汉理工大学学报,2009,31(17):66-69.

[57]贺强,陈辉强,何俊仪等.丁苯橡胶-韧性聚苯乙烯复合改性沥青制备工艺及老化性能研究[J].科学技术与工程,2019,19(36):315-320.

[58]Joseph Graham. Fiame Resistant Asphalt Compositions[P]. US Patene, 04512806,1895.

[59]H. Dvira, M. Gottlieba, S. Daernb, ete. Optimization of a flmae-retarded Pol-PyroPylene comPosite[J]. ComPosites Seience and Technology, 2003 (63):1865-1875

[60]EdwardsY , Tasdemir Y, Isacsson U . Influence of commercial waxes and polyphosphoric acid on bitumen and asphalt concrete performance at low and medium temperatures[J]. Materials & Structures, 2018, 39(7):725-737.

[61]Slusher Carter C, Ogren Eric A, et. Flame Retardant Modified Asphalt-based Material and Products[P]. US Patent, 05516817, 1996.

[62]李豫伟.极限氧指数的测试及影响因素探究[J].科技资讯,2014,12(20):224.

[63]乔建刚,李志刚,程璨等.温拌阻燃SMA沥青混合料应用性能研究[J].新型建筑材料,2019,46(04):140-143+155.

[64]张东兴,赵威为,章照宏等.改性沥青中SBS改性剂掺量的热重分析[J].公路工程,2014,39(4):73-77+281.

[65]常嵘,王宏鑫.沥青老化行为与老化机理研究[J].中国科技论文,2020,15(04):420-424.

[66]杨侣珍.温拌剂Sasobit对SBR改性沥青短期老化后性能的影响[J].中外公路,2020,40(2):285-289.

[67]李艳,邱业绩,张娟等.不同老化方式对SBS改性沥青的性能影响[J].公

路交通科技(应用技术版),2019,15(9):6-9.

[68]陈辉强,李成林,孙建邦等.考虑紫外辐射的交互老化对SBR改性沥青流变性能的影响及其老化机理[J].重庆大学学报,2019,42(7):54-62.

[69]王子豪.老化作用对多聚磷酸改性沥青性能影响研究[D].内蒙古:内蒙古工业大学,2017.

[70]李超,邬鑫,王子豪等.多聚磷酸改性沥青结合料高温流变性能[J].建筑材料学报,2017,20(3):469-474.

[71]万长利.废胎胶粉/SBS复合型改性沥青及混合料路用性能评价[D].长沙:长沙理工大学,2018.

[72]高翠兰,王鹏.沥青路面反射裂缝产生机理及沥青性能评价[J].山东建筑大学学报,2010,25(03):351-354.

[73]黄卫东,孙立军,游宏.SBS改性沥青流变性质与显微结构的关系[J].同济大学学报(自然科学版),2013,31(8):916-920.

[74]王明,刘黎萍.基于荧光显微镜的SBS改性沥青显微相态分析[J].交通科学与工程,2014,30(03):10-14.

[75]康爱红,陈娟,孙立军.SBS改性沥青性能及显微形态结构分析[J].解放军理工大学学报(自然科学版),2012,13(06):702-706.

[76]徐志荣,陈忠达,常艳婷等.改性沥青SBS含量的红外光谱分析[J].长安大学学报:自然科学版,2015,35(2):7-12.

[77]杨荣臻,肖鹏.基于红外光谱法的SBS改性沥青共混机理分析[J].江苏大学学报(自然科学版),2015,26(6):529-532.

[78]孙建邦.适用于高海拔地区改性沥青的制备及机理研究[D].重庆:重庆交通大学,2019.

[79]陆学元,张素云,孙立军.隧道阻燃改性沥青上面层(AC-13C)路用性能研究[J].中外公路,2008(2):180-185.

[80]陆学元,张素云.AC-13沥青混合料冻融劈裂强度的影响因素[J].重庆交通大学学报(自然科学版),2009,28(2):222-227.

[81]刘朝晖,郑健龙,华正良.CRC+AC刚柔复合式路面结构与工程应用[J].公路交通科技,2008(12):59-64.

[82]柳浩,谭忆秋,宋宪辉,赵立东.沥青路面基-面层间结合状态对路面应力响应的影响分析[J].公路交通科技,2009,26(03):1-6.

[83]刘朝晖.连续配筋混凝土刚柔复合式沥青路面研究[D].长沙:长沙理工大学,2007.

[84]胡长顺.复合式路面设计原理与施工技术[M].北京:人民交通出版社,1993.

[85]邓凤祥,李盛.CRC+AC复合式路面结构层厚度对力学性能的影响分析[J].公路,2014,59(01):91-96.

[86]颜可珍,游凌云,葛冬冬等.横观各向同性沥青路面结构力学行为分析[J].公路交通科技,2016,33(04):1-6.

[87]张艳红,申爱琴,郭寅川等.不同类型基层沥青路面设计指标的控制[J].长安大学学报(自然科学版),2011,31(01):6-11.

[88]袁明,凌天清,张睿卓等.复合式路面层间剪应力分析[J].重庆交通大学学报(自然科学版),2011,30(06):1318-1322+1352.

[89]Wei Fulu,Cao Jianfeng,Zhao Hongduo,et. Laboratory Investigation on the Interface Bonding between Portland Cement Concrete Pavement and Asphalt Overlay [J]. Mathematical Problems in Engineering,2021,2021.

[90]Shyue Leong Lee,Mohammad Abdul Mannan,Wan Hashim Wan Ibrahim. Shear strength evaluation of composite pavement with geotextile as reinforcement at the interface[J]. Geotextiles and Geomembranes,2020,48(3).

[91] Makara Rith,Young Kyu Kim,Seong Jae Hong et. Effect of horizontal loading on RCC-base composite pavement performance at heavy duty area[J]. Construction and Building Materials,2017:131.

[92] 林文岩,陈强,谢泽华等.薄层沥青-水泥混凝土复合式路面结构设计研究[J].中外公路,2009,29(04):80-85.

[93]Makara Rith,Young Kyu Kim,Seung Woo Lee. Behavior of RCC-base composite pavement for heavy duty area[J]. Construction and Building Materials,2018,175:144-151.

[94]李盛,张豪,程小亮.非均布三向应力作用下CRC+AC复合式路面动力响

应分析[J].中南大学学报(自然科学版),2021,52(03):971–982.

[95]邱欣,凌建明,方鹤等.材料阻尼对沥青路面动态弯沉影响的机理分析[J].力学与实践,2008(06):51–55.

[96]李盛,陈尚武,刘朝晖等.刚性基层沥青路面沥青层破坏行为与机理[J].中南大学学报(自然科学版),2016,47(03):1065–1070.

[97]黄优,刘朝晖,李盛等.不同层间结合状态下刚柔复合式路面的剪应力分析[J].公路交通科技,2015,32(06):32–38+61.

[98]谢军,曹彬.刚性基层复合式沥青路面层间剪应力分析[J].武汉理工大学学报(交通科学与工程版),2013,37(06):1167–1170.

[99]田力琼.重轴载条件下沥青路面轴载换算研究[D].武汉理工大学,2010.

[100] 宋金华,张雪松,刘志蕾等.重载条件下高性能RAP料柔性基层路面结构力学响应分析[J].重庆交通大学学报(自然科学版),2017,36(08):37–43.

[101] 赵曜,张中亚,朱宇杰.新规范下采用旧车辆类型的路面轴载谱分析[J/OL].重庆交通大学学报(自然科学版):1–8[2021–09–24].

[102] 王志红,杨旭红.基于重载及水平荷载的不同类型沥青路面力学响应分析[J].公路,2019,64(12):21–26.

[103] 马莉.沥青混凝土路面结构层弹性模量对层间最大剪应力影响规律研究[J].公路,2014,59(12):74–76.

[104] 张锋,李梦琪,王天宇等.水泥混凝土桥面复合防水粘结层的性能[J].哈尔滨工业大学学报,2020,52(03):26–32.

[105] Meng Guo, Yiqiu Tan, Linbing Wang, Zhoujing Ye, Yue Hou, Jiangfeng Wu, Hailu Yang. Study on water permeability, shear and pull-off performance of waterproof bonding layer for highway bridge[J]. International Journal of Pavement Research and Technology, 2018, 11(4):396–400.

[106] Yun Liu, Jiantao Wu, Jun Chen. Mechanical properties of a waterproofing adhesive layer used on concrete bridges under heavy traffic and temperature loading [J]. International Journal of Adhesion and Adhesives, 2014, 48:102–109.

[107]习磊,黄维蓉.环氧树脂在桥面铺装防水层中的应用研究[J].中外公路,2016,36(06):292–295.

[108] 钱国平,刘佩,刘迪中.桥面铺装粘结层剪切性能试验[J].长沙理工大学学报(自然科学版),2015,12(04):7-10+37.

[109] 苏忍让,安中进,宋绪丁.新型环氧沥青桥面防水粘结层的试验研究[J].筑路机械与施工机械化,2015,32(05):84-86+91.

[110] 张倩,张旭景,徐义恒.水性环氧-SBR改性乳化沥青粘结料界面力学性质分析[J].材料科学与工程学报,2021,39(03):366-372.

[111] 李秀君,惠致富,严慧忠等.水性环氧树脂改性乳化沥青黏结性能试验分析[J].建筑材料学报,2019,22(01):160-166.

[112] 李豪,王笑风,杨博等.桥面防水粘结层高粘复合改性剂的开发及性能分析[J].新型建筑材料,2021,48(03):115-118+166.

[113] 张洪刚,谭华,刘文昌等.基质沥青化学组分对橡胶沥青性能影响的灰关联分析[J].公路,2021,66(04):274-281.

[114] 宋亮,王朝辉,舒诚等.SBS/胶粉复合改性沥青研究进展与性能评价[J/OL].中国公路学报:1-24[2021-10-19].http://kns.cnki.net/kcms/detail/61.1313.U.20210803.1035.006.html.

[115] 毕书鹏,刘金景,吴士玮等.不同型号SBS对改性沥青性能的影响研究[J].新型建筑材料,2015,42(10):75-77.

[116] 杨三强,王国清,闫明涛等.高掺量废旧胶粉改性沥青相容性改善实验研究[J].重庆交通大学学报(自然科学版),2019,38(06):48-54.

[117] 苏曼曼,张洪亮,张永平等.SBS与沥青相容性及力学性能的分子动力学模拟[J].长安大学学报(自然科学版),2017,37(03):24-32.

[118] 石燕萍,成建强,裘文等.溶胀法及计算机模拟研究乙烯醋酸乙烯酯溶解度参数[J].橡胶工业,2014,61(09):565-568.

[119] 胡勇.SBS聚合物和沥青相容性的耗散动力学研究[D].中国石油大学(华东),2018.

[120] 曹雪娟,苏玥,邓梅.基于分子动力学模拟的聚合物改性剂与沥青相互作用研究[J].化工新型材料,2021,49(09):234-239.

[121] 王雷雷,石一峰,张海涛.增黏树脂与聚苯乙烯、聚异戊二烯的相容性[J].中国胶粘剂,2018,27(11):1-4+8.

[122] 毛三鹏,郑贵涛,张天伟等.SBS改性防水沥青的微观结构与性能研究[J].新型建筑材料,2020,47(12):130-134.

[123] 丛玉凤,徐磊,黄玮等.SBS-C_9石油树脂改性沥青的研究[J].建筑材料学报,2016,19(03):602-605.

[124] 王枫成.基于老化程度的SBS复合改性沥青低温流变性能分析[J].公路,2021,66(08):42-48.

[125] 胡涛,资建民,金思佳.基于多角度斜剪试验的桥面铺装抗剪性能[J].土木工程与管理学报,2019,36(01):104-108.

[126] 黄晓明.水泥混凝土桥面沥青铺装层技术研究现状综述[J].交通运输工程学报,2014,14(01):1-10.